ちくま文庫

決定版 天ぷらにソースをかけますか?

ニッポン食文化の境界線

野瀬泰申

筑摩書房

目次

決定版　天ぷらにソースをかけますか？

ニッポン食文化の境界線

まえがき

私が勤務する日本経済新聞には電子版がある。電子版が発刊される前は「ＮＩＫＫＥＩ ＮＥＴ」というニュースサイトがインターネット上に公開されていた。その編集長だった私と同期入社のＴから二〇〇二年十一月、「今度、週末版を作ることになった。読者と双方向で食べ物に関する連載をやってほしい」という依頼が来た。Ｔは私がすでに十年以上にわたって「日本人の日常の食」を取材していたことを知っていたからだった。

「読者との双方向」を求められたものの、当時の私には難題だった。新聞記事に対する読者からの反応は電話か手紙に限られている時代だったから、ネットを通じて読者とやり取りする方法をなかなか思いつかなかった。

ようやく落ち着いたのが「自分の知りたいことを読者とともに考える」「それを目に見える形にする」ということだった。

そのころの私が最も知りたかったのは「天ぷらにソースをかけて食べる地域はどこからどこまでか」。私にとっては奇抜なテーマではなかった。初任地の大阪で、衣のついた天ぷらにソースをかけて食べる人々を日常的に目にして以来、この疑問を持ち続けていたのだが、調べる方法がなかった。ネットでなら調査は可能ではないか。恐る恐る「あなたは天ぷらにソースをかけて食べますか?」とサイトで尋ねたところ、「ソースかけます」「親はそうしていますが、私は天つゆです」「そんな食べ方は信じられない」といった声が怒濤《どとう》のように寄せられたのだった。私は反響の大きさに驚くとともに、ネットの力というものを見せつけられる思いだった。

読者の住所、あるいは体験した場所などを記入してもらい、それを日本地図に落としてみた。すると不思議なほどくっきりと列島が色分けされたのである。こうして、週一回の連載「食べ物　新日本奇行」が始まった。

それから八年間、毎月一テーマのペースで読者投票をもとに「食べ物日本地図」を作っていった。「中華まんに何をつけるか」「冷やし中華にマヨネーズを添えるかどうか」「古くなった漬物を煮るか煮ないか」など、明らかな有意性が見いだせる地図だけで六十枚ほどになっただろう。いずれもこれまでほとんど調べられていなかったテーマだった。それはいずれも家庭の食卓で繰り広げられている光景の地域偏差であるため、ネット以前では全国調査の方法がなかったから、という理由もある。

ただネット調査はあくまで二次情報であり、筆者が直接目にした一次情報ではない。この問題を埋めるため、旧東海道を歩き通して食の境界線を探す旅に出た。ネット調査で東西日本の食の境界線になることが多い「糸魚川《いといがわ》－静岡構造線」の上も踏査した。はっきりとした地図が描けたテーマの多くと二回の実査の旅の模様は『天ぷらにソースをかけますか?』（二〇〇九年、新潮文庫）と『納豆に砂糖を入れますか?』（二〇一三年、同）にまとめた。二冊ともに「ニッポン食文化の境界線」という副題が付いているように、食文化の分布を探すと同時に、なぜそのような境界線が生まれたのかという点について、当時の知識の範囲で解説や解釈をほどこした。本書はその合本である。

合本ではあるけれど、二冊をそのまま合体させると大冊になって読みにくい。そこで地図が鮮やかで、多くの読者になじみがあるテーマを収録し、その他の何編かはコラムの形にした。コラムには出版以降の私の取材結果を盛り込んだ部分もある。

「食べ物　新日本奇行」が日経電子版発刊にともなって終了した後、今度は日経電子版に「列島あちこち　食べるぞ！　B級ご当地グルメ」を五年にわたって連載した。やはり読者からのメールを中心に構成したものながら、前者が全国通しのテーマ別であったのに対し、後者は四十七都道府県の食文化をひとつひとつ検証する企画だった。この連載で私は住んでいる東京を除く四十六道府県を訪ねる「実食の旅」を重ねた。

都合十三年余の歳月を費やして日本各地の食の風景を探索してきたわけだが、その結果見えてきたのは「多様性」にほかならない。例えば味噌・醬油・出しという基礎調味料は時代の変化とは無関係に土地土地に生き続けている。中京地区の豆味噌とたまり醬油は不変である。関西の昆布出しと薄口醤油は不変である。九州の麦味噌といりこ（煮干し）出しは不変である。

郷土料理ではなくとも、ご当地グルメと呼ばれる日常の食べ物も恐るべき生命力を持ってその土地に根を張っている。

私の願いはひとつしかない。日本人の食の多様性が地域資源として再認識され活用されることである。宝は足元に眠っている。

二〇一八年六月　筑摩書房の藤岡泰介さんに感謝しつつ

第一章　ソースで天ぷら

設問　①あなたは、天ぷらにソースをかけて食べますか。
　　　　または食べていたことがありますか。
　　　②紅ショウガの天ぷらを知っていますか。

いまから三十年以上前のことである。入社して最初の配属先が大阪本社社会部であった。社会部だからネタを求めての街歩きは重要な仕事。大阪の地理を覚えるためもあって地下鉄の回数券を持ち、随分いろいろな所に行った。そんな折、場所は覚えていないが、とある商店に飾られた一升瓶が目にとまった。

地元のソースメーカーが製造しているウスターソースの瓶であったのだが、どこかに違和感を覚えて目が離せなくなった。違和感の原因は瓶に貼《は》られたラベルであった。豚カツやアジフライといったソースとなじみの深い食べ物ではなく、和食の天ぷらの写真が印刷されているのである。

「天つゆではなくソース？」

そして私は子どものころの食卓の風景を思い出した。ふるさと、福岡県久留米《くるめ》市の家でも母が天ぷらを作ると醤油かソースで確かに食べていた。タマネギの天ぷらは必ずウスターソースではなかったか。

天ぷらにソースをかけて食べる地域は恐らく西日本ではあろう。しかしそれはどこからどこまでなのか。私は「天ぷらにソースをかけますか？」と問いを発して、読者からどんなメールがくるのかと、胸ときめかせて待ったのである。そしてメールはきた。しかも大量に。その一部を紹介する。

ハンドル・ネーム（ネット上のペンネーム）「八尾《やお》市のY」さんからのメールにはこん

なことが書いてあった。

「一九三二年大阪生まれの大阪育ちですが、母親が作ってくれた天ぷらは塩かソースをかけて食べるのが我が家の習慣でした。ソースをかけて一番うまいのが揚げたてのイカ天。その次がアナゴ天、そして小イワシ天。野菜類ではタラの芽天が最高です」。

大阪府八尾市のYさん宅ではどれもソースで食べている。かつて大阪で見た一升瓶ソースの写真は、まさにこのような用途を想定したものだったようだ。

続いて「長崎出身の53歳」さんから。

「天ぷらにソースをかけて食べることに大人になるまで何の疑問も持ちませんでした。我が家ではそれが当たり前でしたから。そして、東京の人の食べ方で不思議だったのは長崎名物の皿うどんにウスターソースをかけて食べないことでした。酢をかけるのが正しいと思っているらしい（傾向がある）。長崎では昔から屋台の皿うどん屋ではウスターソースや秘伝のソースを提供するところもありますが、他国の人が酢を使うので、それに圧倒されて本来の食べ方をしない人が増えているのは残念です」。

長崎でも天ぷらにはソースである。九州全域がソースで天ぷら地帯なのだろうか。それはおいおいわかる。

大阪でも天ぷらの種によって使い分けている例も報告された。「42歳、会社員」さんからいただいたメールである。

「妻の大阪の実家では、夕飯のおかずがイワシの天ぷらの場合には必ずウスターソースで食べていたとのことです。イワシ以外のエビ、イカ、野菜などの場合は天つゆまたは塩で。しかし夕飯の天ぷらを翌日温めなおしたときには決まってウスターソースでした。天ぷらをお弁当のおかずに入れる場合にも、天つゆでは汁が漏るのでソース。もちろん紅ショウガの天ぷらも食べていました。私は東京出身なので紅ショウガの天ぷらは知りませんでしたが、大阪転勤で初めてその存在を知り、以後は当たり前のように食べております。特に住居の近くにある二十四時間営業のうどん店では「情熱の味」などと大書されており、夜中に紅ショウガ天うどんで腹を満たして帰宅することもしばしばでありました」。

ここで説明が必要であろう。知らない人にとっては「紅ショウガの天ぷら」の像が浮かばないと思われるが、牛丼や焼きそばに添える刻んだ紅ショウガのかき揚げではない。大ぶりのショウガを食紅で色をつけた甘酢や梅酢に漬け、それを輪切りにしたものに衣をつけて揚げるのである。大阪ではデパ地下の惣菜売り場にも売っているし、天ぷらの盛り合わせを頼んで、見慣れない赤いものが入っていれば紅ショウガである。

次の「名古屋のラジオ局アナウンサー」さんからいただいたメールで「ソースで天ぷら地帯」が思いのほか広いことがわかった。

「私は関東出身でスーパーの安い天ぷらには醤油、自家製には天つゆでしたが、妻の実家である岐阜《ぎふ》で、法事の天ぷらにソースをかけているのを見て驚愕《きようがく》した経験からこの問題に関心を持っていました。岐阜の親戚一同からは、なぜそんなに驚くのかと逆に驚かれました。また職場の同僚、バイト学生たちにも尋ねました。岐阜あたりだとやはりソースが多いようです」。

これを読む限り岐阜はソースで天ぷら地帯のようである。岐阜からはもう一通、「家族全員岐阜生まれ岐阜育ちのおばっちゃん」さんのメールが届いていた。前のメールをはっきりと裏付けている。

「スーパーなどで出来合いを買って食べるときはソースです。揚げ油の臭み消しにもなりますし。芋の天ぷらにソースはおいしいですよ」。

「岐阜では天ぷらをソースで食べる」と言ってよさそうである。

遠く離れたところで生まれ育った男女が出会って一緒に暮らすようになると、それぞれが自覚せずに持っていた「食の方言」＝意識しない食文化の地域性が姿を現し「家庭内文明の衝突」とも呼ぶべき事態が発生する。我が家では私が絶対ウスターソース派であり、東京生まれの妻は絶対中濃ソース派で、この点に関しては和解が成立する見込みは立っていない。「ニッケイ　ネット愛読者」さんのご家庭もそのようである。

「私はときどき天ぷらをソースで食べております、家内にバカにされていつも腹立たしい日々。育ちは千葉で子供のころから油ものにはソースを使うのに何のためらいもありませんでした。結婚後、家内からはそんな食べ方はおかしいとバカにされておりました。いまではときどき天つゆを使いますが、だけど美味しいものは美味しいので、ソースを愛用しております。ほかにトマト、カレーライスにもときどき使用しております。この記事で元気がでました」。

「ソースで天ぷら」というテーマが様々な連想を呼んだようである。例えば、残った天ぷらの食べ方に地域差はあるのか……とか。

「私が幼少のころの我が家のルールみたいな感じで、出来たての天ぷらは天つゆで、残り物は醬油かソースで食べるという傾向が強かったですね。たいていエビやイカは醬油、タマネギなど西洋系を中心に野菜天はソースがあいましたね。あと、母や祖母はお味噌汁につけても食べていました。お味噌汁はサツマイモの天ぷらと相性がよかったと思います」。

このメールにはお名前もお住まいも明記されていなかったので、どこの話か不明であったが、後に「味噌」をテーマにしたとき味噌汁の具が話題になり「味噌汁に残りものの天ぷらを入れるのは中京圏」との結果が明らかになった。従ってこのメールは中京圏のどこかからいただいたものであろう。

このように試行錯誤で「奇行」は始まった。私がメールの文面に読みふけっているころ、VOTE（投票）結果の集計が進んでいた。

ＶＯＴＥは読者に「現在の住まい」を入力してもらった上で回答していただく。ただ日本経済新聞のＨＰなので読者は転勤の多い会社勤めの方とその家族が中心で、さらに海外在住者も少なくない。ということは「現在の住まい」は「その味を知ったところ」、あるいは「その食習慣ができあがったところ」という意味でもある。そんな注記はしていなかったが、読者は各自の判断で投票してくださった。

ＶＯＴＥの速報値が数表の形で手元に届いた。地図にはなっていなかったが、都道府県名の横に印字された数字を見ただけで、私は小躍りした。遅れて数字を都道府県別のカラー地図に落とし込んだものが到着した。その美しさに私は心から感動し、サイトが更新されたとき次のような文章を書いた。

「私はいま、深い感慨とともに一枚の地図に見入っている。ついに「ソースで天ぷら」地図の速報版ができてきた。きれいだなあ、不思議だなあ。それが正直な感想である。東日本型と西日本型の食文化の境界線といわれる糸魚川《いといがわ》‐静岡構造線（フォッサマグナの西端）をこの地図の上に引いてみてほしい。どうだろう、完全ではないがほぼその線を境に西は濃く、東は空白になっているではないか。つまり、天ぷらにソースをかけて食べる文化は西日本に固有の文化であることがわかる。私たちはついにこれまで誰も描かなかったであろう地図を描いたようである。まずは、地図をじっくり見ていただきたい」。

日本列島のほぼ真ん中を南北に走る境界線がくっきりと浮かび上がっていた。和歌山では「ソースで天ぷら」という回答が80%以上となってトップ。事前の予想では大阪がくるかなと思っていた。でも集計してみると意外にも和歌山。

60~80%未満、つまり半数以上の人が「ソースで天ぷら」的人生を送っているらしいのは沖縄、高知、福井、鳥取、鹿児島、愛媛、奈良、徳島となった。

反対に福島、岩手、山形、山梨からの回答はすべて「天ぷらにソースなんてかけない」というものだった。反ソースで天ぷら地帯が東北を中心に広がっているのである。

ちなみに東京は十人に一人しかソース派はいなかった。

だが、この地図を見ていて新たな疑問が生まれた。埼玉が東日本で唯一40~60%未満、ということは二人に一人はソース派ということになる。なぜなのだろうか。

逆に香川だけが、ソース優勢地帯の西日本の中で突出してソース派が少ないのである。

その理由が現時点では不明。

独自の食文化を持つ沖縄でソースが優位であることをそのまま納得していいのか、という思いも浮かんだ。何か事情があるのではないか。

私はネットが持つ双方向性という利点を生かし、読者にこれらに関して「心当たりはないか」と尋ねてみた。すると翌週、目からうろこの回答が続々と届いたのである。のちほどまとめて紹介しよう。

鮮やかに地域偏差を示した地図は、私だけではなく読者にも驚きを持って受け取られた。

「54歳、関西に住むヒマ人」さんも幼いころの記憶が甦ったらしい。

「小学生のころ（昭和三十年代）、母親が「天ぷらは天つゆで食べるのがホンマや。ソースなんかかけるのは貧乏人のすること」と言っていたことを思い出しました。考えてみるに、ソースをかけた天ぷらは素材の味は壊すもののオカズとしてはソースの味でイッパイご飯が食べられるスグレモノ、天つゆで食べると素材本来の味が生きるので本物というわけでしょうか。日本が戦後復興からようやく脱し、国民皆が貧乏から脱したく思っていたころのエピソードです。因みに当時の天ぷらは市場で揚げたてを買ってくるものでした。コロモばっかりでコロモにソースを染み込ませて食べる!!」

やがて都道府県別詳細地図が完成した。改めて言えば「ソースで天ぷら派」が10％以下だったのは福島（0）、岩手（0）、山形（0）、山梨（0）、栃木（5）、群馬（6）、新潟（8）、青森（10）、茨城（10）、宮城（10）、東京（10）の十一都県。無論、東日本勢である。

逆に50％以上だったのは和歌山（88）、沖縄（79）、高知（75）、福井（73）、鳥取

(67)、鹿児島（67)、愛媛（67)、奈良（66)、徳島（64)、広島（59)、山口（57)、大分（57)、大阪（52)、長崎（50)、宮崎（50)、兵庫（50)、岐阜（50）の西日本勢十七府県（かっこ内は％)。

ここで呼びかけに応えて送っていただいたメールを紹介しよう。

まず「香川県が四国で少数派になった理由」について「土門」さんからこんなご意見が届いた。

「香川県に六年半住んだ感想をもとにして申し上げますと、香川県で天ぷらを食べる機会が最も多い場所は〝うどん屋〟であります。したがって野菜天ぷらはうどんの出し汁にどっぷりつけて食べるのがＢＥＴＴＥＲであります」。

「大西」さんも「香川県人は、天ぷらは「天ぷらうどん」としてしか食べないのです。金持ちは「特上天ざるうどん・大盛り」を食っています。家で天ぷらを食うときは、天つゆを使います」と、同意見であった。

なるほど、うかつであった。確かに客が自分で好きな具をうどんにのせて食べる香川の「セルフ」の店では、棚に各種天ぷらがずらりと並んでいる。ソーセージの天ぷらもあった。「天ぷらはうどんつゆで食べるもの」だから、ソースが登場する余地はないわけである。どうやら香川での天ぷらの立ち位置とソースとの関連ははっきりした。

「埼玉でソース派が多い点について」はこんな意見が寄せられた。

「埼玉でソース派が多いのは、関西出身で東京で勤務する者の多くは地価が高くなくて通勤に便利な埼玉に居住しているからではないでしょうか」（星野さん）。

「（1）三年ほど仕事の関係で埼玉に住んだことがあり、嫁さんともそこで知り合いました。私の周りだけかもしれませんが、その地域には西日本、特に九州の人が多いように思いました。（2）九州人は意見を言う人が多い。このようなアンケートでも喜んで答える人が九州人に多く、頭数が比較的多いということとあいまって、埼玉の「ソースで天ぷら」率を引き上げているような気がします。（3）九州人ははっきり言って関東の食はあんまり合わないようですから、天ぷらに関しても「天つゆがなかったら、ソースをかけんかい！」と周りの人に「ソースで天ぷら」を（そのアクの強いキャラで）広めていったんじゃないかと思います。関東人も「お、なるほどいけるじゃん」と、その昔ザビエルに諭されキリシタンになっていった人々よろしく〝改宗〟していった可能性もあるのではないでしょうか」（T・Mさん）。

「埼玉で育った者ですが「ソースで天ぷら」派でした。というのもウチの父は九州福岡出身、母は島根生まれの福岡育ちだからです。結婚して埼玉に住み始めました。私は何の疑いもなくウスターソースで天ぷらを食べて育ちました」（ひまわりさん）。

いずれも「なるほど」と思わせる内容である。ただ「T・M」さんの「九州人は意見を言う人が多い」「アクの強いキャラ」には明るい苦笑を禁じえなかった。

「沖縄の天ぷらとソースの関係」については無記名ながら、次のメールで一発解決であった。

「沖縄では天ぷらはほぼフリッターです。ぼってりとした衣をしっかりと揚げてあります。一口に天ぷらといってもいろいろあるので、そのへんの掘り下げも気になるところですね」。

この言葉に促されて、沖縄の人がやっている食堂で天ぷらを注文した。するとどうだろう。衣にホットケーキ・ミックスでも入っているのだろうか。分厚い衣はまさにフリッターであった。これでは天つゆなど歯が立たない。シャバシャバのウスターソースも沁みていかない。そこで沖縄ではソースはソースでも粘度の高い濃厚ソースであった。

ネットは誰が読んでいるかわからない。女優の三林京子さんも読者だった。

「大阪生まれのしゃきしゃき！　ですが、イワシの天ぷらに関しては、もう！　絶対！　ソースですがな。ウスターソース以外に考えられますか？　エビやキスは上品で軟弱な性格やから、塩にも天つゆにも上手に合わしやるけどイワシやゲソのような養殖などとは縁のない、世界の海を股にかけた強者には、海運王国イギリス生まれのウスターソースがぴったりなのです。市場で買うてきたイワシの天ぷらにソースをかけて、地球の食文化交流を感じることが、大阪らしい食べ方です。ソース天丼というのはあきませんかいなあ」。

三林さんは実際、自宅でソース味の天丼を試作して食べたそうである。後日、ご自分のHPにその様子が公開されていた。

　ところでもうひとつのVOTE項目「紅ショウガの天ぷらを食べている地域」。集計してみると和歌山（75）、大阪（65）、奈良（62）、京都（39）、兵庫（34）、滋賀（32）の順だった。関西特有の天ぷら種であることがわかる。関西に行ったら試してみることをお勧めする。この紅ショウガの天ぷらもまた、食べて育った人には忘れられないものである。「千葉の西川」さんもその一人。

「大阪生まれで四十歳まで大阪で暮らし、その後転勤で関東に住み着いたのですが、今も野菜やイワシの天ぷらはソースです。紅ショウガの天ぷらは、紅ショウガを大阪から取り寄せていて、我が家の天ぷらメニューのひとつです。紅ショウガの天ぷらもソースです。551《ごーごーいち》の豚まんにもソースです。ここで言うソースとはウスターソースです。

　昭和五十二年に大阪から家族一同関東に引っ越したころ、あまりにも食習慣が違うので家内も子どもたちも、かなり戸惑ったようです。ネギは「東京ネギ」しかなく、雑煮の白味噌が入手できず、ゆり根、ハモ皮、京ニンジン、焼きかまぼこもなかったのでした。最近はほとんどの品が手に入ります。しかし、塩味と酸味がきいた紅ショウガの塊とか若ゴボウは大阪から送ってもらわないと、今でも手に入らないようです」。

なぜ関西を中心とする西日本で天ぷらにソースをかけて食べる文化が生まれ、定着したのだろうか。先行する研究はいまのところないようである。以下は私の推論である。日本で最初に作られたウスターソースは明治十八（一八八五）年、ヤマサ醤油が世に出した「ミカドソース」。国内では販売されず米国に輸出された。当時の「専売特許願」の「明細書」が残っているが、主原料は「日本醤油」で、それに「西洋醋《す》」や香辛料を加えたものだった。そして「洋食和食ニ調和シ用ユ可《べ》キ極テ好味ナル新規有益ノ新味醤油ヲ発明セリ」と新規性を訴えている。

このソースは短命であったし、日本人は口にしていないのであるが、注目すべきは当初から洋食にも和食にも使ってもらうことを念頭において製造されたことである。しかも「新味醤油」という名前からわかるように、日本の醤油と同様に、食べ物にかける、垂らす、つけるという使用法を想定している。

欧米ではウスターソースを料理の隠し味として使うのが普通で、日本のように完成した食べ物を味付けするために垂らしたりするのは極めて特異な使用法と言えるが、その起源は国産ウスターソースの誕生のときにあった。

明治二十七（一八九四）年になって大阪の「三ツ矢ソース」と「錨印《いかりじるし》ソース」（後のイカリソース）が出る。「三ツ矢ソース」はその際、「洋式醤油」つまり「洋醬」と銘打って販売した。ここでも醤油的な使用法を念頭に置いていることに注目しなければならない。

文明開化とともに洋食文化が急速に広がっていた当時の大阪で、天ぷらも含めて料理に洋式の醬油をかけるのは「ハイカラ」(おしゃれ)とされたことは十分に考えられ、それが西日本各地に広がっていった可能性は高い。

大阪ではカレーライスにウスターソースをかける人が多いが、これも「洋式醬油」の名残なのかもしれない。

私が大阪で見た一升瓶ウスターソースのメーカーは「大黒屋」という会社であった。ネットでその会社のHPを閲覧すると、天ぷらの写真を印刷したペットボトル入りの商品があった。容器は瓶からペットボトルに変わっても「ソースで天ぷら」という食の文化は健在である。

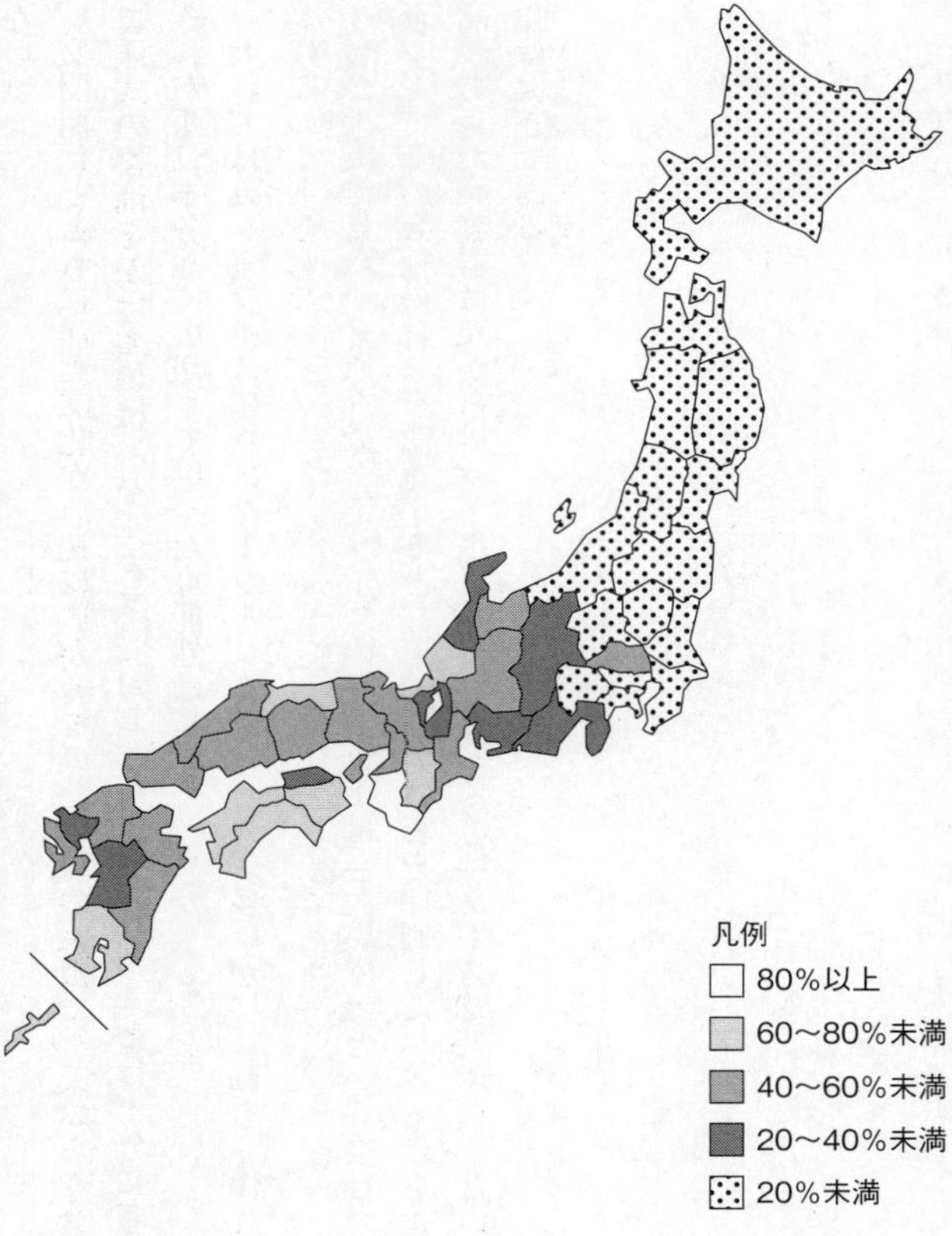

天ぷらにソースをかけて食べますか？

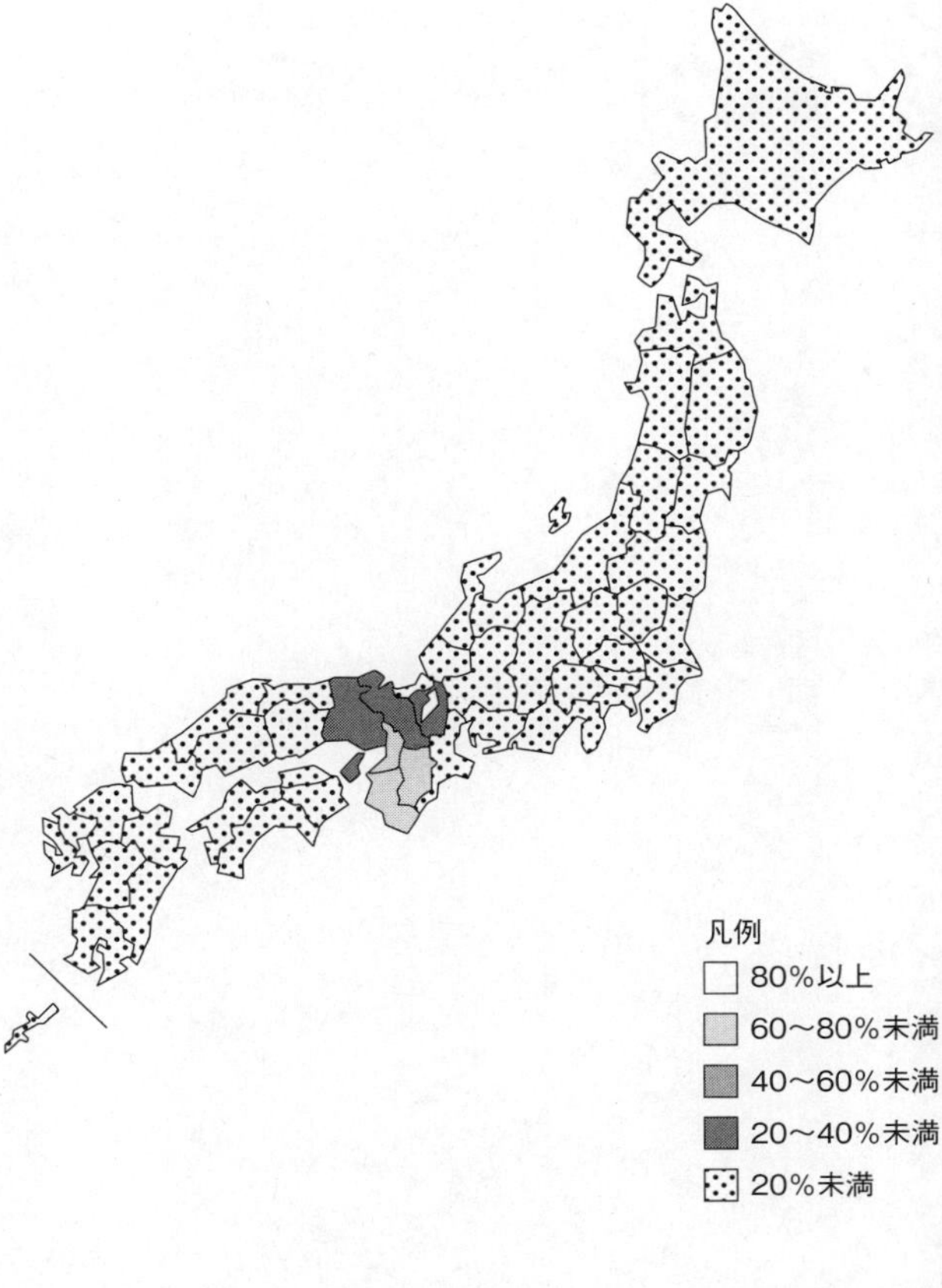

紅ショウガの天ぷらを食べますか？

第二章　ぜんざい VS. お汁粉

設問　小豆やお餅が入った甘い食べ物をなんと呼びますか？

先日、東京都心の甘味の店に入った。甘いものはよっぽどのことがないと口にしない私がなぜ甘味の店に入ったかと言うと、その店の「ひもかわ定食」が美味しいからである。「ひもかわ」はきしめんのこと。

で、定食が出てくるまでメニューをにらんでいたら、私の記憶の底深くに沈殿していた一種のトラウマがよみがえってきた。

メニューには「ぜんざい」「田舎汁粉」「御膳《ごぜん》汁粉」とある。この田舎汁粉というのが問題なのだった。今から四十年近く前のことである。大学入学で久留米《くるめ》から東京に出てきたばかりの私は、東京生まれ東京育ちで一年先輩のおねえさんに連れられて甘味屋さんに入った。

「野瀬君、何食べる?」

「じゃあ、ぜんざいを」。

「この店、ぜんざい置いてないのよ。おすすめはお汁粉」。

「お汁粉って小豆が粒々じゃないでしょ?　粒々のぜんざいがいいんです」。

「田舎モーン。粒々のはぜんざいじゃなくて田舎汁粉っていうのよ」。

「田舎……汁粉?」

あのときは何だか少し馬鹿にされた気分になったのである。

今回入った店の人の説明だと「ぜんざいは小豆が粒々で汁がないもの。田舎汁粉は粒々汁あり。御膳汁粉はこしあんで汁あり」なのだそうだ。九州人にしてみれば「小豆が粒々で汁がないもの」はぜんざいなどではなく、ただのあんこである。

その後、スーパーに行ってみた。するとさっきの説明とは違う物件がたくさん並んでいる。Aメーカーの「ぜんざい（粒あん）」「ぜんざい（こしあん）」のコンビにはちゃんと「汁」が入るようになっているし、その隣にあるBメーカーの「汁粉」の写真はAメーカーの「ぜんざい（粒あん）」と同じである。ぜんざいと汁粉の呼称、内容ともに偏差が余りにも大きい。

したがって、同じく「ぜんざい」と呼んでいても、頭に浮かぶものが違うということがよく起きる。二〇〇二年二月十一日付の日本経済新聞文化面に美術家の横尾忠則氏が池田満寿夫《ますお》氏について書いている。

「お互い共通することが多かったが、ひとつだけ意見が対立して、ケンカになってしまった。ぜんざいが好物だというところまではよかったが、彼はこしあん派、ぼくはつぶあん派で、二人とも考えを譲ることができなかった」。

「ケンカ」にまでなったということなので、よほどの激論だったのだろう。

ぜんざい・汁粉問題で、私と同じ体験をなさった方からのメールをいただいた。

「私は生後二十年余を大阪で過ごし、その後東京に引っ越してきて十数年になりますが、いまだに東京と関西の食文化の違いには驚かされています……それで、お汁粉とおぜんざいですが、関西人の私は完全にぜんざい派です。東京に引っ越してきた当初、甘い物屋さんで、ぜんざいが田舎汁粉という名前で出されていたのを見て、めちゃめちゃ頭にきたのを覚えています。「何が田舎じゃ。和菓子はもともと京都の物なんやから、東京流の方が田舎のはずやろ!!」と怒りまくって旦那をあわてさせました。

高校時代の家庭科の先生がばりばり京女の面白い先生で、彼女にとっては今も京都が都、日本の中心でした。「料理に使っていいのは、ヒガシマルの薄口醬油だけですよ。某社の濃口醬油なんて、あんなん使うのは坂東《ばんどう》の田舎者のすることです」と、首都圏を坂東よばわりして、この人はいったいいつの時代に生きているんだろうと思わせてくれました。

東京のお店で田舎汁粉なる名称を見たとき「なにを、坂東の田舎者が」と、ついその先生の真似をしてしまった私です」（東京都江東区在住　井上さん）。

つまり、私が入った甘味屋さんの説明にあるように「田舎汁粉」という言い方は、東京では「汁粉」が標準的な名前であり、同時に「こしあん」がスタンダードであることを示している。それと区別するために小豆が粒々で汁が入ったものを田舎汁粉と呼んでいるのである。

だが大阪では「夫婦善哉《めおとぜんざい》」でわかるように「ぜんざい」が主役である。

「大阪の日常に汁粉はあまり見かけません。甘党の店で見掛ける以外は懐中汁粉くらいなものでしょうか。汁粉の場合は小豆の皮は除けてほかすことになります。大阪ではそんなもったいない食べようはせえしません。だから皮も残らず食べるぜんざいが主流です。

特に「ええしのお家」では平素の外食や買い食いは禁忌ですから、そして始末もけた外れにしますから、年末の餅つきに炊いたあんの残りに形の悪い小餅を入れて、小正月の小豆がゆのついでのあんに鏡開きの固い餅、厄除け節分の振る舞いに、上棟式の餅が手に入った時などに「よきかな、よきかな」です」（豊下製菓の豊下さん）。

「よきかな、よきかな」は「善哉、善哉」で、ぜんざいのこと。大阪の古い商家におけるぜんざいの風景がよく見える。関西からもう一通。

「現在、南半球に生息していますが、生まれも育ちも（大学卒業まで）ずっと関西でした。我が家は昔々から一族郎党そろって同じエリアに根をはっており、地域性・方言性としてはある程度信用できると思います。

単刀直入に答えを申し上げるなら、迷わずぜんざいです。ええ、ぜんざいですともっ！　と言うよりもぜんざいと汁粉は違います。実家の母（五十代）へ電話して確認しましたが、「何でやのん、全然ちゃうやん。ぜんざいは小豆の粒々があるねん」。ぜんざいは粒あん＋液体、汁粉はこしあん＋液体とのこと。確認のため、「じゃあ、汁気のないのは何て言うん？」と聞いたところ、「それは単なるあんこやんか、どないしたん、あんた！」」（YUKESさん）。

私の認識もまったくこのとおりである。そもそも汁粉の存在は林家三平が「おもちも入ってべたべたと」と言っていたテレビのコマーシャルで知った。その製品は粉末のインスタント汁粉で、当然ながら小豆の粒は入っていなかった。だから、汁粉というのは粉っぽいものであると思って育ったのである。

「滋賀は関西と関東の味の境目（滋賀の大半は関西組ですよ）ですが、このことについては絶対ぜんざい派ですね。「東京のある店で出合ったぜんざい。九州でこれを出すとただのあんこと言われるかも」とありましたが、滋賀はもちろん京都、大阪、兵庫、奈良どこでも「汁がないぞ！」と力強く言われると思います。

ぜんざいたるもの、あんといえば粒あんでしょう。これに決定ですよ……小正月に左義長《さぎちょう》、もしくはどんど焼きという火祭りがありますが、この際に鏡開きしたおもちを使ったぜんざいが振る舞われます」（滋賀に住むTAZUさん）。

ということで関西と九州、といっても現時点では私が育った福岡に限っては「ぜんざい」で決まりだろう。福岡が絶対ぜんざい地帯であることを証明するメールがある。

「ぜんざいか汁粉か……そりゃーぜんざいでしょうもん。汁粉は自動販売機で売っているくらいかな？　あんこは粒あん。梅が枝餅も峰楽まんじゅうも粒あんでしょ。こしあんは「こしあんです」って断らないといかんとじゃない？」（福岡出身で最近大阪在住のキナコさん）。

では西日本のほかの地域ではどうだろう。次のメールは島根県からのもの。

「私の出生地は島根県東部、代々この地の住人です。よび方はぜんざい。お汁粉というのはメディア（雑誌やテレビ）、いわゆる都会風の呼び方で、少なくとも自宅でつくるものはお汁粉などとは言いません。

さて、島根県東部には「小豆雑煮」なるものがあります。当然正月に食べる雑煮のバリエーションのひとつです。「ぜんざいとどう違うのか？」と聞かれますが、違いはわかりません。たぶん食べる時期じゃないかと（正月に食べれば雑煮）。「ぜんざい」の語源は神にお供えした小豆雑煮がルーツだとききましたので、古くからの神社があるところには「ぜんざい」派が多いかもしれません。我が地方にも古い神様がいらっしゃいます」（かんなさん）。

神様と小豆を使った食べ物との関係が重要なポイントなのだが、この点には後に触れることにする。

四国の事情を知りたいと思っていたら、こんなメールが届いた。

「家で作って食べるのは、ぜんざいですね。辛党の父が権力を持っていた我が家で甘味が出ることはまれだったのですが、たまにぜんざいを母に命じて作らせていました。もちろん「粒々汁あり」です。ちなみに実家は高知です……もともと田舎の高知には田舎汁粉なんてものはありませんでした」（高知のNAKATANIさん）。

西日本は、ぜんざい一色である。ここまでがぜんざい派。続いてお汁粉派の声。まずは東京から。

「私は神田生まれの神田育ち、両親は上野生まれ……汁粉は家や親戚で食べるものは粒入りでした。外で食べるときは粒入りもあればこしたものもあり、幼いながらに「こしたものは手間がかかる分だけ、外で高い値段で売るとき用なのだ」と思っておりました……ぜんざいと言う場合は、小豆が粒々で汁がないものを指します……なお自らの語彙不足を暴露するようですが「夫婦善哉」というテレビ番組を昔見ておりまして、幼い小生は「善哉は漫才の大阪方言」だとばかり思っておりました。善哉という名のものはそのくらい身近になかった」（50歳　夢の途中さん）。

「僕は「お汁粉」で育ちました。山梨ではぜんざいと言う呼び名は一般的ではないようです。こしあん、粒あんひっくるめてお汁粉です。

甲州名物かぼちゃのほうとうはもちろんご存知だと思いますが、なんと「小豆ほうとう」というものが存在します。粒あんのお汁粉の中に餅ならぬ、ほうとうが入っている凄まじいものです。どんな味がするかというと……僕も食べたことがありません」（甲府のかんたさん）。

もうおわかりと思うが、東日本は圧倒的に「お汁粉」である。では東京を中心とした東日本で「ぜんざい」と呼んでいるものは関西で何と呼ばれるのだろうか。次のメールの中に登場する。

「ぜんざい＝粒入り。冬になると家のストーブの上で炊いているもの。汁粉＝粒なし。本の中で出てくるもので、裏ごしが面倒くさいので家では作らない。そのほか、亀山＝汁なし、小豆の粒を崩さずに炊くというものも存在します」（関西人さん）。

東京のぜんざいは、汁気のない粒あんのことであるから、ここで言う「亀山」に相当する。

東京生まれの「ミルフォード」さんは和菓子の老舗《しにせ》「とらや」に取材した。その結果、「東京育ちの私が「ぜんざい」と認識していたものを、関西では「亀山」と言うそうです」という認識を得た上で、「小倉汁粉」の存在に気づく。店員さんに質問してみると「仕上がりの美しさにこだわっているので、あんを作ったあとで、別に煮た小豆を加えています」という返事であった。

では西の「ぜんざい」と東の「お汁粉」の境界線はどの辺りを走っているのだろうか。名古屋はどうであろう。

「夫婦そろって名古屋出身で、夫の転勤で関東と関西を行き来しています。我が家の認識としては、ぜんざい＝粒あん、お汁粉＝こしあんです。

ただ関東のお汁粉（ときにはぜんざいも）は、汁気がない！　浅草・梅園《うめぞの》の粟ぜんざ

いなんて、粟餅にあんこがのってるだけじゃん。一月十一日の鏡開きをレトルトで済ま

せようとして、びっくりしました。お湯を足して薄めるのかと思った」(横浜市在住の主

婦さん)。

ということは、名古屋の場合、ぜんざいであろうとお汁粉であろうと、汁が入ってい

る。東京のあんこ状「ぜんざい」は存在しないということらしい。

境界線は後のVOTEで明らかになるだろうから、ここでは歴史的な背景をのぞいて

みる。岡田哲編『たべもの起源事典』を開くと「善哉」という言葉の初出は何と室町期

の『尺素往来《せきそ》』。応仁の乱より古かった。「神在《じんざい》が善哉になった」という話も出ている。

「出雲では神在餅といい、日本の神々が出雲に集まると、アズキを煮て汁を多くし、も

ちを入れて供えたという」。

つまり旧暦十月は「神無月」といって日本中の神様が出雲に出かけて不在になる月だ

が、神様が集まる出雲では逆に旧暦十月は「神有月」または「神在月」の異名を持つ。

読みはともに「かみありづき」だが「神在」は音読みで「じんざい」であり、神在餅の

習俗へとつながる。つまり小豆と餅を神と共食するのである。

中国地方日本海側の小豆雑煮は、この名残ではないだろうか。篠田統《おさむ》氏は出雲地方

の神在餅が川沿いに中国地方の山間部に伝わり、分水嶺を南下して瀬戸内海に達し、香

川のあん餅雑煮に受け継がれているのではないかと考えたそうである。この話は民族学

者の石毛直道氏にご教示いただいた。次のメールは参考になるであろう。

「私の育った鳥取県米子《よなご》市も小豆雑煮です。甲府に出張し、同僚数名と昼食をとるためほうとう屋さんに入りました。私は小豆ほうとうを注文したのです。すると店の人が「えっ、本当にいいんですか。あま〜いですよ」と、言外に「やめたほうがいいですよ」と言わんばかりの応対。「それならメニューに載せるなよ」と思いました。結局私は、小豆ほうとうをおいしくいただきました」（京都府宇治市在住の玉井さん）。

私は「ずんだ餅子@仙台」さんからいただいた次のメールのうち「正月に食べるお汁粉」という言葉が目に留まった。

「我が家では、お正月に食べるお汁粉は、辛党にしてあんこものに目がない父の理屈からすると、正統派は「こしあん」、手抜きが「粒あん」。以前は厳しくこしあん作りを命じておりましたが、最近は、母の方が権力があるので粒あん、もしくは既製品の小豆あんを使った汁粉が登場します。

汁粉は小豆だけでなくクルミ汁粉、ゴマ汁粉もあり、正月三が日しか滞在しない愚息・愚娘のために、元日は小豆、二日目はクルミ、三日目はゴマを作ってくれます。スーパーには汁粉のためのすりつぶしクルミも売っています」。

小豆雑煮は食べないが正月三が日はお汁粉が出るというなら、これも神在餅の一種ではないのか。

ところで同事典によると「田舎汁粉」の屋台が現れたのは幕末の江戸。明治維新後には武士の商法による「汁粉屋」が東京に続々できたそうだ。

定義があって「田舎汁粉は粒あん、小倉汁粉は小倉あん、常磐《ときわ》汁粉はひき茶あん」。「ぜんざい」の項を見ると「関東では餅にアズキあんをかけたもの、関西では粒あんの田舎汁粉のこと」とある。

渡辺善次郎著『巨大都市江戸が和食をつくった』の中に幕末の戯作者、滝沢馬琴の日記が現代語に訳して収録されている。天保五（一八三四）年十二月二十日の日記に「笹屋から注文の水餅が届く。例年どおり「こしあん神在餅」を作って神仏に供え、家内一同で「祝食」した。午後、その神在餅を一重ずつ親類や地主の家に贈る」とある。

江戸にもかつて神在餅が存在したことを裏付けている。そしてお重に入れているところから汁がなかったことがわかる。これが今日の「東京のぜんざい」なのである。

いずれにせよ「神在」に語源を持つぜんざいの方が古く、汁粉は後のものであろう。やはり「田舎」呼ばわりはお断りしたいものである。

さてここでVOTE結果が出た。ぜんざいと呼ぶか、お汁粉と呼ぶかという呼称問題の数字を見てびっくりした。あまりにはっきりと境界線が浮かび上がっているのである。ぜんざいは完全に西日本型、お汁粉が東日本型。疑問の余地もない結果である。

「ぜんざいと呼ぶ」が100%だったのは滋賀、和歌山、島根、徳島、愛媛、佐賀、長崎、宮崎、鹿児島、沖縄。90%以上は広島、大阪、福岡、兵庫、三重、福井。80%以上90%未満は大分、京都、山口、富山、香川、岡山。70%以上80%未満は奈良、鳥取、熊本、愛知。60%以上70%未満は高知、岐阜。50%以上60%未満は石川。

それ以外の東日本勢はすべて80%以上が「お汁粉」との回答だった。中でも青森、山形、新潟、山梨はお汁粉が100%。

新潟－長野－静岡以東が「お汁粉」文化圏で、富山－岐阜－愛知以西が「ぜんざい」文化圏ということになる。県別なので確定は難しいが境界線はまたしても糸魚川－松本－甲府－静岡県内へと抜ける糸魚川－静岡構造線に沿っているのではないかという気がする。だとすれば第一章の「ソースで天ぷら」と境界線がほぼ重なる。不思議なことである。

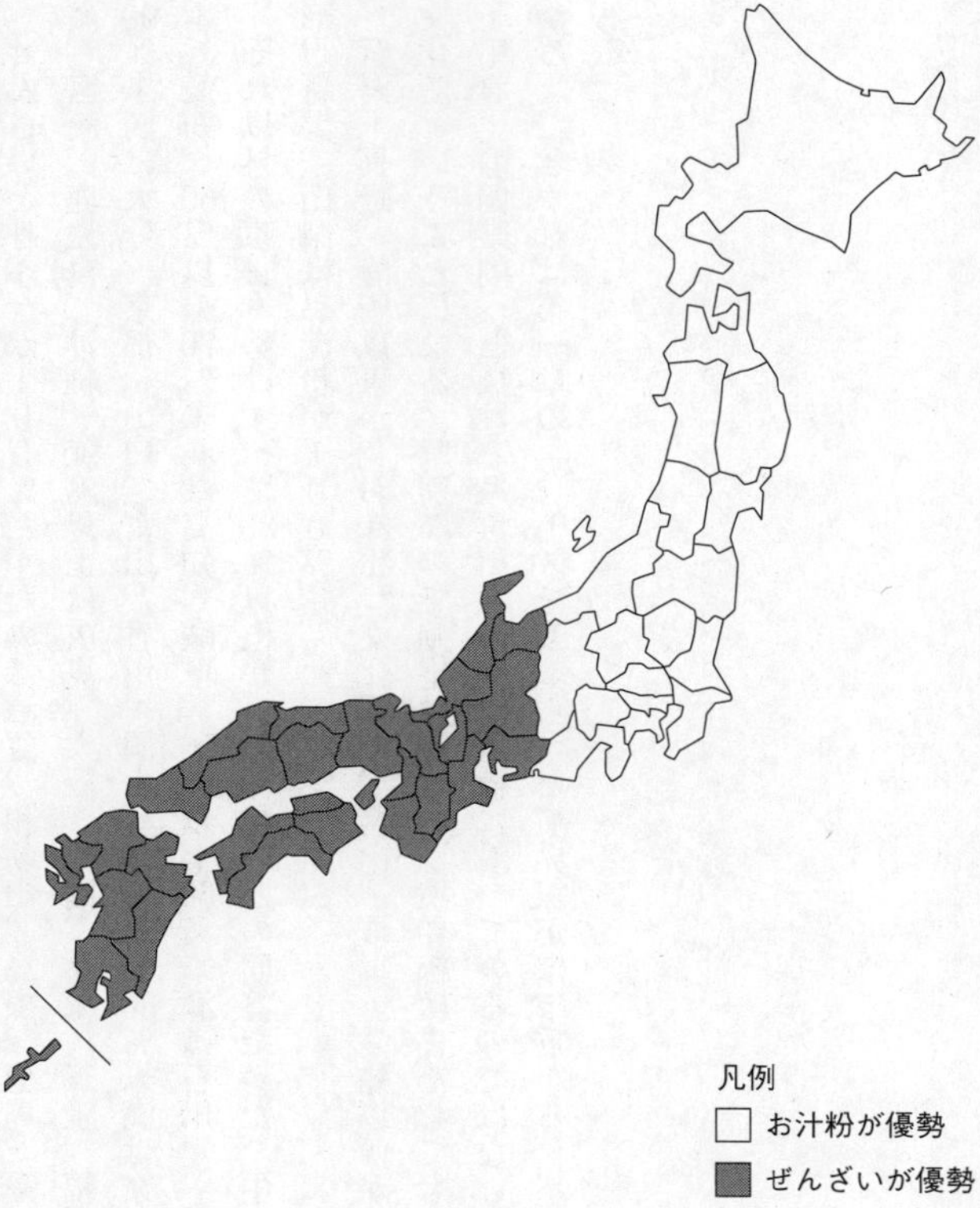

「ぜんざい」と「お汁粉」の呼び方どっちが優勢？

コラム　すき焼き

鋤焼　牛・鳥肉などに葱（ねぎ）・焼豆腐などを添えて鉄鍋で煮焼きしたもの。維新前まだ獣肉食が嫌われていた頃、屋外で鋤の上にのせて焼いて食べたからとも、肉をすき身（薄切り）にしたからともいう。（『広辞苑』第七版）

私は長い間、広辞苑を信頼してきた。信奉してきた。しかし食べ物の取材を続けるうちに何度も「これでは不充分ではないのか」とか「間違ってはいないか」と思う場面に遭遇するようになった。「鋤焼《すきやき》」についてもそうである。

まず主な具材は「牛・鳥肉」となっているが、本当にそうだろうか。大方の日本人は「牛」に異論はないと思う。しかし「鳥肉」には疑問符が付かないだろうか。これが「鶏肉」と書かれていても事情は同じに違いない。

群馬県富岡市の富岡製糸場が世界遺産に登録されたとき、現地に取材に行った。空いた時間を使って近所をうろうろしていたら精肉店があり、品ぞろえを見ていて牛肉がないことに気づいた。

「牛肉ないんですね」。

そう尋ねた私に店主は言った。

「この辺じゃあ牛肉は食べないからね。すき焼きだって豚肉だよ」。

群馬県では、広辞苑が想定していない豚

肉がすき焼きの主役として当たり前に食べられているのである。

広辞苑の記述後半には「維新前まだ獣肉食が嫌われていた頃、鋤の上にのせて焼いて食べたから」とあるが、それはどこの話で何をのせていたのだろうか。少なくとも東京近辺ではない。関西では魚の切り身を農具の鋤や貝殻で焼き、醤油、大根おろし、唐辛子で食べる「魚すき」という料理があり、明治になり具材として魚に牛肉が加わった。それが「すき焼き」になったというのが有力な説である。広辞苑はそのことを念頭に置いているように読めるが、わかりにくい。

明治以降、東京や横浜では「文明開化」の声とともに「牛鍋」が広がった。日本人は牛肉を箸でつまめるように薄く切り、醤油や味噌という調味料を用いて和食化した。こうしてなじみがなかった牛肉を食べるようになった。仮名垣魯文《かながきろぶん》の「牛店雑談《うしやぞうだん》」の角書きを持つ『安愚楽鍋《あぐらなべ》』を持ち出すまでもない。

つまり同じく牛肉を主役にしつつも、関西では「すき焼き」と呼び、関東では「牛鍋」と呼んだ。調理の仕方もまず牛肉をザラメとともに甘く焼いて食べる関西方式と、割り下で煮る東京方式に分かれていた。その牛鍋圏であった関東がすき焼き圏に包摂されたのは何がきっかけだったのか。答えは関東大震災である。

永井荷風は『濹東綺譚』に添えた「作後贅言《ぜいげん》」で「震災前《ぜん》、表通に在《あ》った商店で、もとの処《ところ》に同じ業をつづけているものは数えるほどで、今は悉《ことごと》く関西もしくは九州から来た人の経営に任《ゆだ》ねられた。裏通の到る処に河豚《ふぐ》汁や関西料理の看板がかけられ」と書いている。

この過程で牛肉と葱だけのシンプルな食べ物だった牛鍋に、関西方式の「すき焼き」がなだれ込むことによって焼き豆腐や白菜、コンニャクなども具に加わった。同じく関西発祥の「生卵添え」も受け入れた。しかしながら、関東ではいまも割り下で煮る方式は固守されている。そこに「牛鍋」の痕跡を見ることができるのである。

ところですき焼きに入れるコンニャクはシラタキだろうか糸コンニャクだろうか。スーパーに行くとシラタキも糸コンニャクも売っている。白いのがあれば黒いのもある。これに太さ細さという要素が加わるが、商品名を見なければ手にしてもどれがどれだか判然としない。

結論から言うと、もともとは製法が違っていた。コンニャクの粉（精粉）が固まる前に、ところてんを突き出すように熱湯の中に落としてつくるのがシラタキ。板コンニャクを細く刻んだのが糸コンニャク。前者が関東の、後者が関西の主流だった。

最近は糸コンニャクもシラタキと同じようにして作るので、製法もできあがりも差はない。にもかかわらず以前と同様、関東ではシラタキ、関西で糸コンニャクと呼ぶ人が多いのである。

第三章　中華まんを考える

設問　①中華まんには何かつけますか？

②「肉まん」と呼びますか？　「豚まん」ですか？

「豚まん」は私の好物である。手に入れば真夏でも食べる。いま「豚まん」と書いたが「肉まんじゃないのか」と思われた方もおられよう。この呼び方の違いは、あなたにとって「肉といえば何か」という問題とかかわっている。第五章で触れるが、西日本の多くの地域では肉といえば牛肉を指すので、豚肉を使った中華まんはわざわざ「豚」と言う。東日本だと肉＝豚だから肉まんで何の問題もない。

九州生まれの私は家の中でも「豚まん」と言い、東京生まれの妻は「肉まん」である。この呼称のほかに妻と違うことがある。私は無条件に大量の酢醤油をつけるが、妻は何もつけないどころか「ちゃんと味がついたものが中にはいっているのに、どうして余計な味を足すの？」と真剣に言う。

これは個人の嗜好《しこう》ではなく、いまから見ていくように中華まんの食べ方における地域偏差が背景にある。

私は酢醤油だが、大阪勤務時代に見たのは違う食べ方であった。

「豚まんにもし付けるならやはり辛子です」（ナニワのオジンさん）。

「関西の主流は「551《ごーごーいち》蓬莱《ほうらい》」でしょう。名称はご存知のように「豚まん」。購入すると付いてくるものは辛子。スーパーでも売られていますが、ちゃんと辛子が付属しています。ほかのメーカーから出されている豚まんにも辛子が付いてくる。やから全国的に当然のものやと思っとった」（YUKESさん）。

「中華まんというより「豚まん」ということで、私の考えです……辛子＋醤油で決まりでしょう。辛子だけでもおいしいけど、醤油へ混ぜ込むとよりおいしくなりますよ」（明渡＠奈良県さん）。

三人の声を読んでいただければわかるように、関西は辛子が基本で、辛子醤油の場合もある。呼び方は無論、「豚まん」である。

関西では豚まんをよく食べる。ＹＵＫＥＳさんのメールに出てくる「５５１蓬萊」というのは、大阪市浪速《なにわ》区に本社を置き関西に五十八店舗を展開する株式会社「蓬萊」の商品である。同社のＨＰによると終戦の年、昭和二十（一九四五）年に食堂として発足し、翌年に豚まんを売り出して評判になった。５５１というのは「数字なら覚えやすいだろう」ということで当時の店の電話番号からとったもので、「ここが一番」の語呂《ごろ》合わせにもなっている。

５５１の豚まんは豚肉とタマネギのあんが、もっちりした皮に包まれており、腹持ちもいい。それが一日平均十四万個も売れているというから人気のほどが知れる。

神戸でも豚まんが好まれている。中華街の南京町《ナンキンまち》に行かずとも、商店街の中の中華の店や持ち帰り専門店で、レベルの高い豚まんを求めることができる。

食べ方という点でいえば、確かに大阪でも神戸でも辛子を塗って食べる光景を頻繁に目にした。持ち帰り専門店の店先には小さな袋に入った辛子が置かれている。

「大阪のスーパーで肉まんを見てください。五個入りとかで売っているやつです。必ず辛子が入っています。つまり強制です。それ以外の選択肢はありえないのです」（和歌山県在住あきたけんじんさん）。

秋田出身の方なので「肉まん」と書いてある。東日本の方から見ると、スーパーの「肉まん」に必ず辛子が付属しているのは珍しくて仕方がないであろう。

中京地区はどうか。「間もなく、社会人2年生」さんは、こう書いてきた。

「名古屋地域はおそらく辛子をつけています。なぜなら、コンビニへ行くと「辛子はいりますか?」と聞かれることがあるからです。ただ、いつも聞かれるわけではなく、たまに聞かれます。だからバイトさんの嗜好なのかと思います。酢醬油で食べる人のことも聞いたことあるし、辛子醬油で食べる人の話も聞いたことあるので、「名古屋流」の食べ方はなさそう」。

「名古屋めし」という言葉があるほど個性的な食文化を誇る名古屋だが、中華まんに関しては「これ」といった食べ方はない印象である。

では中京地区の一角、三重県を見てみる。

「肉まんにつけるのは辛子とソースです。うちの実家（三重）ではこれが当たり前でした。ちなみに島根で生まれて大阪で育った夫は辛子のみです。そういえば、ソースと辛子の組合せは肉まんのときだけかもです。ご当地肉まん、というわけではないですが肉まん・あんまんといえば井村屋です。中村屋や551など問題ではありません。私にとっての肉まんは井村屋。地元ですから」（こばばさん）。

井村屋の本社は津市。明治二十九（一八九六）年創業の老舗《しにせ》である。同社が製造販売している中華まんの商品名は「肉まん」。その影響もあろうか、「こばば」さんは「肉まん」と書いている。

その肉まんに辛子はわかるが、ソースは一般的なのであろうか。思い返せば大阪時代にデパ地下にあった蓬莱のイートイン・コーナーで、豚まんの皮の薄い部分に穴を開け、そこからウスターソースを垂らして食べている人を何度か見かけた。マイナーな食文化、あるいは個人の好みとして「ソースで調味」というものが存在する可能性はある。

それを、このメールが裏付ける。

「大阪の豚まんはウスターソースでしょう！　あの中身はどちらかと言えば皿うどんの具に近いんだから当然だと思ってましたけど？　一般的に蓬莱の551が有名ですが、蓬莱は蓬莱でも551ではない蓬莱本館とか隠れ名物豚まんは色々ありますので、ウスターソースで召し上がってみてはいかがでしょう」（女優の三林京子さん）。

女優の知られざる素顔というやつか。同調する方も大阪にはおられる。

「豚まんにはウスターソース＋辛子です。もの心ついたときからそうです。シュウマイも同じ食べ方。とにかく天ぷらなりトマトなり、何でもウスターソースです。ま、最近、気分で醤油も使いますけど……。これは昭和三年生まれ神戸出身の父の影響です。神戸の人は、ところてんもウスターソースで食べるそうです。一人の実例と二人の証言あり。黒蜜よりましかも」（大阪ひらかた・46歳男性）。

神戸ではたこ焼きをソースと出し汁の両方で食べる「神戸たこ焼き」なるものが昔から存在する。姫路では玉子（明石）焼きをこれでやる。関西の人々がソースに注ぐ愛情の深さは「ソースで天ぷら」の章で見たとおりである。

高知からも気になる情報が寄せられた。

「高知ではコンビニなどで「肉まん」が売られだす前は、地元の「味デパの豚まん」が有名でした。必ず練り辛子とウスターソースが添えられていました。ということは、高知は大阪風ということになるでしょうか。現在、コンビニでは肉まんには辛子と酢醤油のチョイスを迫られます」（高知の恒石さん）。

このメールからわかるのは、高知での古い呼び方は「豚まん」だったが、次第に「肉まん」が勢力を得てきた。そして豚まん時代にはソースで食べる文化が存在した。

中国地方に視線を移す。

「肉まんなどのしょっぱい系には酢醤油辛子か辛子だけど、最近は「香醋《こうず》」。コンビニでは「辛子か酢醤油、どちらにしますか？」と聞かれます」（HAMAN@広島さん）。

高知、広島ともに、コンビニでは「辛子か酢醤油」の選択を求められるそうである。

「豚まん＋辛子」の関西と「豚まん＋酢醤油」の九州の間に横たわる中間地帯には「辛子か酢醤油」という混交的な食べ方が広がっているようである。

いま九州は酢醤油であると断定的に書いたが、何も私個人の食べ方をもって断定しているわけではない。こんな具合である。

「私の出身地長崎では、肉まんには酢醤油と辛子でした。個人的には、まんじゅうの薄皮をむいて先に食べ、その後半分に割って酢醤油と辛子をつけて食べる方法が好きなのですが、貧相《ひんそう》にみられるので人前ではやりません」（沖縄チャンポンさん）。

「私が住んでいた北九州市では豚まんにはタレがついていました。私は全然気にもせず、その納豆についてるようなタレをつけていたのですが、大阪に来て辛子がついていてビックリしました。この話を大阪にいるまわりの友達に言ってもダレも信じてくれません。確かにタレだったのです。皆、「醤油やったらわかるけど～」などと言うのですが、マジでタレなんです」（ジョンさん）。

長崎では辛子が混じりながらも主役は酢醤油。北九州でついてきたというタレは小袋に入った酢醤油であったろう。次のメールが補強する。

「私も小倉に住んでいましたが、北九州では納豆のたれのようなもので酢醤油が当たり前についてきます。確かコンビニのポプラ（九州のチェーン店）でした。かみさんは北九州なので東京の肉まんになにもつかないことや、大阪では辛子がつくことにびっくりしていました。しかも大量に」（お名前ありません）。

山口も九州と似た食べ方をするらしい。

「山口県下関市出身、兵庫在住です。実家では豚まんに酢醬油をつけていました。最初は皮が水分を弾《はじ》くためあまり味がつかないのですが、一口かじったところから酢醬油につけると、そこから吸い込まれて、いい感じに酸味とうまみが調和しておいしくいただけました。こちらに来て豚まんに辛子がついてきたときは少し悩んだ末、辛子酢醬油をつくって食べたりしていました」（えむらんどさん）。

九州・山口経済連合会というのがある。山口の西半分は九州と経済圏・文化圏がかなり重なっている。

ここまでは中華まんに何かをつける話だったが、むしろ「何もつけない」が主流派なのである。

「最近ある所で中華まんを出された。肉まんと言っていた。食べ始めてしばらくして三重県出身のその家の人が慌《あわ》てて醬油とお酢をもってこられた。が、一緒に食べていた福島県、栃木県出身の人たちも私も誰も何もつけないで食べた。別の機会には長崎の豚の角煮を挟んだ中華まんが出てきたが、先ほどの方がまた慌てて醬油とお酢、練り辛子を持ってこられた。が、角煮が柔らかくおいしく煮込んであったせいか、何、コレっで感じで誰も何もつけずに食べた。私にとって中華まんに何かをつけて食べるということ自体驚きだった」（広島県人@三茶さん）。

「私は何もつけません。何かをつけて食べる方法があるというのを知ったのは大学で兵庫県に来てから。コンビニで「辛子をつけますか？」と聞かれ、何を言っているのか理解に苦しみました。神戸出身の主人は、豚まんを半分に割り、肉に少し醤油をたらして食べるのが幸せだそうです。

豚まんという言い方を知ったのも兵庫県に来てから。愛媛では肉まんでした。今でも私は肉まん、主人は豚まんと呼んでいます」（愛媛生まれ神奈川在住さん）。

妻が肉まん、夫が豚まん。我が家と同じである。

名古屋の事情が判然としないまま、ここまできた。その間、「日野みどり」さんが身を挺《てい》して調査してくださっていた。

「名古屋では何をつけるのか、をご報告するのが名古屋住民の務めだもんですから、わたくし頑張っております。コンビニに行っては日ごろあまり買わぬ肉まんを、せっせと買っております（きょうなんか一日二回肉まん買って食べました）。つけるものを何も請求せず、店員さんが何と言うか、待ちうけるわけです。

そうしたら、あら不思議。誰も何も言ってくれません。○ァミマでも、コ○ストアでも、ロー○ンでも、サンク○でも。ただ肉まんを包んでくれるだけ。毎回きまって言われるのは、「袋のほう（ほかに買ったものと）ご一緒でよろしかったですか～」のみ。野瀬さんが倒れそうな言葉遣いだとか、サラダであろうがなんであろうがご一緒に入れたがるとかはおくとして、とにかく、つけるものに関することを一切言ってくれません。ということは、名古屋は「肉まんには何もつけない地帯」としか思えません」。

実はこれが正解であることが、VOTE結果で証明される。

では本場中国ではどんな食べ方をしているのだろうか。現地から、あるいは在住経験者からのメールを続けて紹介する。

「いまは北京《ペキン》に住んでいますが、こちらでは「包子《パオズ》」といい、具は豚肉だけでなくたくさんの種類があります。野菜だけの包子もあっさりしておいしいですね。

神戸の南京町で有名な「老祥記」は小ぶりな天津《テンシン》包子の系統ですね。天津では有名な「狗不理包子《コウブリパオズ》」という店があり、老祥記と同じ味です。この包子は小ぶりで、一度に十個程度は軽く食べられます。皮もおいしくて、何もつけずに食べても十分美味しいですが、普通は酢（黒酢）をつけて食べるようです。私も酢をつけて食べるのが一番好きです」（北京原人さん）。

「中国では日本のいわゆる中華まんのことを「包子」と言います。中に具の入っていないのもあり、こちらは「饅頭《マントウ》」です。包子の中身は大きく分けて肉か野菜で、肉の入ったものを肉包《ロウバオ》、野菜が入ったものを菜包《ツァイバオ》と区別します。上海《シャンハイ》名物の小籠包《ショウロンポウ》も包子の一種です。

中国では包子に何をつけて食べるか？　一般的には「何もつけない」が正解じゃないでしょうか。小籠包にはよく酢をつけます。日本の透明な酢ではなく黒酢です。黒酢の中に生姜の千切りが入っていたりもします。中国では餃子にもこの黒酢です。

私は個人的には日本で餃子に酢醤油をつけるのは中国の黒酢を真似たのが始まりだと思っています。黒酢＝酢の味＋醤油の色という感じで」（高知のＮＡＫＡＴＡＮＩさん）。

「酢醤油に辛子が私の肉まん人生の定番となりつつあったころ中国に行き、そこで究極（っていうか新しい）の食べ方を教わる。それは黒酢。この黒酢が肉まんにはよく合うんだな。さっぱりして、何個でも食べられるんです。

小籠包や生煎《ションジエン》も黒酢をつけて食べますしね。生煎は肉汁たっぷりの小ぶりの肉まんを片面だけ焼いたものです。小籠包とともに上海の名物。どちらも肉まん（中国語では包子）の一種だし。それ以来、私はずっと黒酢党。黒酢がないときはほぞをかむ思いで普通の酢を使うのです。ソースは使ったことありませーん」（モモちゃん）。

以上のように、どなたも「中国で包子（中華まん）に何かをつけるなら黒酢」というお答えである。中でも「ＮＡＫＡＴＡＮＩ」さんの「酢醤油＝黒酢模倣説」に注目したい。

旧満州で現地の人が残り物のギョウザを焼いて生のニンニクをかじりながら食べているのを見た日本人が、戦後帰国して始めたのがニンニクを入れて焼くギョウザという有力な説がある。黒酢を見た日本人が「酢が黒いが、あれは醬油を加えたからだろう」と考えて酢醬油で食べるようになったとするなら、焼きギョウザと同じような「似ているけれどちょっと違う」伝播《でんぱ》の仕方をしたことになって興味深い。

中国の酢の話。ちょっと奥が深いようである。中国留学経験者からメールが届いた。

「肝心の酢なのですが、肉には必ずかけるというのが中国の流儀のようです。大体、団体でご飯を食べに行くとコースで出て来て、最初は冷菜なんですが、ここになにがしかの肉料理が入っていて、これには酢をかけて食べるのです。中国の食堂ではテーブルに醬油と酢（醋と書いてあります）の瓶は必ず置いてあります。黒酢は肉にかけると肉の臭みが取れ、風味も増すという魔法の調味料なのです。

包子類で酢をつけるのも、中が肉なので「肉には酢」の原則によるのではないかなと思います。黒酢は甘いので日本の酢のようにピリピリしません。そのあたりが黒酢のなかった日本では酢醬油に化ける理由ではないか、と忖度《そんたく》しています。

中国の田舎の食堂の肉の冷菜の臭さ、まずさというのは涙が出るほどなのですが、黒酢の魔法で何とか食べられるのです。それに酢には殺菌力もあるので衛生状態などあまり真面目《まじめ》に考えると卒倒するかもしれない中国の町場の食堂において、よりあたりやすい肉や海鮮類を酢に付けて食べることで、食中毒を未然に防止していたのかもしれません。お寿司のワサビみたいなものですね」（多田伊織さん）。

ＶＯＴＥの集計結果が出たが、地図に落としてみたら想像以上に鮮明な境界線が浮かんだ。すなわち北海道から愛知、岐阜、福井まで「何もつけない」がベターッと断トツまたは相対トップ。それが三重、滋賀、京都で一転して「辛子および辛子醤油制圧地帯」に入り、今度は山口で「酢醤油」へとすっぱり切り替わる。そして九州は鹿児島を除き全面的に酢醤油圧倒地帯となる。ところが四国は飛び地のように「何もつけない地帯」なのである。

仔細《しさい》に見ると「肉まん」と呼んでいるところは「何もつけない」地域と重なり、「豚まん」呼称が優位な地域は辛子なり辛子醤油なり酢醤油地帯なりと重複している。「豚まん」呼称地域は牛肉文化圏でもあるため「肉ではない豚には、一味加えた方がいいのではないか」という深層心理が働いているような気もするが、無論根拠はない。

鹿児島を除く九州と山口の「酢醤油」については黒酢模倣説、または代替説を立てうる。関西から中国地方の「辛子および辛子醤油」のルーツはやはり「蓬莱」であろう。戦後間もなく開店した「蓬莱食堂」の豚まんは爆発的に売れて今や大阪名物になっているが、それには必ず辛子が添えられているのである。

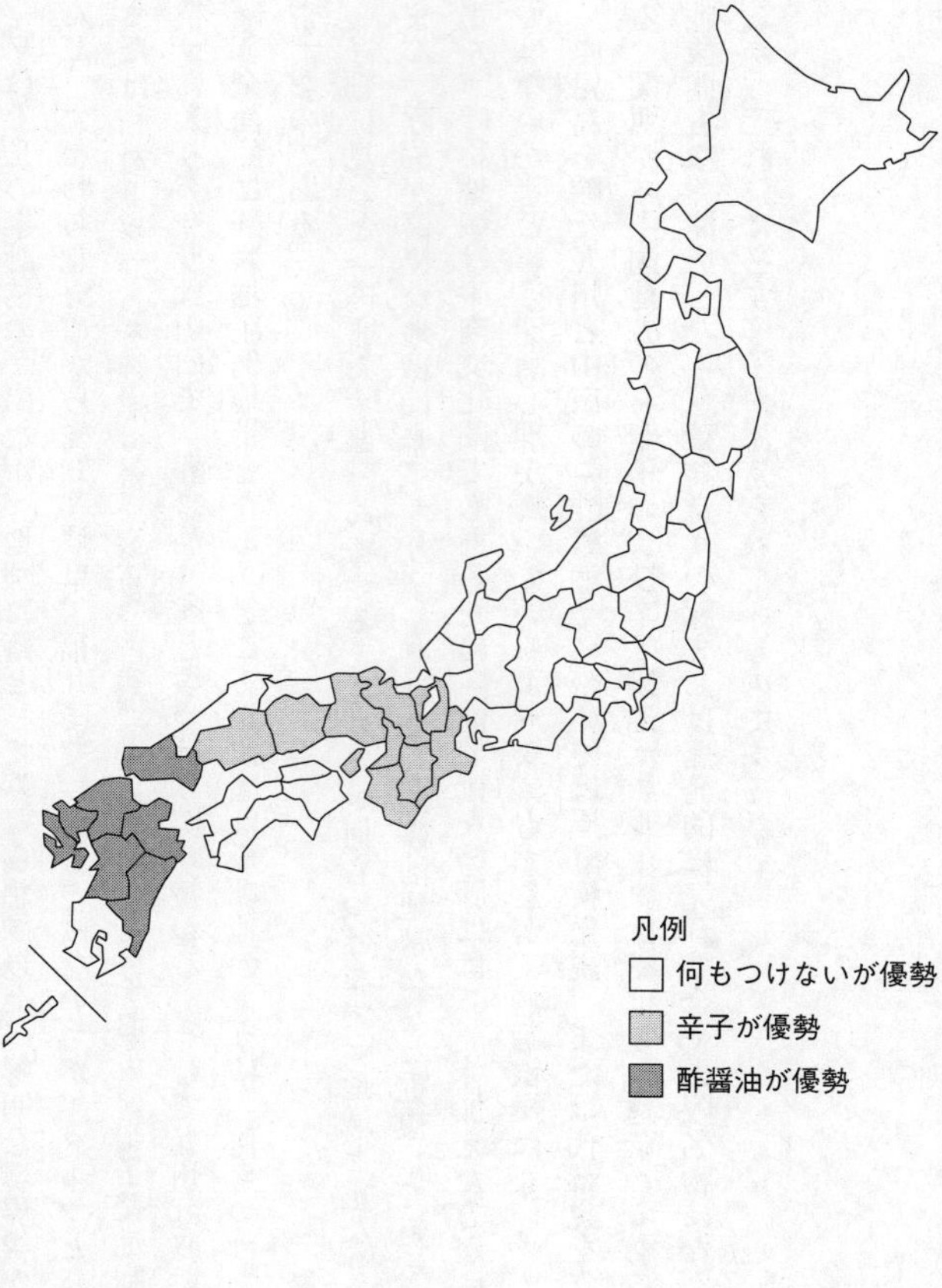

中華まんに何をつけますか？

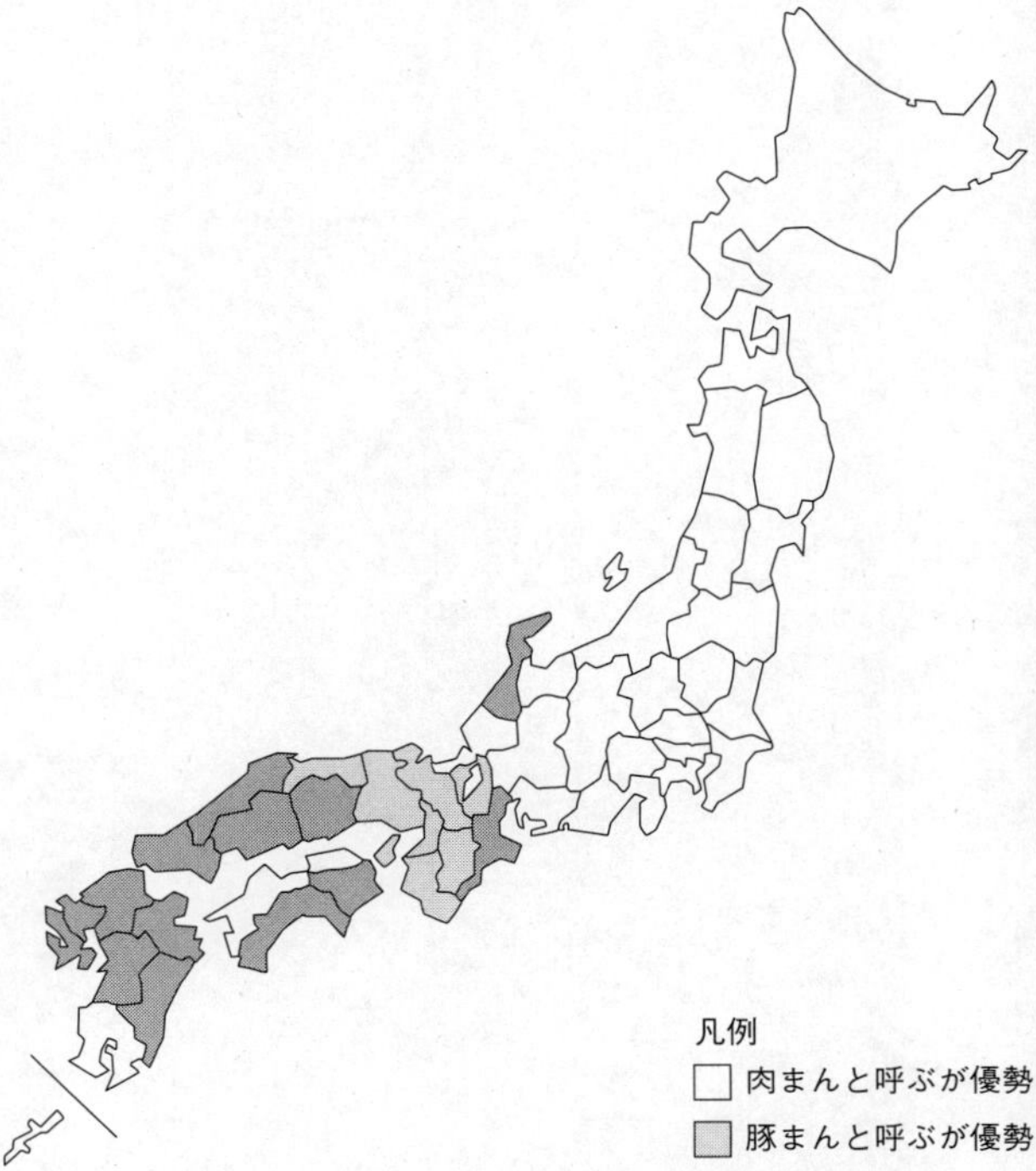

肉まんですか、豚まんですか？

第四章　たこ焼き・お好み鉄板系

設問　①あなたは鉄板で焼くコナモンが好きですか？
②釣鐘型のたこ焼きはありますか？

子どものころ毎日五円の小遣いを握り締め、近所の駄菓子屋に通った。店先に並ぶ品々に目を凝らし、「くじ」（当て物）があると必ず買ったものである。「くじ」の一等はプラスチック製のモデルガン。当時、大人気だったテレビドラマ「拳銃無宿《けんじゆうむしゆく》」で主演のスティーブ・マックイーンがぶっ放していた銃身を短く切ったライフルの模型であった。

それがほしいばかりに毎日毎日くじを買う。友だちも買う。知らない子も買う。しかしくじ自体が残り少なくなっていくのに、一等だけはいつ行っても飾られている。今度こそ当たるだろうと思って買っても、まだ当たらない。そのうち、モデルガンは姿を消し、別のくじに変わっていた。一等の当たりくじを抜いていたのかもしれないと考えるようになったのは、ずっと後のことである。

その店は冬になると焼き芋を焼く素焼きの壺を置いた。壺の中で石炭だか練炭だかが燃え、壺の淵から下がったS字型の金具の先にサツマイモが刺さっていた。

店の奥からは、おばさんと子どもたちの声が聞こえてくる。七輪の上に置いた小さな鉄板で、溶いた小麦粉を焼くのである。「どんどん焼き」とか「どんど焼き」とか呼んでいたような気がするが、思い違いかもしれない。

その小麦の液体にどんな具を入れていたのか、残念ながら記憶がない。この駄菓子は十円とか二十円とか出さないと食べさせてもらえず、五円しか持たない私は遠目に見ていただけだったからである。

ともかく昭和三十年代半ば、九歳か十歳だった私の身近に鉄板を使って焼くコナモン（粉もの）は確かにあった。だが小中高と久留米《くるめ》で過ごした私が、お好み焼きのようなものを食べていたのかどうかとなると、これも覚えていない。少なくとも自宅で作ることはなかったし、友人と外で食べもしなかった。大人の世界では、あるいは馴染《なじ》みのある食べ物だったのかもしれないが。

そんな私が鉄板系コナモンと再会したのは、記者になってからの最初の赴任地、大阪であった。関西出身の先輩記者が昼飯に誘ってくれる。ときどきはお好み焼きの店に連れていかれ、先輩にならって焼きそば定食や焼きうどん定食を食べた。焼きそばや焼きうどんをおかずにご飯を食べるというのは、最初こそカルチャーショックではあったが、いつしか慣れた。

それから二十数年がたち、私は「食」を取材テーマにするようになっていた。静岡県富士宮市に焼きそばやお好み焼きの取材に行き、秋田県横手市の焼きそば店を回り、昔から鉄板を囲む人々を取材した。出張のついでに全国のスーパーを覗けば大手メーカーの焼きそば商品が店頭にある。だからお好み焼きや焼きそばというのは日本全国、どこにでも普遍的に存在する食べ物という観念ができあがっていた。

ところがある日、山形県米沢市出身の友人が「米沢に初のお好み焼きの店ができて繁昌している」と言うのを聞いたとき「おや？」と思った。そして北関東以東の取材旅行の記憶をたどってみると、確かに群馬県伊勢崎市の「もんじゃ」、茨城県大洗町《おおあらいまち》の「たらし」、横手の焼きそばを例外として、記憶のどこからも鉄板を囲む情景が浮かんでこないのである。そこにテーマが横たわっているのを知った。

「鉄板系コナモン」文化はどのような広がりを持ち、空白地帯があるとすれば、どこであろうか。そんな疑問を解くために、お好み焼きやたこ焼きに関する意見や感想をサイトを通じて集めてみたのである。するとメールが殺到した。

「お好み焼きでもない、たこ焼きでもない「ちょぼ焼き」知ってはります？　私が幼稚園のころから小学一年ころ（昭和三十年代初期）まで家で作ってもらったり、自分でも作らせてもらいました。

焼き板はおよそはがき大の銅板に三×四個の十円硬貨大の浅いくぼみがあるものです。それに油を引いて特製のコンロ（燃料は炭）で焼きます。種は水で溶いた小麦粉、具は五ミリ角に刻んだコンニャクや竹輪。関東煮《かんとだき》の残りを使うとうま味が出て最高。家で天ぷらを作った残りの天かす、ネギの切れ端など適宜手元にあるものを一種類入れます。

銅板に油を引いたら小麦粉を穴に流し、具を入れて醤油を一滴たらします。最初はコンロの上で焼きます。ある程度焼けたらコンロの下に焼き板を移し上側を焼きます。なんとなくわびしい食べ物ですが、一家団欒の気分でした」（大阪生まれ大阪育ちの大阪さん）。

少し長く引用したのは、これが大阪のたこ焼きの祖形ではないかとされているからである。このちょぼ焼きがラヂオ焼きになり、現在のたこ焼きにつながっていった経緯については熊谷真菜著『たこやき』に詳しい。

大阪のお好み焼きの懐かしい姿を「ナニワのオジン」さんはこう書いてきた。

「学生時代を過ごした町のお好み焼き屋さん。当時は必ずお客が自分で焼くのが鉄則。豚玉、イカ玉など卵もオプションだったような気がする。何しろ当時、卵一個の値段は市電の運賃と同じ程度だった。当然のこと高価だったマヨネーズをかけるという風習もなかった。ただ、粉カツオや青海苔はかけ放題だったような気がする。また、ほとんどが夏は氷屋さんに変わったような記憶がある」。

大阪のたこ焼きが明石の玉子焼きにならってタコをいれるようになったことも『たこやき』で明らかにされている。お好み焼きは戦前からあった「一銭洋食」の延長線上であろう。

いずれにせよ、大阪を中心とする関西は鉄板系コナモンの大集積地であることを自明のこととして話を進める。関西以外の地域に注意を払っていこう。

まず名古屋の事情……。

「（1）名古屋のお好み焼きは具と粉をまぜる大阪式ではなく、粉と具が別の広島式です。広島焼きはキャベツとそばがのりますが、名古屋はキャベツと豚バラなどの具に卵がのったものです。ソースは大阪風です。

ここからが独特です。普通は鉄板の上や皿にのせて食べたり、持ち帰ったりすると思うのですが、名古屋式はハンバーガーの入っているような袋（アルミで加工している）にお好み焼きを入れるのです。また、形も円形でなく四角。

（2）たこ焼きというと「外はかりっと中はとろり」が一般的だと思いますが、名古屋で昔からやっている店のたこ焼きは、焼く前に大阪のお好み焼きのようにキャベツなどの具を入れてから焼くのです。そして、タコを入れて焼くのですが、形が丸ではありません。また、中もしっかり具が入るので中はとろっとはせず、大阪のお好み焼きのような感じです。これは、名古屋だけでしか見かけない食べ応えのあるたこ焼きでしょうか。醬油味、ソース味の両方を見かけます。ちなみに、今のところ味噌《みそ》味は見たことありません。

（3）関東ではお好み焼きや焼きそばをおかずにご飯を食べるのはおかしいと聞くのですが、少なくとも私の周りはご飯と一緒に食べてますよ」（愛知県　社会人2年生さん）。

名古屋のお好み焼きが大阪風の混ぜ焼きではないことに留意しよう。また持ち帰り用は四角く切って渡すこともあるようである。ご飯のおかずにもなっている。

名古屋にはいまでも子ども相手の駄菓子屋が残っている。富士宮がそうだが、鉄板系コナモンが発生し、普及するのに駄菓子屋は欠かせない舞台であった。そして名古屋の駄菓子屋には有名なコナモンがある。

「子どものころ駄菓子屋で「たません」というのを食べたことがあります。駄菓子屋で売っている安くてちょっと大きめのエビせんべいやタコせんべいを買って作ってもらうのですが、鉄板の上で卵を混ぜながら焼き広げて、それをこのタコせんべいの半分にのせます。それにどろっとしたソースをかけ、お好み焼き用に置いてある青のりや干しエビなどをパラパラッとかけたら、せんべいを半分に折ってそれをはさんで食べるのです」（生まれてこのかた名古屋以外に住んだことのない49歳さん）。

私はこの「たません」を求めて名古屋に行った。向かったのは市内の駄菓子屋。というより駄菓子を使った鉄板料理を出す店であった。イカなどいろいろな駄菓子を串《くし》に刺して鉄板で焼いたり、温めたり、味を加えたりとメニューは豊富。オーソドックスなお好み焼きや焼きそばも置いてあった。大人も子どもも楽しめる趣向で、家族連れとか孫を連れたお年寄りの姿があった。そこで食べた「たません」は、全く次の通りの作り方であったので、前のメールとの重複を承知で紹介する。

「「たません」とは、かつて名古屋の駄菓子屋さんに必ずといっていいほど存在した食べ物で、今でも（テイクアウトスタイルの）お好み焼き屋さんの一部では、お好み焼き・

たこ焼きとともにきちんとメニューに組み込まれている一品です。間違っても多摩線のことではないです。

作り方もいたってシンプルです。

（1）鉄板の上に卵を落として目玉焼きをつくる。このとき、黄身をあえてつぶします。

（2）てきとーにころあいを見て、焼いた卵をタコせんべいを卵の上にかぶせるか、タコせんべいを鉄板にのせて、焼いた卵をタコせんにのせる。このとき、大きなタコせんのどちらか半分にだけ卵がくるようにするのが最大のポイントです。

（3）またまたてきとーにころあいをみて鉄板からおろして、ソース&マヨネーズを卵にかけます。好きな具材もこの時点で卵の上にのせます。個人的にはコーミ特級濃い口ソースとマヨネーズを混ぜたものをかけるのが名古屋人としてベストかと思っています。

（4）あとは、真ん中から半分に折りたためばできあがりです。お店屋さんの場合では、ソースがこぼれないようにアルミホイルで包んでくれます」（ねいてぃぶなごやんさん）。

表のせんべいはパリパリとし、中から柔らかな卵がソースやマヨネーズの味をまとって追いかけてくる。子どもならサイダー、大人はビールであろうか。

家庭のホットプレートでも作ることができるのでお試しいただきたい。

「恒石」さんから高知の鉄板事情が届いた。

「お好み焼きは関西風と広島風が混在しています。たこ焼きは関西風ですが、明石焼きはありません。

昔から高校の近くには必ず鉄板を備えた店屋があり、お好み焼き、焼きそば、うどん、ラーメン、夏はカキ氷、冬はおでんなどが定番メニュー。部活帰りにはよく寄ったものです。お好み焼きの種類は豚玉、イカ玉、ミックスくらいだったでしょうか。

大阪万博のころ、場末の屋台のたこ焼きが一個五円だったのに、デパートの屋上で売っている高知で一番高級なたこ焼きは一個二十円でした。でも具はタコではなくイカのゲソでした」。

高知では大阪風と広島風のお好み焼きが混在していることに注目したい。岡山県日生《ひなせ》町《ちょう》（現備前市）にお好み焼きの取材に行ったことがある。ここには冬場になると大量のカキを投入した「カキおこ（のみ焼き）」が人気である。夏場は「エビおこ」になるが、どちらも大阪風の混ぜ焼きであった。

体験では岡山市は大阪風であったが、県内を西に進んで広島県に近づくにつれて、広島のお好み焼きの影響を受けることになる。

さて、いまではすっかり全国区になった静岡県富士宮市の焼きそばだが、私のサイトに初めて登場した二〇〇三年時点では、まだPRの真っ最中であった。

富士宮焼きそばの特徴はこしのある蒸し麵にラードの搾りかすである「肉かす」を加え、仕上げに魚粉と青海苔を振る。彩に紅ショウガ。対して横手やきそばはゆで麵でトッピングに目玉焼き、彩は福神漬けである。

「富士宮市内では、やきそばが家庭で大変人気で「親と子のやきそば教室」が市や児童館の主催で開催されます。家庭でも日常的に食べますし、近所の駄菓子屋にも食べに行きます。

市内のスーパーで普通に売っている肉かすは、豚の背脂を揚げた残り物です。揚げた油はラードになります。市内の肉屋ではラードより肉かすの方が売れるため、ラードは不人気で売れ残るそうです。

富士宮市内では、お好み焼きにやきそばを入れたものを「時雨《しぐれ》やき」と言いますが、よそではあまり言わないようです。モダン焼きと言いますか?」(富士宮やきそば学会IT推進担当　宮サン)。

富士宮やきそばは、ご当地グルメを使った地域おこしの嚆矢《こうし》であり、最大の成功事例である。やきそば学会の会長である渡辺英彦氏が一連の経緯を『ヤ・キ・ソ・バ・イ・ブ・ル』(静新新書)にまとめている。

一点だけ紹介すれば、焼きそばを地域資源として活用した結果、富士宮市には年間六十万人を超える焼きそば目当ての観光客が来るようになり、六年間で二百十七億円もの経済波及効果を生んだ。恐るべきことである。

コナモン文化の歴史は必ずしもはっきりしない。一八二三年の『北斎漫画』に「もんじ焼き屋」の絵がある。川柳集『柳多留《やなぎだる》』に「文字焼屋杓子《しやくし》で飯を喰っている」とあるように、水で溶いた小麦粉で熱い鉄板のようなものの上に文字を描いたもの。もとは「もんじ焼き」「もじ焼き」、後に「もんじゃ焼き」または略して「もんじゃ」。江戸時代からあり、始まりは屋台。

つまり小麦粉を水で溶いて加熱する食べ物は江戸時代には存在していたことが確認できる。時代が下ると「どんどん焼き」が登場する。屋台でドンドンと太鼓をたたいて売り歩いたから、この名がついたとか。明治、大正、昭和の東京、とくに下町で人気があった。

『たべもの起源事典』を開くと「具材には、牛肉・豚肉・卵・干しエビ・切りイカ・揚げ玉・キャベツ・タマネギ・こしあん・食パンを用いる。柄杓《ひしやく》・大きな鋏《はさみ》・厚手の返しで、鉄板の上に作り出す。牛てん・イカ天・パンカツ・カツレツ・オムレツ・キャベツボール・あんこ巻き・おしる粉・餅《もち》てんに人気があった」。

これらのものを実演写真付きで紹介しているのが池波正太郎著『むかしの味』である。

そこに描かれているのは昭和一けたと思われるころの東京・下町の情景である。

「町内には必ず一つ二つ、どんどん焼の屋台が出ていたもので、それぞれに個性があり、子供たちは自分の好みによって、相当に離れた町に出ている屋台へ食べに行ったものだ」とある。「どんどん焼」というのは、お好み焼きの屋台のこと。それが町内ごとにあったというのであるから、鉄板系の粉ものがいかに親しまれていたかがうかがえる。ではどんなものを出していたのか。

「食パンを三角に切ったものへ、メリケン粉（卵入り）を溶いたものをぬって焼き、ウスター・ソースをかけたもの」が「パンカツ」で、当時一銭。

それに「牛の挽肉《ひきにく》を乗せて」焼くと「パンカツの上《じょう》」になって五銭であった。

「最上のものは〔カツレツ〕であって、これはメリケン粉を鉄板へ小判形に置き、その上へ薄切りの牛肉を敷き、メリケン粉をかけまわしてパン粉を振りかけ、両面を焼きあげたもの」で、五銭から十銭だった。

ソース焼きそばもあればオムレツもあったという。キャベツと揚げ玉を炒めただけの「キャベツ・ボール」などは、いかにも子ども相手の屋台らしい食べ物である。

昭和初年の浅草を舞台にした高見順の小説『如何《いか》なる星の下に』には、いまも営業しているお好み焼きの店「染太郎《そめたろう》」の様子と当時のメニューが描かれている。池波正太郎が食べたものとほぼ同じである。戦前の東京ではいまよりコナモン文化が盛んだったのかもしれない。

お好み焼き発祥の地が大阪であると思っている日本人は多いだろう。しかし、この小説が雑誌に連載された昭和十四（一九三九）年当時、浅草には「お好み横町」と呼ばれる一角があったのに対し、戦前の大阪にお好み焼きが存在したことを示す資料は見つかっていない。私は「浅草こそお好み焼き発祥の地である」と思っている。拙著『文学ご馳走帖』（幻冬舎新書）にその理由を記している。

東京で依然として人気があるのは、江戸生まれの「もんじゃ」であろう。月島もんじゃは特に知られている。東京周辺のもんじゃの店には大方「あんこ巻き」があるが、これは戦前のどんどん焼きのメニューを受け継いだものと思われる。

「私は以前、月島に住んでいたのですが、月島のもんじゃ屋さんならどこにでもあんこ巻きとあんず巻きというメニューがありました。クレープ状の生地を鉄板で焼き、あんこやあんずをのせて巻いて食べます。あんこはだいたい黒蜜で、あんずの方はあんずシロップをつけて食べていました。あんずの方にはギュウヒも入っていて、熱でほどよく溶けて、それがまた美味しかったです……あと、店には迷惑なんですが、小さいころは黒蜜を鉄板であったためて飴を作って食べたりもしました」（富田さん）といった塩梅《あんばい》である。

先に書いた大洗町の「たらし」はシンプルなもんじゃであり、「伊勢崎もんじゃ」と並んで明治、大正のにおいがする。伊勢崎もんじゃは東武浅草線の開通とともに東京の下町から伝わったらしい。その証拠に東武が走っていない前橋にはもんじゃがない。

もんじゃは江戸生まれであるから伝存するのは関東地方だけである。西日本にはもともとなく、いまでもその存在を知らない人は多い。

ここでコナモンを対象に食文化の伝播《でんぱ》と、その過程でおきる変容について見てみたい。まず、大阪のたこ焼きはいつごろどのようにして東京に伝わったか。

「実は私の祖父が東京へのたこ焼きのメジャーデビューに一枚かんでいたのです。食卓を囲んでの家族会議で「お好み焼きがええやろか?」「ポンセンはどないやろ」「みたらし団子は?」「やっぱりたこ焼きや」てな具合。時は昭和三十年ごろ、日本橋三越で開催する「浪花《なにわ》うまいもの会」で、大阪らしい食べ物を紹介しようということになり、近所で評判だったたこ焼き屋のご主人を引っ張り出したのです。居並ぶ名店に負けず、一週間の会期中は大盛況。大阪出身者の中には涙を流さんばかりに喜んだ人もおられたそうです。ちなみに醬油味ではなく、ソース味でした」(豊下製菓の豊下さん)。

この一文で大阪のたこ焼きの東京進出が昭和三十年ごろであった可能性が浮かんでくる。当事者周辺による貴重な証言であろう。しかも場所は百貨店。札幌ラーメンがブレイクしたのも昭和四十年に東京と大阪の高島屋で開かれた北海道物産展がきっかけだった。当時の百貨店の文化発信力は強力だったので、大いにありうることである。

しかし東京に大阪のたこ焼きの存在は知られたが、その細部までは伝わらなかった。

大阪というか関西ではたこ焼きを作るとき小麦粉を昆布出しで溶く。だから関西の人々は「あの店のたこ焼きは出しが利いてる」というような言い方をするが、東京では水で溶いただけの小麦粉に、刻んだ紅ショウガやあられを加えて味付けする。

中京地区ではたこ焼きに刻んだキャベツが入ることが多く、ここではお好み焼きとの折衷が行われている。

形状についてもこんなことが起きる。球形ではなく釣鐘型のたこ焼きである。

「私は岐阜県大垣市の出身ですが、地元に釣鐘型たこ焼きを売っているお店がありました。片方は穴あき、もう片方は平らな鉄板の穴の方に生地とタコとキャベツなどの具を入れて焼き、火が通ったころに平らな方にのせて釣鐘の底部分を焼きます」（地元を離れて早14年、現在東京在住　MIYOさん）。

「私も学生時代仙台で目撃しております。鯛焼きを作る鉄板みたいなやつで焼かれていました。鯛焼きの場合は蝶番《ちようつがい》でつないだ板の両側が鯛の形にへこんでいますが、釣鐘型たこ焼きの場合は片方が平らな鉄板、もう片方が半球状にへこんでいる普通のたこ焼き用鉄板で焼いてました。最初丸いほうで焼いて大体火が通ってから、鯛焼きの要領でパタンとひっくり返して平らなほうにのっけてハイッ！　でき上がり、てなもんでした」（元関西人さん）。

「田舎は大分です。大分へ帰省するときには阿蘇《あそ》のたこ焼き屋台の「八ちゃん堂」に必ず寄っておりました。また、大分の実家近くにも八ちゃん堂があり、どちらもたこ焼きは釣鐘型でした。そのため、球形のたこ焼きより釣鐘型のたこ焼きになじみがあり、普通のたこ焼きより大きな形が大好きでした」(高橋さん)。

釣鐘型たこ焼きの分布は意外に広い。球形のたこ焼きのように目打ちでくるくる回して焼く手間が省ける利点があるからであろうか。

ここで再び豊下製菓の豊下さんに登場願う。

「器具・道具の側から食べ物を見てみて気付くことがままあります。ラヂオ焼きからたこ焼きへと進化したのが定説のようですが、これらに使う鋳物《いもの》製の焼き型はどこから来たのでしょうか？　こんな仮説をたててみました。

「鈴焼きカステラ」をご存じでしょうか？　そう、パンケーキにグラニュー糖を塗《まぶ》したたこ焼き形の駄菓子です。私はこの鈴焼きカステラの型をラヂオ焼き・たこ焼きに応用したのではないかと考えています。そして、釣鐘型のたこ焼きは釣鐘カステラの型を利用したのではないかとも。

江戸後期から昭和初期まで、大阪の松屋町《まっちゃまち》には菓子屋が集まり、多種多様な菓子を製造して全国に卸していました。比較的安価に、そして多量に流通菓子を供給していたわけです。当然、多種多様な菓子の焼き型もあったことでしょう。そんな中のひとつの鋳物型に目を付けた人があってもおかしくはないでしょう」。

この説は有力である。焼き型がなければ液状コナモンは焼けない。型が極めて重要な要素になる。釣鐘型たこ焼きの型が釣鐘カステラの流用であったとの見方は鋭い。

私は二〇〇七年になって青森県が相当な焼きそば県であることを知った。そして取材に行って驚いたのは、青森市内でも、後にその存在が知られる黒石市でも、焼きそばの店に鉄板がなかったのである。中華鍋や専用の鍋を用い、菜箸《さいばし》やフライ返しで焼いている。

主な焼き手が女性であったため力が要らない中華鍋を使ったこともあるし、専門店ではなく食堂の一メニューに過ぎなかったので、わざわざ鉄板を置いていないという事情もある。

いずれにせよ、もんじゃが残る大洗町、伊勢崎市、「茶色い焼きそば」がある宮城県石巻市といった所を除くと関東から東には鉄板コナモン文化が極めて希薄であり、横手はその飛び地にして北限と言えるだろう。

ただし東北にも山形や青森に「箸巻き」というものはある。魚肉ソーセージなどを箸に刺し、鉄板に広げた小麦粉を巻きつけた食べ物である。その発祥について「講談社発行だったかと思いますが『クッキングパパ』（うえやまとち著）の中に箸巻きが出ておりました。たしか九州の屋台でしか見られないものと書いてあった記憶があります」（アイミのパパさん）というメールをいただいたので調べてみた。

これは講談社のモーニングKC『クッキングパパ』の第十一巻に「巻いて巻いてお好みバー」というタイトルで掲載されていた。ここでは、残ったおでんダネを箸に刺し、これにお好み焼きを巻くとなっていて、佐賀付近が発祥とある。

しかし一方で「塩田」さんからは「箸巻きというのは山形のどんどん焼きのことでは?」というご指摘があった。そこで「どんどん焼き　山形」で検索すると「どんどん焼き」の専門店を紹介するサイトにぶつかった。写真で見る限り私が知っている「箸巻き」と同じである。山形のものには魚肉ソーセージが入るのだが、「どんどん焼きは山形に古くからあるジャンクフードでありソールフードだ」と書いてある。

東京のお祭りに出る露店でも箸巻きを売っていることがある。露店生まれの食べ物なら、記録が残っていないのでその正確なルーツをたどることは難しい。こういうコナモンもある、ということでとどめておきたい。

最後にこのメールを紹介する。

「浜松ではたくあんのお好み焼きが普通に食べられていました。浜松には三方原《みかたはら》台地があり、そこで作られる三方原大根や三方原ジャガイモなど農産物が有名です。三方原大根の漬物は特に有名で、そこから遠州焼き（刻みたくあんが入ったお好み焼き）ができたのです。さらに地元で作られたトリイソースをかけて食べるのが本式です。まさしく地産地消型の駄菓子屋のお好み焼きなんです」（浜松でお好み焼き店を経営している古橋さん）。

取材によって刻みたくあんを混ぜ込んだお好み焼きは、いまでも浜松市内の店で出ていることを確認した。

実は熊本市内にも何軒か、同じようなたくあん入りのお好み焼きが存在するという話を聞いている。いつか実際に食べてみたいものである。

鉄板系コナモンの話題は尽きず、議論はいつ果てるともなく続いた。このほかに話題になったのは「神戸たこ焼き」と「姫路たこ焼き」である。神戸たこ焼きというのは大阪風のたこ焼きにソースを塗り「玉子（明石）焼き」の出しにつけて食べるというもの。姫路たこ焼きは玉子焼きにソースを塗って出しにつけて食べる。

玉子焼きと大阪たこ焼きの食べ方が渾然《こんぜん》となっていて、地域外の者からすれば一度聞いただけでは想像がつきにくいものであるが、現地では誰も疑問に思うことなく食べられている。立派な「食の方言」である。

私は地域独自の食の文化を「方言」に例えてきた。ただし柳田國男の「方言周圏論《ほうげんしゅうけんろん》」とは違う。昔の京都の新語が長い時間をかけて地方に伝わった結果、京都を中心とする同心円状に同じような方言が残っているとする論が「方言周圏論」。だが、食べ物はそうはいかない。伝播の過程で起きる変容の様ひとつをとっても同心円ではないし、東日本型と西日本型という二類系の説明がつかない。仮に東京から有力な食べ物が発信されても全国に伝わるとは限らない。なぜならその食べ物に使う食材がどこにでもあるわけではないからである。

最後に読者の皆さんのVOTE結果を紹介する。今回は鉄板系コナモン好き度調査。「なかったら生きていけないくらい好き」「大好き」「まあ好き」「なくても平気」「どうでもいい」「好きではない」のうち「なかったら生きていけないくらい好き」と「大好き」を足し「コナモン大好き率」とした。これが80％を超えた「コナモン大好き地域」のベスト4は和歌山、広島、奈良、大阪であった。関西は当然として、広島の強さがぐんと目を引く。

ベスト5から10は京都、三重、鹿児島、岡山、兵庫、宮崎であった。実に上位二十七位まで、長野を除く二十六府県がすべて西日本勢。鉄板系コナモンは完全に西の文化であることが証明された。

ちなみに「生きていけないくらい好き」が60％と断トツの一位だったのは徳島。徳島は「日本ソース地図」で広島とならんで「お好みソース圏」とされている。確かにお好み焼き屋さんは多かった。

では「大好き率」がゼロ、すなわち反コナモン地帯はどこであろうか。山梨、茨城、岩手、秋田である。秋田には焼きそばの町横手があるが、それ以外の秋田県内でいかに鉄板系コナモンが日常なじみのない食べ物であるかを示している。

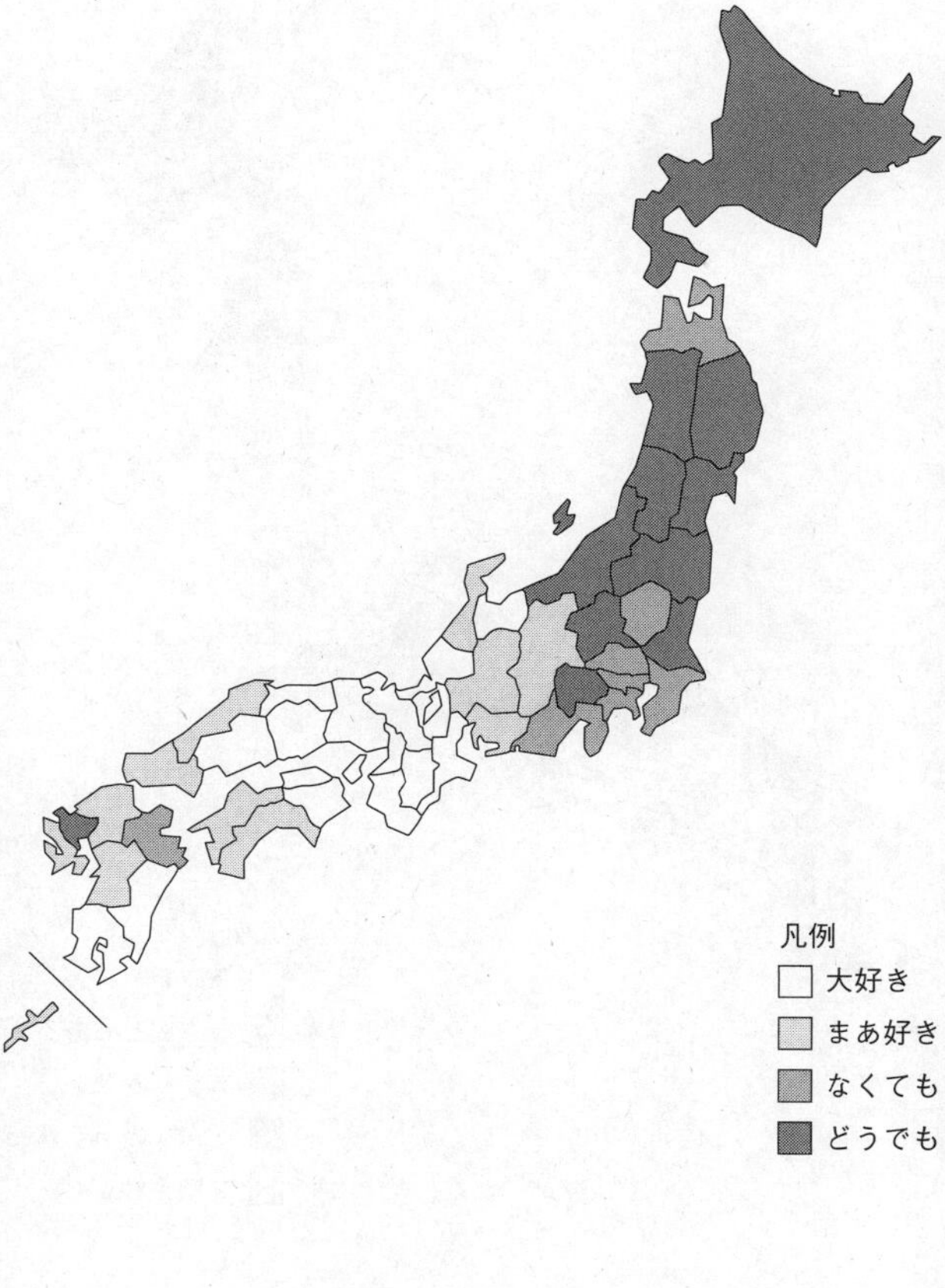

鉄板で焼くコナモンは好きですか？

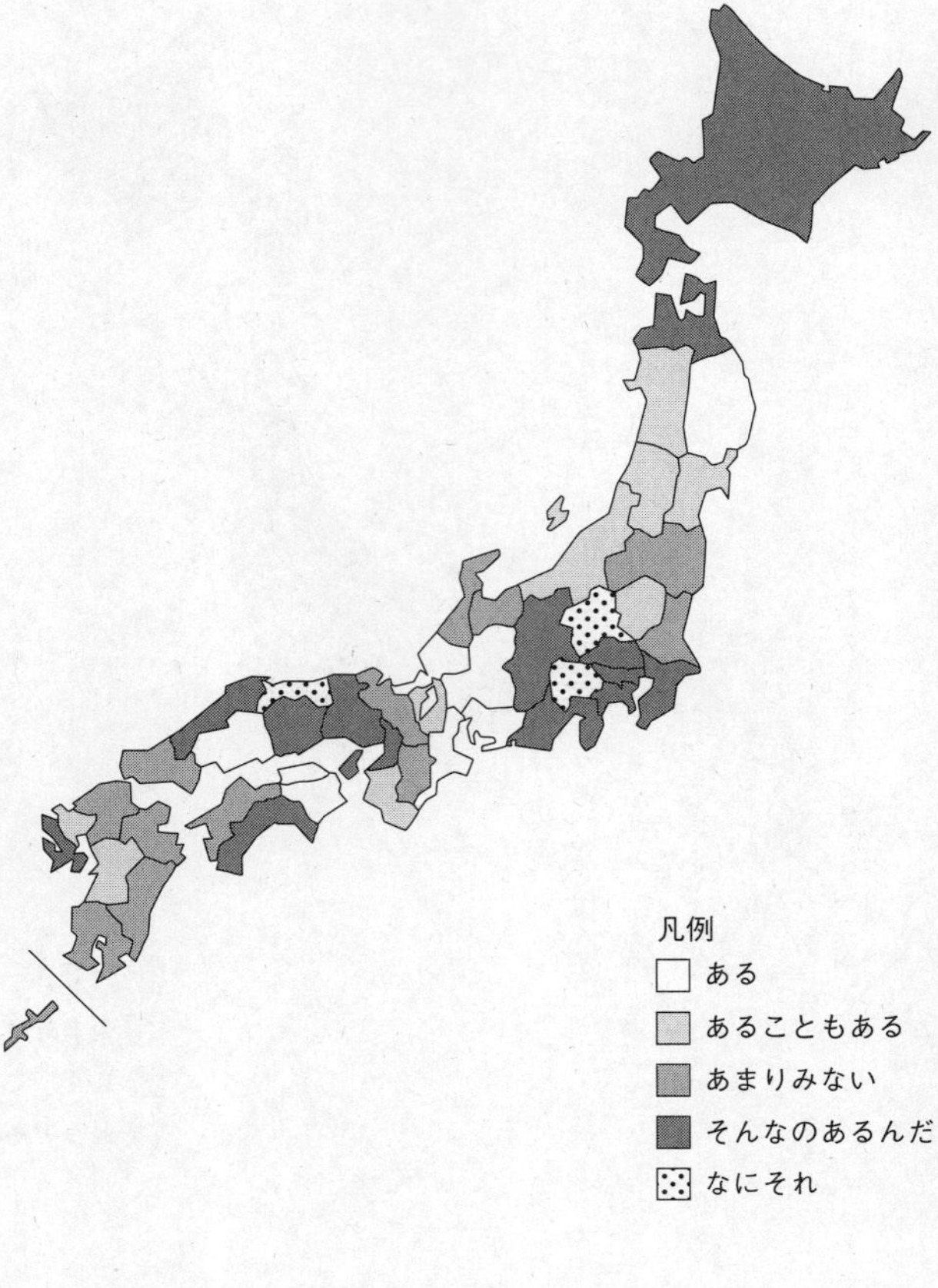

釣鐘型のたこ焼きがありますか？

コラム　汁かけ飯

猫飯　猫に与える飯のように、味噌汁をかけたり削り節を散らしたりした飯。ねこまんま。
（『広辞苑』第七版）

この前半部分は猫のご飯ではなくて犬のご飯、わんこ飯ではないのか。昭和のわんこは味噌汁の残りを冷やご飯にかけたものを食べていたのではなかったか。我が家の雑種もそうだった。猫飯はご飯にかつお節をかけたものではないのだろうか。という疑問をまず、ここに置いておこう。

いわゆる汁かけご飯は是か非か。論争になるところである。ご飯に味噌汁をかけて食べようとしたら、親にこっぴどく叱られた経験をお持ちの方も多かろう。改まった会食の場で、これをやろうとする人は少ない。ということは作法、礼儀の問題という気がする。

にもかかわらず読者からのメールを見ていると、汁かけタイプの郷土料理が全国にあることがわかる。愛媛県南予《なんよ》地方には「さつま」が伝わっている。焼いた魚と味噌をすりつぶし、鉢の内側に薄く伸ばして火にかざす。焦げ目がついたら出し汁でのばし、麦入りのご飯にかけて食べる。私は松山の居酒屋で食べたのだが、実にいいものであった。

同じ愛媛県には「お汁かけ」というもの

鳥肉、ニンジン、ゴボウを煮て醬油で味を付け、崩した豆腐を加えてご飯にかけるというものだ。

東京にはアサリの味噌汁をぶっかけた「深川《ふかがわ》めし」があり、宮崎には「冷《ひ》や汁《じる》」がある。奄美の「鶏飯《けいはん》」も汁かけタイプだ。

茨城県北部には「おずよかけご飯」という言葉がある。「おつゆかけご飯」のことで、味噌汁に限らず、汁物全般をかけたご飯を指す。つまり、この地域では汁かけご飯はタブーでも何でもなく、日常の食べ方であったことを示唆している。

汁かけ系の郷土料理が全国に存在することを思うと、汁かけご飯への忌避はひょっとしたら昔からではなく、案外新しいのではないだろうか。「明治以降」と述べる人もある。

汁かけご飯OKの地域、家庭でも「汁にご飯を入れるのはいいが、ご飯に汁をかけてはいけない」というルールが存在するらしい。トンネル工事など土木関係の人にとって、ご飯に汁をかけると「崩れる」との連想が働き、水産関係の人々にも「水をかぶる」といって嫌われるというのである。私はそうした「暗黙の掟」はありうると思う。

もう一つ思うのは○○丼は汁かけ飯の一種ではないかということである。必ず「たれ」や「汁」がご飯に染みるようになっている。牛丼、天丼、カツ丼その他、丼ものはご飯が何かの味にまみれていないとおいしくないのである。これらがタブーとされたことはない。茶漬け禁止の家庭はそうそうないだろうから、汁かけご飯がタブーなたものをなんと呼ぶ？」という質問に対する回答が興味深い。香川、三重、佐賀、島根、栃木、徳島、山梨から回答を寄せてくださった全員が「ねこまんま」と答え、全国平均でも75％に達した。

ということは、多くの日本人にとって猫まんまはかつお節と結びついており、「ご飯に味噌汁」という広辞苑の「猫飯」の定義はなじめないということになりはしないか。

広辞苑のこの項目を書いた人は、北陸か東北出身だったりして。

のは味噌汁に限定されているような気がする。

冒頭の疑問を解くためにネットを通じて読者にこういう質問をした。

「ご飯と味噌汁を一緒にしたものをなんと呼ぶ？」

投票の結果は、ある程度想像した通りのものだった。

「猫まんま」と答えた上位の県は富山、石川、青森、岩手であった。

これを「汁かけご飯」と呼ぶ人が多いのは島根、香川、滋賀、奈良、鹿児島など。つまり西日本勢にとっては「猫」と結びついていないのである。九州出身の私も、ご飯に味噌汁をかけたものは、どうしても犬を連想する。

同時に提示した「ご飯にかつお節をかけ

第五章　牛対豚の「肉」談戦

設問　あなたにとって「お肉」とは牛肉？　豚肉？　それとも……。

今回は「お肉」について考える。設問にある通り、あなたにとってお肉といえばどんな肉を指すかということであり、地域分布とその理由を考察するのが今回の目的である。ついでに、皆さんから寄せられている疑問に答えるため、天ぷらを揚げたときにでる揚げかすをどう呼ぶかも調べてみよう。

西の牛、東の豚ということが漠然と言われる。それに関する声から聞いていこう。まず「兵庫県出身女性昭和生まれ」さんは「肉といえば牛肉。塊でドンとあるのが理想です。牛肉→国産→但馬《たじま》牛→塊肉→ヘレ一本」と簡潔かつ明快に答えてきた。「ヘレ」というのは関東の「ヒレ」。肉の部位の呼び方にも言葉の上の「方言」がある。「大阪では肉といえば牛がデフォルトです、豚はブタ、鶏はかしわかトリ。肉ジャガなら牛肉でしょう。肉うどんなら牛肉でしょう。焼き肉と聞いて焼いた鶏肉を思い浮かべませんね、まず」と「大阪生まれ新宿区在住の小島」さんも言い切る。

四国からは「恒石」さんが「高知も西日本のはしくれなので、肉といえば牛です。肉ジャガ、肉うどんなど普通に牛を使います。学生時代、関東地方の豚肉の肉ジャガに違和感があったのを覚えています。また煮込みも高知では牛筋が普通です。肉まんのこともコンビニ以外では豚まんです」とのメールを送っていただいた。

「煮込み」について補足すると、関東でいう煮込みとは通常モツの煮込みのことである。豚の各種モツと大根、ゴボウ、ニンジン、コンニャク、豆腐などを煮て刻みネギを散らすのがスタンダード。醤油味と味噌味がある。東京の居酒屋の定番。しかし大阪では見たことがない。その代わり牛筋の煮込みがある。関東型煮込みは九州にもないが、博多や久留米《くるめ》ではモツの酢漬けである「酢《す》モツ」がこれに代わる存在である。

引き続き西日本から肉＝牛を証明するメールが怒濤《どとう》のように来着した。「ｎａｔｉｖｅ関西人」さんは「生まれてこのかた三十年、阪神間に住む私。我が家では暗黙の了解で肉＝牛です。肉ジャガ、カレーが豚、鶏（あ、かしわっていいますねー）だと、今日は牛ではない旨がみなに伝えられます。呼び名についてはもちろんヒレではなくヘレです。肉屋さんのチラシもそうです」と書く。

「愛媛生まれ神奈川在住」さんの文章には笑ってしまった。「大阪出身の友達がダイエットするとき「肉絶ち」を宣言しました。しかし言った当日に豚肉を食しているので聞いたら、彼女の常識は肉＝牛。豚肉は豚、鶏肉は鶏で、扱い的には魚と同じだそうな。そんな彼女は肉ジャガにも牛肉を使っていました。彼女が豚肉を使うのはギョウザのときのみでした。彼女は「肉星人」を名乗っていました」。これでダイエットになるかどうかは別にして「関西人にとって豚は魚と同じ扱い」というところが問題の本質を端的以上に物語っている。次は「だいぶっちゃん」さんからのメール。

「生まれも育ちも京都です。京都で単に肉といえば牛肉です。すき焼きには牛です。たまに鶏もあります……とにかく肉ジャガもすき焼きも牛肉で、豚肉なんてあり得ない！」。東京の肉うどん・肉そばは豚肉を使うが、関西人にとってはとんでもないことなのであろう。

肉ジャガ、うどん・そばだけではなく、お好み焼きにも「肉」の違いが反映している。香川の「かずあき」さんによると「我が香川では、肉が牛肉のことを指すことを端的に表す事例があります。お好み焼きの豚肉入り（&卵入り）は豚玉というのに対し、牛肉入り（&卵入り）は牛玉ではなく肉玉と言うのです。私がこれに気づいたのは大学進学で初めて県外に出たときですが、進学先であった岡山では肉玉のことを牛玉と呼んでいて、生まれて初めてカルチャーショックを受けたのを覚えています。ちなみに香川ではお好み焼きは大阪風がほとんど、岡山では大阪、広島が半々だったと思います」。大阪でももちろん「豚玉」「肉玉」という呼び方で肉の違いを分類している。

対して東日本からはこんな意見が寄せられた。

「私の実家（福島）で肉といったら豚肉です……父親の干支《えと》が酉《とり》で「共食いは避ける」といった変な主義もあり、鶏もあまり食卓には上りませんでした。そのためいや応なしに肉といったら豚肉ということになりました。ちなみに実家で焼き肉といったらラム肉（!）&豚肉でした」（ドナ・ドナの娘さん）。

「仙台ではたぶん（少なくとも我が家では）、肉＝豚肉です。肉と言えば、北仙台では最近ダチョウの肉が流通しているようです。生まれも育ちも仙台、という友人が言うには

「牛タンを食べるんだからダチョウに違和感ないのでは?」――ということです」(仙台出身のずんだ餅子《もちこ》さん)。

ここまでですでに西の牛、東の豚が十分に明らかだだが、この違いが微妙な認識のゆらぎを生む。ときに「文明の衝突」に発展することも。

「生まれも育ちも長野県ながら「付き合った相手が兵庫」の時代が数年あった私が感じたことは、地元で肉はやはり豚だったこと。それと関西では肉は牛肉であることです。前に「肉が食べたい」と言われた私が豚肉料理を作ったら「こんなもん肉ちゃうわ」と散々怒られました。そんなに怒らなくてもいいのにと思いましたが、非常に重要なことだったようです」(CATBOXさん)という事態さえ招く。「福井県在住二十七歳兼業主婦」さんも似たような体験を報告してきた。

「主人はすき焼きはもちろん、カレーや焼きそば、豚キムチまで牛肉を使います。新潟出身の私はお肉といえば豚肉だと思っているので福井出身の彼とは夕食を巡りしばしば意見が対立することもありました。最近は私が妥協しつつありますが、やっぱり牛キムチより豚キムチの方がおいしいと思います」。

「広島市在住。昭和30年代は小学校低学年」さんからは「学生時代を大阪で過ごしましたが、アルバイト先の料理屋でお昼のまかないに豚肉が出たとき「やった! 今日は肉や」と言った瞬間、「違うで、これは豚や」と言われて、一瞬何のことやらわからず絶句しました」という体験談をいただいた。

お読みいただいているように関西人の肉＝牛へのこだわりは、東日本勢の声を掻き消す勢いがある。そのパワーは「牛カツ」にも及ぶ。

「関西人です。関東の肉屋さんの総菜コーナーには牛カツ（ぎゅうかつ。厚さ五ミリ程度の牛肉のフライ、ビフカツとは別）が存在しないと聞きましたが本当でしょうか。東京の人間にビフカツと言って笑われたことがあります。ビーフカツと言うらしい。またテキ（ビフテキのこと）が通じなかったこともあります」（わたなべさん）。

東京の自宅近くのスーパーを何軒か回ったが牛カツはついに見つからなかった。ビーフ（ビフ）カツとも違うらしい。一体どんな揚げ物なのか。読者に聞いてみたら、すぐに「コロモの申し子」さんから回答がきた。「ビフカツ＝（1）肉の厚み十ミリ以上（2）洋食屋のメニュー、もしくは精肉店の総菜コーナーの最上位アイテム（3）肉の厚みでオーダー可能の店もあり。牛カツ＝（1）肉の厚み五ミリ以下で平たくて大きい。薄くしないと固い（2）フライもの屋で売っている（3）値段は五百円未満。個人的には牛カツは肉の味がしみたコロモを食べるものと思っています」。

要するにビフカツは高級な牛肉をカツにしたメインディッシュになる一品、牛カツは安価な惣菜という区別になりそうである。では関西ではなぜこのように牛肉が肉の主役の地位を占めているのか。逆に東日本では豚が主流になっている理由は何か。それは後に考察しよう。その前に東日本でも牛と豚が混在すると思われる東北地方を見ておく必要がある。「仙台のｔａｋｏ」さんからのメールを読むと、東北のお肉事情がよくわかる。少し長いが、引用する。

「芋煮会という行事をご存知ですか？　東北では秋になると、でっかい鉄鍋を亀のように背負い、薪《まき》を持ってワラワラと河原に集合する集団が多発します。石でカマドを組み、この大鍋でサトイモと肉、ネギなどを煮込んだ汁を作ってみんなでわあわあ言いながら食べるのです。

山形県では毎年、直径六メートルの巨大な鍋で三万食の芋煮をつくり、ふるまうというバカバカしくも楽しい祭りまであるのです。始まってまだ年の浅い祭りではあるのですが、当初、この鍋に入れるコンニャクを発注された業者ははりきりすぎて畳一畳もの大きさのコンニャクを作って「コンニャクはちぎるので大きくなくていいです」と大笑いされた、というエピソードまであります。

前置きが長くなりました。問題はこの芋煮の内容です。我がふるさと・山形ではサトイモ、ゴボウ、ネギ、コンニャク、キノコ類に牛肉の醤油味、今暮らすお隣・宮城ではサトイモ、ゴボウ、ネギ、コンニャク、ダイコンなどに豚肉の味噌味なのです。野菜類にはまあ各家庭やグループ毎《ごと》の差はあれど、はっきりと牛肉＋醤油、豚肉＋味噌で分かれているのです。

そしてまたややこしいのが、山形でも庄内地方に行けば豚肉+味噌に変化し、福島県でも豚肉+味噌。なんだこれは。山形や福島ではまだいいが、東北中からさまざまな人が集まってくる仙台では、この芋煮の鍋をめぐって毎年小競《こぜ》り合《あ》いが勃発します。牛だ豚だ、いやそれではただのトン汁だ、ウドンにあうのは味噌だ、などなど。集団の親睦を深めるはずの芋煮会が、新たな亀裂を生んでしまうこともままあるのです。それでもまあ、賢い集団は最初から複数の鍋を持ちより、二種類の鍋を作っております。それでもま「オラの芋煮の方がうまい」などとは言っているのですが。隣り合う県なのに、なぜこんな大きな違いができてしまったのでしょうか」。

山形の牛肉文化について書こうと思っていたら、先回りするようなメールが『とことんおでん紀行』の著者、新井由己さんから届いた。

「一般的に東日本が豚、西日本が牛といわれていますが、山形では牛の消費が豚を上回ります。芋煮会の肉はたしか牛肉のはず。これは米沢の病院で蘭学者が薬として導入したという背景があるようです。一方、牛肉文化圏といわれる西日本でも、九州はちょっと複雑です。福岡・佐賀・大分は牛肉、長崎・鹿児島は豚肉のようです。熊本は馬？宮崎は鶏？

かつて、おでん紀行のときに牛豚文化圏を調べるのに他人丼を食べ歩いたことがあります。ほかの肉の調査にはなるかわかりませんが、他人丼の肉（牛か豚）を見ることでも証明できるかもしれません。他人丼の肉が馬とか羊という地域は、さすがにないでしょうね。

さて、このところ静岡のおでん屋に通っているのですが、ちょっと不思議なことがあります。メニューに「肉」とあるわけですが、これがあまり定まっていません。定番なのは牛筋と豚モツです。このほかに豚の小腸だったり肺臓だったりします。肺臓はフワと呼ばれ、静岡では牛のフワをおでんに入れることがあります。豚のフワは小さいので串に刺しにくいようです」。

『とことんおでん紀行』はバイクで日本中を走り回って、おでん種の種類と分布、つまりおでんの類型比較をした労作である。新井さんは並行して肉の分布も観察していたのを、このメールで初めて知った。それにしても他人丼に使う肉を指標にするとはユニーク。

東北の芋煮会の話が全国に飛び火して、屋外調理型レクリエーションに関する情報が集まってきた。中でも山形県民の芋煮会に寄せる思いは尋常ではないらしい。「山形出身米国在住の後藤」さんのメールを読めばよくわかる。

「芋煮の話題が出たからには黙っていられません。芋煮は牛肉・醤油と決まっています！　論議の余地はありません――終了――と言ってしまっては元も子もないのです。

でも、それくらい言いたいのが本音です。山形では物心ついたときから当然のように芋煮会はやっていましたが、当時そんな話を仙台の人なんかに言うと「芋煮を会でやっているのか。ハハハ」と笑われた記憶があります。仙台の芋煮は山形の真似であり、芋煮会をやるようになったのは最近ではないでしょうか。現在も芋煮人口はそんなに多くないと思いますよ。

ところが山形は、まず芋煮をしないなんて人がいないくらい、赤ちゃんからお年寄りまで全員参加です。「先週は町内会で、昨日は友人と、明日は職場で、来週は子どもの幼稚園の行事で……」とワンシーズン数回経験することは当たり前田のクラッカーです。山形の人間の芋煮会に対する思い入れは相当なものがあります。ですから「にわか芋煮ファン」の他県の人と比較されるのは屈辱的でもあります」。

このような頻度、密度で牛肉・醬油味の芋煮会を毎年やっていれば、豚肉・味噌味のものは「許せん」となるのであろう。山形（庄内地方を除く）でも「肉といえば牛」という図式が幼いころから刷り込まれていくのである。

「後発」と言われた仙台出身者からのメール。こちらも賑やかである。

「仙台で生まれ育ち二十八歳から海外に住んでいる三十三歳・女です。宮城、山形では芋煮会は春のお花見よりもビッグイベントです。お年寄りばかりではなく、若者のグループも河原にこぞって集まります。私も大学生のころ仲間と毎年秋内に二回はやっていました……ちなみに山形風の芋煮も宮城風のもどちらもとてもおいしいです」（Y・Kさん）。

さらに同じ東北でも県が違うと、呼び名も内容もそれぞれ違う。例えば……。

「両親は岩手県水沢市の出身で、秋には芋の子会という行事をしていたと聞きました。北上川が近くにあるにもかかわらず山にでかけて行ってキノコを採り、地面に穴を掘ってかまどを作り、調理したそうです。名前の通り主役は掘りたての里芋で、醬油仕立ての鍋だそうです。そして肉にはその日しめた鶏を使うそうです……鶏の芋鍋というのはちょっと意外性があるのではないでしょうか」（JETFLYさん）。

山形や仙台の芋煮会は河原でやるのに対して、岩手・水沢は山の中。そして肉は牛でも豚でもなく鶏肉という違いがある。「秋田出身新潟に住む者」さんによれば「私が小学生のころ秋田では「鍋っこ遠足」が盛んでした」という。県によってバラエティー豊かなところが面白い。

仙台の「waji」さんのメールが背景を説明する。「秋田はナベッコ遠足、岩手はイモノコ汁と呼ばれております。名前は違っておりますが両県の芋煮会は鶏肉で醬油味が共通です。東北の百姓は田植え後の「さなぶり」、稲刈り後の芋煮会のふたつを楽しみに仕事をしてきたと思われます……ほとんどのスーパーが秋になるとナベの無料貸し出しをやっていますよ。山形のスーパーに至っては河原まで無料配達です。ぜひぜひ、こんな楽しい遊び、全国展開してほしいものです」。

東北の屋外調理型レクは農事に絡んだ行楽らしい。「さなぶり」は地域によって「さのぼり」「しろみて」とも言われるが、田植えが終わってから田の神を送る行事。田植えを手伝ってくれた人々を招いて酒食を振る舞った。現在はこのような共同作業が姿を消したこともあって、めったに見かけなくなった。しかし芋煮会は農事を離れて、いまも地域の生活に根付いている。

四国にも似たような行楽が存在する。

「妻の実家は愛媛県の大洲《おおず》市ですが、芋炊きといって河原で里芋とか鶏肉とかコンニャクとかを一緒に大きな鍋で煮て食べますよ。結構有名だと思っていたけどな。知りませんでした？」というメールを「坂口」さんからいただいたので、大洲市役所のＨＰを見た。「いもたき」（公式にはひらがな表記）は毎年八月下旬から十月下旬まで如法寺《にょほうじ》河原で行われている。

ただ東北のものが自分たちで勝手に調理するのに対して、こちらの主流は登録店への予約制。登録店は十三店あり、予約すると席にコンロや鍋、材料が運ばれ、それを自分たちで料理して食べるスタイルである。いもたき専門店が屋外に出店したと考えればいいのだろうか。

大洲市観光協会のHPには「古くは藩政時代から伝わる「お籠《こ》もり」の風習を、昭和四十一年に観光事業化したのが始まりで、晩夏から中秋にかけて、涼しい川風の渡る肱《ひじ》川《かわ》の河川を座敷として、大洲の夏芋（里芋）を炊きながら、舌の上でとろけるような味を楽しむという趣向が体験できます」とある。

レシピも付いていて、里芋のほか椎茸、鶏肉、油揚げ、コンニャクを出し汁と砂糖、塩、薄口醤油、みりんで調味したもの。岩手県水沢市の「芋の子会」と同様、鶏肉が主役。

こうした話が進んでいるところに北海道から次々にメールが送られてきた。「うちの方でも似たようなことをやっている」という内容である。

「北海道には「炊事遠足」という風習があります。河原にジンギスカンの材料と鍋を持っていき（鍋は精肉店が貸してくれる）、アウトドアクッキングを行うという学校行事です。その後、上京して「内地」には「炊事遠足」がないことを知り、びっくりしました」（NORANEKOさん）。

「「炊事遠足」って北海道独特の行事だったのですか？　知りませんでした」と驚いたのが「めりーべる」さん。物心がついたころから身近にあるものは、全国どこにでもあると思ってしまうのは仕方がないことであろう。「めりーべる」さんのメールは続く。

「私の学校では「ジンギスカンは料理じゃない」ということで禁止されており、最低でもカレーライスあるいは豚汁を作るよう言われました。中学のときはスパゲティミートソースを作った記憶があります。ちなみに大学の新入生歓迎コンパも定番はジンギスカンでした。鍋は大学生協で肉を買うと貸してくれました」。

北海道の炊事遠足はあくまで遠足なので学校行事である。農事とは無関係で、大人の楽しみではない。大人、特に学生は「ジンパ」、つまりジンギスカンパーティーで騒ぐ。「基本的にこの「炊事遠足」は北海道のほとんどの小（高学年）、中、高が採り入れている学校行事なのですが、本来の意は「飯盒炊爨《はんごうすいさん》」です。災害などに遭っても飯盒でご飯が炊け食事ができるようにとの一種の訓練のようなものがベースにあるものです……そのうちに花見のシーズンぐらいから秋口にかけて天気の良い休日に家族で河原でジンギスカンを行う習慣が定着し、さらに使い捨ての軽い鍋の登場から、炊事遠足も河原でジンギスカンが定番になっていったようです」ということらしい。

「高橋@梅が丘」さんからのメールで、北海道大学の生協にはジンギスカン用の冷凍肉を売っていることを知った。春になると学生グループが一斉に「ジンパ」に繰り出すのだそうである。といってあの重い鉄の鍋を家から持ってくるのも大変。そこでアルミ製の使い捨てジンギスカン鍋が重宝されている。一体どんなものかと思っていたら、東京にある北海道のアンテナショップでも扱っていた。

さて、このような年中行事や行楽に登場する各種の肉が、土地土地の「肉とは何か」

という概念に直結しているのかいないのか。VOTE結果を待つことにする。

興味深いメールが引き続き多数寄せられた。日本地図を頭に描いて読んでいただきたい。まず岡山の「akira」さんは「肉はもちろん牛肉です。すき焼きにも牛肉です。出身岡山・学生大阪・就職東京となりましたが、味は忘れないものですね。買いに行かされたとき豚肉の場合は豚と言われたのを覚えています」と書いてきた。「買いに行かされたとき」というのは岡山時代だろうから、岡山は関西と同じく肉すなわち牛肉文化圏と思われる。

ところが隣の広島ではちょっと事情が違うらしい。「広島でお好み焼きの肉といえば豚の三枚肉です。注文するときも「肉玉そば」または「そば肉玉」という言い方をするので、広島では肉といえば豚ということになると思います」(ポパイさん)。ということは、広島は肉では非関西。関西の食文化の西の境界はこの辺りではないかと思わせる内容である。

ここで地域偏差の歴史的背景に触れたメールが到着した。

「かつて西日本では農耕用に牛を多く飼育しており、老牛をすぐに食べやすい環境にあったことが牛肉文化発展のひとつの背景になったということを聞いたことがあります。一方、関東では農耕用に馬を多用しており、軍馬としての需要から馬肉文化はおもったよりも広がらず、飼育に広い土地を必要としない豚が明治時代以降、関東一円に広まったということも聞きました。しかしながら、新潟から会津に抜けるあたりは肉屋さんでも普通に馬肉を売っていて、地域性を感じて面白かったです。熊本の馬肉も有名ですね」（ミルフォードさん）。

実は私の興味は二つあって、一つは牛肉文化圏、豚肉文化圏というものが言われているほど明確に存在するのかどうか、もし存在するなら境界線や飛び地はあるのかということである。二つ目がミルフォードさんが言っておられるような歴史的背景である。つまりいつごろ、どういう理由からそのような食の差異が生まれたのかということを知りたい。例えば味の素食の文化センターが発行している食文化誌「ｖｅｓｔａ」（二〇〇三年春号）に高田公理《まさとし》武庫川女子大教授（当時）が連載している「近代の食」の六回目にこんな記述がある。

「もとは洋風料理素材の牛肉を、味噌や醬油で煮て食べさせる牛鍋屋が、明治10年に東京で550軒をかぞえた。よほど人気が高かったのであろう」「明治24年には露天で五目飯を売る屋台が軒をならべ、「一椀一銭」の行灯《あんどん》をかかげた牛飯屋が急増した」。当時の東京の人々が牛鍋や牛飯を好んで食べていたことがわかる。豚ではなく牛である。

日本食糧新聞社刊『昭和と日本人の胃袋』からの引用。「（トンカツ）は昭和6、7年頃上野あたりから広まった料理であるらしい……洋食らしくなく、しかも肉が食べられるというところが一般に大いにうけて、トンカツは急速に普及した……しかし、トンカツが普及したのは、だいたい東京を中心とした東日本であって、牛肉の質が良く、豚肉がそれほどでもなかった西日本、特に関西では東京ほどの普及はみられなかったようで、関西にトンカツが行き渡ったのは、牛肉が高価なものになった第二次大戦後であるといってよいであろう」。

明治五年、明治天皇が牛肉を試食したのを機に、東京の人々は牛鍋や牛飯のかたちで牛肉を盛んに食べるようになった。東京は当初、牛肉文化圏だった。ところが昭和の初めにトンカツが発明されて爆発的な人気を得、次第に豚肉文化圏へと変わっていった――というような推論をたてるのはまだ気が早すぎる。

ミルフォードさんのメールにあったように日本には馬肉をよく食べる地域が点在している。世界的にはどうかというと、やはり食べない国々が多いようである。食べるのは日本のほかにドイツ、フランスなどだろうか。米国では馬肉を食べることを法律で禁じている州もあると聞く。中国は何でも食べると思われているけれど、馬に限ってはそうでもないらしい。

「北京から来ていた先生のウチで皆で会食したとき、岐阜の土産に「馬肉の薫製《くんせい》」をあげたら「エイヨー!!」といってのけぞりました。受け取らなかったの。気味悪そうにして。以来、私のこともちょっと薄気味悪い人と思ってたみたい……あ、私は魚沼の在で豚や鶏で育ちました。牛の肉は臭いので濃いタレにつけないと食べられません」(お名前ありません)。

そういえば中華の店で馬肉料理に遭遇したことはない。ラクダのこぶや熊の手、象の鼻なども出る「満漢全席《まんかんぜんせき》」にも入っていなかったのではないか。「ポシンタン」という犬肉料理を薬膳として食べる韓国でも、馬は口にしない。

お肉問題のVOTE速報値が届いた。数字をざっと眺めただけで「うわー」となった。西の牛、東の豚という従来言われていた傾向がはっきり出ているのである。予想以上の鮮明さに驚いている。

「お肉といえば牛」という回答が多かった上位十地域を順に並べる(数字は%)。奈良・徳島・高知(100)、京都・兵庫(89)、滋賀(88)、山口(87)、和歌山(85)、愛媛・大阪(82)。

「お肉といえば豚」の上位十地域は群馬(86)、福島(82)、新潟(70)、宮城(68)、茨城(67)、青森(61)、岩手(60)、栃木・山形・沖縄(56)。

「お肉といえば鶏」が20%を超えたのが鳥取・宮崎(33)、島根・沖縄・山梨(22)、岐阜・佐賀(20)だった。北海道で「羊」が15%となったのはジンギスカンとの関連でよくわかる。

メールの紹介は略したが「天かす揚げ玉」問題は「天かす」の圧勝だった。「揚げ玉」が過半数を制したのは千葉と宮崎だけで、あとは天かすだらけである。

先に触れた「なぜ、いつ東日本は豚肉文化圏になったのか」という問題について少し調べてみた。

平成十三年版総務省家計調査の内容はこうなっている。まず牛肉。道府県庁所在地で購入量（一世帯、年間、単位：グラム）が多かった順に並べると（1）和歌山1万4112（2）奈良1万3226（3）大阪1万2229（4）熊本1万2057（5）大津1万1944。上位五都市のうち四都市を近畿勢が占めており、この統計からみる限り、VOTE結果と同じく近畿の牛肉志向は突出している。東北でも山形だけは1万0056で、ほかの東北各県のほぼ二倍の牛肉を買っている。米沢では江戸時代から例外的に牛肉を食べてきた。その結果の米沢牛であり山形牛である。

豚肉の購入量が多かったのは（1）秋田1万9819（2）静岡1万9767（3）青森1万9413（4）新潟1万8763（5）横浜1万8111だった。東日本勢ばかりである。これもVOTE結果と同じである。

ブロック別に牛肉購入量が多い順に並べると（1）近畿1万1623（2）四国1万1350（3）中国1万1001（4）九州1万784（5）沖縄8043（6）北陸7175（7）東海6936（8）関東6600（9）東北5223（10）北海道47

37。見ての通りの傾向である。

豚肉は（1）東北1万8562（2）関東1万7974（3）北海道1万7901（4）沖縄1万7592（5）東海1万6729（6）北陸1万5799（7）近畿1万4868（8）九州1万3878（9）中国1万3508（10）四国1万1995。最も牛肉購入量が少ない北海道と最も多い近畿を比べると一対二・四五。近畿の家庭は北海道の家庭の二・五倍近い牛肉を食べているようだ。豚は四国対東北が一対一・五五になる。

統計としては西の牛、東の豚がはっきりと裏付けられたわけだが、そんな傾向が定着したのは一体いつごろで、どういう理由によるものなのだろうか。

すでに書いたように明治維新を機に日本人は公然と肉類を食べるようになった。そして日本人の肉食は牛から始まった。牛が農作業に使われていた近畿、中国などは牛の産地でもあったから牛肉食になったのは当然として、東京も牛鍋、牛飯のような形で牛を食べていた。豚ではなかった。なぜか。「明治の初め、肉食が解禁になったとき、牛肉人気が独走して豚肉が不人気だったのには理由がある。端的にいえば、豚は残飯やその他あり合わせの餌《えさ》で飼われていたため、不浄感が強かったのである」（伊藤記念財団刊『日本食肉文化史』）。また明治六（一八七三）年十月二十九日の東京日日新聞に「豚肉喰うべからず」という記事が出ている。豚肉は肥満の原因になり「早く止《や》めざれば他の病を生ずべしと。是《これ》全く実験の説なり、世間の人の為《ため》に新聞紙に出す」と小野秀雄編『新聞資料　明治話題事典』にある。

だが、東京をはじめ都市近郊農家では豚の飼育が次第に盛んになっていく。といっても食用ではなく肥料を得るためだった。化学肥料が普及する以前、豚の屎尿《しにょう》は貴重な肥料で、しかも残飯でも何でも食べてくれるから農家にとってもありがたい家畜だった。

ところが洋食の普及が豚を食べる習慣を広げていく。東京にいわゆる大衆的な洋食店が次々に現れるようになったのは明治二十年ごろのことだったという。小菅桂子著『近代日本食文化年表』の明治二十年の項に「この年東京では三橋亭（上野）、三緑亭（芝公園）、東亭（芝）、亀田（神田）、宝来亭（神田）、りゅうきん亭（神田）、旭亭（下谷）といった西洋料理店が相次いで開店する」とある。現存する東京で最も古い洋食店「煉瓦《れんが》亭」の開業が明治二十八年。ここで「カツレツ」の付け合わせが温野菜から刻みキャベツに変わり、カツとキャベツという今日に至る名コンビが誕生した。だが、カツはまだビーフだった。明治三十、四十年代になると東京の洋食店は千五百軒から千六百軒にのぼったという。

日清戦争（明治二十七〜二十八年）、日露戦争（明治三十七〜三十八年）で牛缶が大量に戦地に送られ牛肉が不足したことも豚肉に目を向けさせる契機になった。

そして大正元（一九一二）年に事件が起きる。コレラの流行である。警視庁はコレラの流行を防ぐため生食をしないようきつく指導した。「このため一般家庭にも魚食をやめて肉食に切り換えるところがふえ、その際、安い豚肉が注目されたのである」（『日本食肉文化史』）。

「豚肉はまず、牛肉のかわりにカレーに入れられ、ポークカレーとして登場した」。その後、「豚肉をカツレツにすればとくに美味しいことが一般に知られることになり、大正年間にはビーフカツの需要をポークカツが追い越す勢いになった」（宮崎昭著『食卓を変えた肉食』）。

こうして牛から豚への転換が進み、定着しつつあった洋食店を含め東京の家庭に豚肉が浸透していく。大正の初めには天皇の食卓に初めて豚肉が登場する。

吉田忠著『牛肉と日本人』も同様の見解をとっている。「トンカツ、コロッケ、ハムなどの形で豚肉消費が多様化するのは大正期に入ってからであった。結局、牛肉でしているのと同じやり方で食べてみよう、豚肉の味が薄いところはその分砂糖と醬油を少し多めに使ってみたらどうだろう——こうして、豚のスキヤキと豚ジャガがあらわれた、と考えられる」。

昭和二年に農林省畜産局がまとめた「本邦の養豚」という統計書を見てみたら、大正五（一九一六）年末に全国で三十三万七千八百九十一頭いた豚が九年後の大正十四年には六十七万二千五百八十三頭と二倍になっていた。

少なくとも東京の豚肉食が本格的になったのは大正年間であった。トンカツこそ東京人が豚肉好きになった理由のひとつである。東北や北海道が豚肉文化圏になった理由については、これまで調べたところではっきりしたことを言うことができない。沖縄については明治以前から豚肉食が普通であったことはよく知られている。産地を抱える近畿以西の地方は牛肉が相対的に安く、かつ味が良かったために大正期になっても東京ほど豚の需要がなく、明治以来の牛肉志向が今日まで続いているということのようである。

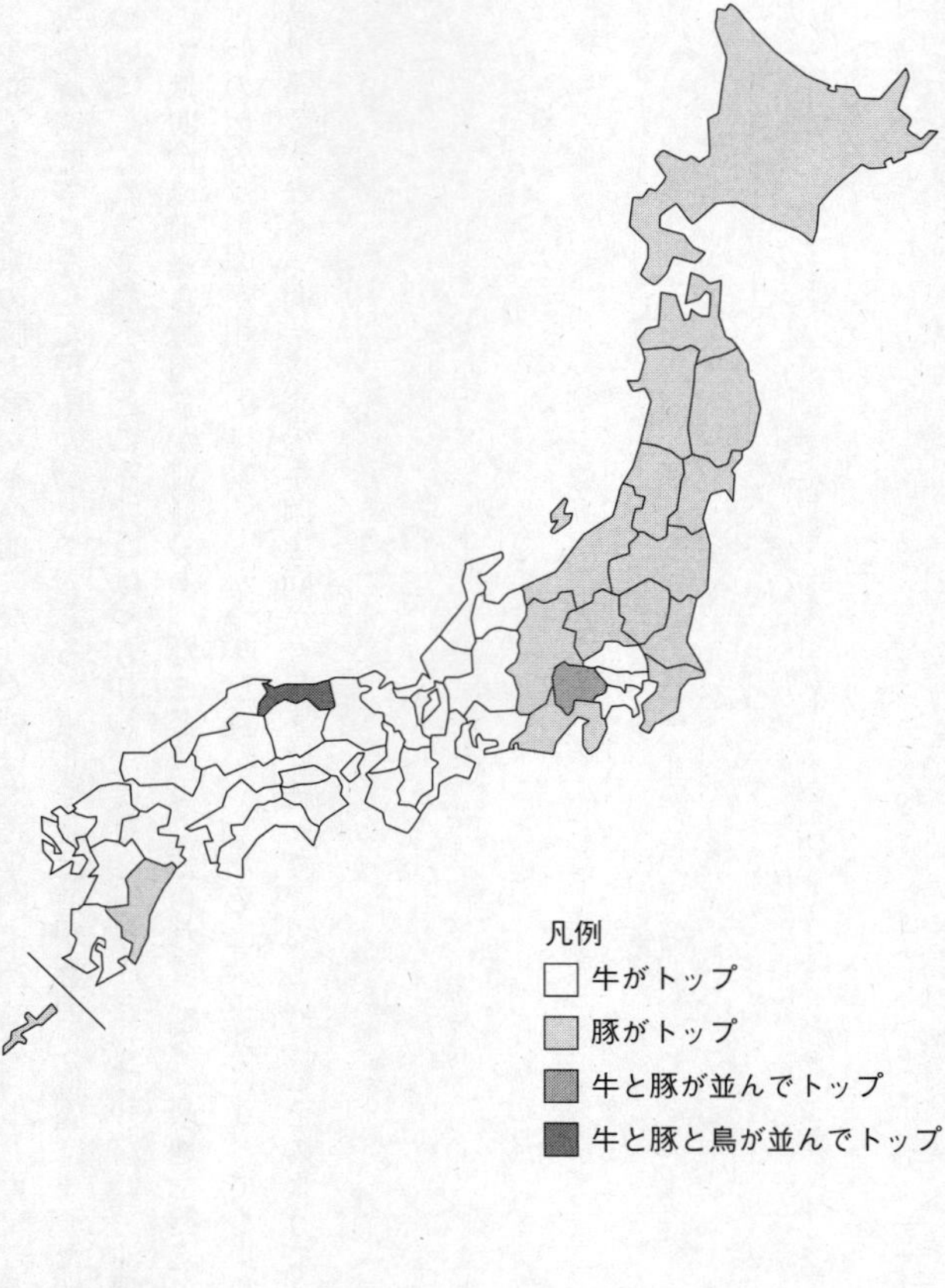
凡例
牛がトップ
豚がトップ
牛と豚が並んでトップ
牛と豚と鳥が並んでトップ

「お肉」といえば何の肉？

天かすですか？　揚げ玉ですか？

第六章　お豆について

設問　豆の炊き込みご飯はありますか？

子どものころからピーナッツバターが大好きだった。長崎の銘菓「九十九島《くじゅうくしま》せんぺい」(九州では「せんべい」ではなく「せんぺい」と言うことが多い)もピーナッツが入っているので好物だった。いまでも南部せんべいはピーナッツ入りを好んで食べる。

高校時代は学校の前の「沖食堂」で具が入らない素ラーメンと、グリーンピースの炊き込みご飯を握った「ピースご飯」で至福の時を過ごした。沖食堂は椎名誠さんの「麵の甲子園」で優勝した名店である。

大阪に単身赴任していた二年間、土曜と日曜のお昼にお世話になった商店街の大衆食堂には久留米《くるめ》のピースご飯と同じ「豆ご飯」があって重宝した。

豆は人類が遠い昔から命をつないできた食料である。赤飯をはじめとして現代の日本人も日常的に口にしている。だが一口に豆と言っても地域によって様々な食べ方がある。種類も違う。私たちと豆の関係を知りたいと思ってこのテーマにした。

設問はメールのやり取りの最終段階で私が「ピースご飯」の思い出から、勝手に設定したものであるので、読者からのメールには少ししか登場しない。しかし「自分は赤飯以外の豆の炊き込みご飯を食べてきたか、あるいは食べているか」という自問を頭の隅に置いて読みすすめていただきたい。

このテーマを取り上げたのはちょうど残暑の季節だったのでビールの友の枝豆でにぎわうかと思っていたが、いきなりこの話題になった。

「スナックえんどうってご存じですか？　じゃ、スナップえんどうは？　ええ、お察しの通り、同じ物です。

品種の出始めのころ（実家で自家用に作り始めたのが十五〜二十年前だったと思います）には、専《もっぱ》らスナックえんどうと呼ばれていたものでした。当時は、農家が面白がって自家用に作って食べたりしているだけのマイナーな品種。

そのまま手軽に食べられる、サクサクとした食感のオヤツにもなる美味しい莢豆《さやまめ》くらいの意味での「スナック」ととらえていたのですが、その後何年もたってようやく店頭に並ぶようになると「スナップ」えんどうとして売られているのです。アリャ、なんじゃこりゃ。実家では今でもスナックです」（ちろこ@札幌%帰省中@和歌山さん）。

東京の自宅近くのスーパーをいくつか覗くとスナック派とスナップ派に分かれていて、これはどうしたものかと思っていたが、要するに同じもの。スナックがスナップに変化したということらしい。

ところが「もともとスナップえんどうだったものが、スナックえんどうと転化したようです。農林水産省ではスナップえんどうを正式な呼び名としているようです」というメールを「鮭」さんからいただいた。同様のメールがKTさんからも。正式名称は「スナップ」かもしれないが、店頭では両方の表記があるのも事実。ここは「同じもの」ということで留め置こう。

「とまめ」という言葉に聞き覚えは？

「故郷和歌山の有田で「とまめ」というおやつがありました。そら豆を炒ったものが売られていただけですが、方言でそう呼んでいるだけでしょうか。

今でもビールなどのおつまみとして、「とまめ」はよくあられやおかきなどにひっそりと入っております。和歌山だけなのか？ それとも、全国的にあるものなのか？」（中井さん）。

先に引用した同じ和歌山出身「ちろこ」さんからのメールにも「とまめ」に触れた部分がある。そこを抜き書きする。「そら豆は和歌山では年寄りが「とまめ」と呼びます。農家ですので自家用でもやはり最盛期には大量に採れ、あり得ない量を出しと醬油で薄味に煮て食べたりしますが、基本的に薄皮は食べませんね。外しながら中身だけを食べる」。

ということで、そら豆は和歌山では「とまめ」。だが私にもどこかで聞いた記憶がぼんやりとある。九州でもお年寄りはそう呼んでいたのかもしれない。

ローカルという点では讃岐の醬油豆も面白い。

「一番好きな豆はと聞かれれば、「香川の醬油豆です！」とキッパリ答える私。そら豆を炒った香ばしさ、ほの甘い醬油の素朴な味わい、黒光りするその立派な姿、惚れ惚れします。先日、上司が香川に出張すると聞いて「お土産は醬油豆でいいです」と要求して買ってきてもらったので、会社の冷蔵庫に入ってるんですよ。そう思っただけで幸せ」（小島さん）。

「五月に四国に行ったとき醤油豆という物を知りました。そら豆を皮付きのまま醤油で煮てありました。皮を剝《む》いても、そのままでも食べられますとのことで、私はそのまま食べてみました。なかなか美味しかったのですが、そら豆を皮付きのまま醤油で煮て食べるというのにはビックリしました」（横浜歴36年の中村さん）。

「高松に下宿した折、おかずとして讃岐名物の醤油豆がよく出ました。炒ったそら豆を醤油ベースのタレに漬け込んだもので、甘辛くて硬く、お茶請けにもあいますが、皮もついた状態で食卓に上るため取り除いて食べるのか否かわからなかったのでそのまま食べていました」（粕《かす》取り焼酎愛好家さん）。

いただいたメールの関連部分を並べて引用した。お気づきと思うが、ここには「炒って醤油に漬けたもの」と「醤油で煮たもの」の二種類が登場する。会社の近くに讃岐うどんの専門店があって、そこには醤油豆が置いてある。訪ねた折に聞いてみたら「うちでは醤油で煮ています」とのことであった。

すると「両親は香川産・本人は大阪産　ぽん吉」さんから以下のメールが届いた。

「生まれたときから高校の卒業式当日まで香川の某山のふもとで育ったうちのおかんに言わせると、醤油豆は「炒った空豆が熱いうちに醤油ベースのつけ汁に漬け込んで、冷めるまでそのままおいとく」のだそうです。皮は「もちろん食べる」と言いきっております」。

さらに専門家からもこんなメールが。

「醬油豆は乾燥そら豆を炒って、熱いうちに醬油だれにつけるものです。煮て作ることはありません。

なぜ断言できるのかというと、私は以前、香川県の醬油と佃煮と醬油豆を研究している研究所に勤めていたからです。醬油豆は柔らかくておいしい食品ですが、炒ったそら豆のうち数十個に一個はうまく醬油だれを吸わず硬いままなので商品として売ることができません。これを石豆といって、研究所では調理前になんとか判別できる方法がないものか研究していました。電子顕微鏡で細胞構造を観察してもいまだ判別はできていません」（茨城県　43歳団体職員のういたんさん）。

ということであるので、正しくはそら豆を炒って醬油だれに漬けたものであるらしい。しかし手間がかかりそうである。そこで簡単に醬油で煮る調理法も普及しているのかもしれない。

続いて花豆の話題。

「ご当地食材の花豆は大きな実で食べ応えのあるお豆です。道の駅やお土産屋さんで売られているのでご存知の方も多いと思います。

この花豆は標高八百メートル以上でないと採れません。標高の低い場所では花は咲くのですが実がなりません。

まだ豆を収穫する前の六―八月ごろ採って食べるのが軽井沢いんげん。普通のキヌサヤと比べれば三―四倍の大きさです。食べ方も煮物に入れたりキヌサヤと同じように料理したりして食べます。信州ではスーパーなどでも売られています。

「あおばつ」。当地では青豆をそう呼びます。大豆と同じ大きさで、ゆでると枝豆のように見えます。正月ごろゆでて醬油をかけてぽつぽつ食べれば止まりません」（ｙｕｍｅｋｏｂｏさん）。

花豆はベニバナインゲンの実。白いのは白花豆。赤紫に黒い斑点があるのを紫花豆という。国内の豆類では最大。主に煮豆用だが、白花豆は甘納豆にも。以上、『食材図典』（小学館）から。

「小学校のとき、林間学校（と書いて強制反省会と読む）が軽井沢で毎年あったのですが、その寮のご飯で絶対に出たメニューがあります。それは花豆ご飯。白いご飯にピンクパンサーみたいな模様の入った二・五センチ大の豆がごろごろごろと。塩味しかしなくて、小学生には極めて不評でした。

ただ、いま大人の味覚になってみると、それなりに美味しかったのではと思い直し始めています。東京ではいまだ見たことがありません」（東京都　亨さん）。

信州から軽井沢の高地で花豆が栽培され、季節になると様々な形で食べられていることがわかる。しかし東京のスーパーではほとんど見かけない。もしあったとしても私には調理法がわからない。

花豆ご飯は豆の炊き込みご飯だが、私のソウルフードのひとつであるピースご飯がここで登場した。

「八百屋さんの店先にグリーンピースが出回り始めるころ、まずはお惣菜屋さんを営む大家さんから電話がかかってきて「豆ご飯炊いたんだけど、中林くん食べる？」「ええ！　いただきますとも！」ってなやり取りが。下のお店に降りてって、何だか昭和中期の暮らしみたいですね。お醤油貸して味噌貸して、みたいな。

もちろん自分でも炊きますが、雑談でそんな話題を持ち出して「ああ、もうそんな時期かぁ」というような反応を見せるのはたいてい西日本出身者です。東日本出身者は「何それ？」な反応。

ちなみに大家さんは新潟出身ですが、料理の修行は関西の方に師事したそうです」（中林20系さん）。

「めでたいときに食べるのは小豆の赤飯ですが不幸ごとでは黒豆のご飯です。昔、祖父の葬式で出たのは覚えているのですが、最近はお目にかかることがありません。廃れたのかなぁ。単に私が見落としているのかもしれません。地方でも異なるのでしょうか？

ちなみに私は愛媛の松山に住んでいます」（鳥谷さん）。

豆を入れたご飯を炊く文化。赤飯は全国にあり、場所によっては不祝儀のときに黒豆ご飯を炊く。ただ年中行事や宗教行事とは別に「旬のもの」として豆ご飯を食べる地域はどこか。西日本の豆（グリーンピース）ご飯と信州の花豆ご飯はその存在が明らかだが、ほかの地域ではどうであろうか。こんな問いかけに読者からの答えが返ってくる。

「広島で豆ご飯の豆と言えば「ぶんどう豆」です。えんどう豆より大粒の豆です。節分は大豆を炒ったの、ぜんざい・赤飯は小豆です。うずら豆を甘く炊いたのが食卓にたまに登場します」（広島県　うえぽんさん）。

ぶんどう豆は緑豆のこと。広島県で盛んに栽培されているらしい。西日本もグリーンピース一色でないことがこれで判明した。

豆は同じでも時代、場所、人によって食べ方が違う。そのことを示すメールが続々と届く。

「亡くなった父は大正九年、秋田生まれ。子供のころから枝豆が大好きでした。静岡に住むことになった父が故郷の味を懐かしみ、母に教え作らせて我が家に定着した枝豆の食べ方は、枝豆のさやの両端を少しはさみで切り落とし、その後、醬油で煮るというものでした。醬油のみ。みりんや砂糖の添加はダメ。

保存食の意味もあったのでしょうが、手間ひまかけて醬油も使いぜいたくな食べ方なのでいつも食べられたわけではないとよく言っていました。ご飯もお酒も進みます。我が家の初夏から初冬にかけての定番菜です」（静岡市　どうせ定位置ベイスターズさん）。

枝豆をさやごと煮る？　知らない調理法である。次の食べ方も知らない。

「出身は青森ですが、親父が晩夏のころよく作っていた枝豆の漬物を思い出しました。枝豆をちょっと硬めにゆでて、それをさやごと塩をまぶしつけて樽の中にごく普通の漬物を漬ける感覚で仕込んでいました。少ししてから重石を取って中身を取り出すんですが、さやは茶色に変色していて「これ食べられるんか？」の感じです。枝豆の漬物は東京に出てきてからは見ていません」（アイミのパパさん）。

私も枝豆の漬物を東京で見たことはないが、首都圏にないものでもないらしい。

「枝豆の漬物はうちの近所でもある市川駅隣接の漬物屋さんに初夏の時期ありました。枝豆、ナス、キュウリとある中で枝豆がおいしく、ビールのおつまみに最適でしたが、先週はなかったですね」（ゆうかりんさん）。

漬物専門店に行ったときは気をつけて見ることにしよう。ひょっとしたら買えるかも、と思っていたらデスクが「売っていました」と言って枝豆の漬物を見せてくれた。日本橋三越にあったそうな。

ついでそら豆の話だが、薄皮を食べるか否か。意見が分かれた。

「そら豆をさやから出さずに網の上で蒸し焼きしたものはとてもおいしそうでした。やってみたくとも、もうさや付きは売っていません。がっかり。あと、私は薄皮を食べますが、皆さまはどうなされているのでしょう？」（千葉のお酒好き麗人さん）。

私も薄皮ごと食べる。食物繊維が豊富そうだし、あれはあれで美味《うま》いからである。しかし……。

「先日、居酒屋でそら豆の塩ゆでを注文したところ、私以外の同僚は薄皮をむいて食べていました。帰って妻に尋ねたところ「トマトの皮だって嫌いな人いるし、どっちでもいいんじゃない？　私は食べないけどね」とのご意見。

居酒屋では「皮まで食べなくてもいいじゃん」と貧乏くさく見られてしまったのですが、食べない人の方が主流派なんでしょうか？　気になります」（暑い名古屋の熱いサラリーマンさん）。

繰り返すが私は薄皮を食べる派である。

「私は親から「あれは食べないものである」と教わり、前歯で黒いところの反対側に傷をつけ、中の柔らかいとこだけを食べていました。母はちょっとカッコつけたいときには、その部分に包丁で切れ目を入れてからゆでていました。

ところが居酒屋でそら豆の塩ゆでを頼んで薄皮を残しながら食べていたら、友人から「何カッコつけてんだよ」と怒られたとです。私はまちがっとるとですか」（文守こまいぬさん）。

う祖父もいる。「薄皮を食べてはいけない」と教える親もあれば「食べないと大変なことになる」と言

「亡くなった祖父は常々「豆の皮（薄皮のこと）をむいて食うやつは、死んでから鬼に石の皮をむいて食えと責められて、爪から血を出すことになるのだ」と言い、そら豆はいうにおよばずピーナッツの渋皮をむくのにも眉をひそめていました。

幼いころに刷り込まれた私は、そら豆は皮ごと食べるものと確信していました。長じて居酒屋などに出入りするようになると、かなりの方がそら豆の薄皮をむいて食べ、またお店の方もむくのが当然とばかり殻入れの器を出されるのには少々仰天した記憶があります。やはり都会は地獄の一丁目なのでしょうか？」（亡命名古屋人さん）。

「薄皮まで食べるのはみっともない」と考えるのか「薄皮までちゃんと食べないともったいない」と思うのか、意見が分かれるところではあろうが、私は誰に言われるともなく薄皮を食べる。我が家でそうするのは私だけである。家族に食べ方を強制はしない。言っても誰も聞いてくれない。

私の好きなピーナッツ（落花生）。日本の一部でこんな食べ方がなされている。

「静岡県富士市の知り合いの家に遊びに行き近くの居酒屋で飲んだら、突出しにゆで落花生が出て、初めての食い物でビビりました。でもやたらおいしくて、富士市在住の知人に質問すると「富士市の飲み屋ならどこにでもあるし、欲しかったらスーパーの惣菜

売り場に売っている」と言われました。

当時住んでいた都内の家に近い落花生屋さんでゆで落花生について質問したら「いやあ、ゆで落花生なんか聞いたことないねえ。うちの落花生は全部炒ってあるから、ゆでるのは無理じゃないか」とつれない答えが返ってきました」（ちどりのおっとさん）。

私は次のメールに登場する富士宮でゆで落花生を食べてきたばかりである。お好み焼きの店とバーに行ったが、どちらも突出し（お通し）に出たのがゆで落花生であった。

「富士宮・芝川・富士を中心にどこの家庭でもビールのつまみ・居酒屋のお通しにゆで落花生は必需品です。小学生のころ秋の運動会で朝早くから親が場所取りに来ますが、ゆで落花生をつまみに早々と宴会をしていました。もちろん昼食のおやつも落花生でした」（富士宮やきそば学会ＩＴ推進担当　宮さん）。

塩水でゆでた落花生は、ありそうでなかなかないものである。西日本の人間にとっては驚きの食べ物。

「関西から関東に単身赴任してカルチャーショックだった豆がふたつあります。ひとつは塩ゆでピーナッツ。ピーナッツといえばカリッとした食感のものしか知らなかったですが、千葉では枝豆のように塩ゆでして酒のつまみにするんですね。驚きました。

もうひとつが味噌ピー。正しい名前なのかはわかりませんが、味噌にピーナッツがはいっているもので、ご飯にのせて食べるいわゆるご飯の友です。ホテルの朝食に普通に置いてあるのが不思議です」（淡海さん）。

千葉県民のデスクに「千葉でもゆで落花生食べるの？」と聞くと「もちろん。当然です」という答えであった。静岡の富士山麓と千葉は落花生の産地。産地ゆえの食べ方であろう。

味噌ピーナッツは千葉の特産だが、私はなめ味噌のようにして食べることはあっても、ご飯の友にしたことはない。

ところで「大角豆」と書いてなんて読む？

「うちの田舎の茨城では、めでたいときには大角豆でお赤飯、不祝儀には「しろふかし」といって、何も入れない餅米をふかして白ごまと塩だけでいただきます。

そう言えば、茨城は今でも食は常陸《ひたち》と下総《しもうさ》に分かれている気がします。常陸で育って下総で暮らしていると、習慣がいろいろと異なるのでおもしろいです。もしかすると、食の方言も旧分国図が必要かも知れませんね」（のべさん）。

大角豆で「ささげ」。見た目は小豆に似ている。小豆同様、赤飯に用いられる。

「のべ」さんのご指摘のように、食の文化は歴史的な背景を持っている。徳川三百年の影響は大きい。例えばせんべい汁は青森県でも南部のもので津軽にはない。とうふちくわも鳥取県東部、すなわち因幡《いなば》の食べ物。旧藩の境が食の境界線になっていることが多い。しかし、そこまでは調べきれない。残念。

「豆の呼び名が地名になっている場所が近所にあります。「笹下《ささげ》」。横浜市港南区笹下です。似たようなパターンで「大角豆」と書いて「ささぎ」と読むところもありますね。常磐道の桜土浦インター近く（かつての常磐高速バス東京駅発つくばセンター行きが高速を降りて最初に右折していたとこ）の交差点です」（S・Iさん）。

「ささぎ」は「ささげ」の転化（『広辞苑』から）。

「札幌ではこの時期、ささげを束で売っていますが、ささぎと書いてあることもよくあり、十六ささぎという表示もよく見る。何が十六なんだ。品種か何か？

札幌では普通の食材ですが、和歌山にはありませんでした。でっかくて硬くて大味で、ってイメージがいまだに私にはあります」（ちろこ@札幌さん）。

「十六ささげ」は長さ三十センチほどの緑色のさやを食べる。和え物、煮物、炒め物と多方面に活躍する代表的な夏野菜。岐阜辺りが大きな産地らしい。

ささげが小豆以上に生活に密着している地域は少なくない。第二章の「ぜんざいVS.お汁粉」で「ぜんざいは小豆ではなく、ささげで作るものと決まっている」とのメールをいただいていたことを思い出した。

「子どものころ長野県佐久《さく》では結婚式を「むかさり」、葬式を「じゃんぼん」と言っていました。父や母はどちらのときも、ご馳走を折り詰めで持って帰っていました。九人兄弟の末っ子の私は羊羹《ようかん》のちょっと厚い尻尾のところをもらえるのを待っていました。

結婚式のときの小豆の赤飯よりも甘く煮たささげ豆の赤飯が好きでした。葬式のときの黒豆は塩味かほとんど味がないので、とにかく甘ければおいしいという味覚の子どもでしたので敬遠していました」（寅太《とらた》の侍女さん）。

このようなやり取りを経て、かねて計画の通りVOTEに突入した。「あなたがお住まいの地域に（赤飯以外の）豆の炊き込みご飯はありますか？」という設問である。その結果はと言うと、またしても明らかな東西偏差が浮かび上がった。

「ある」という回答が100％だったのは沖縄、佐賀、滋賀の三県。90％を超えた府県はすべて西日本であった。対して「ある」が少なかったのは栃木、茨城の「しもつかれ」連合軍、それに秋田、長野も少数派。つまり東日本では希薄な文化である。中でも岩手は「ある」が8％で「ない」が50％と非豆ご飯地帯であるという結果だった。

豆類は全国で食べられているのに、ご飯と一緒に炊くところと炊かないところに分かれるのはなぜだろうか。

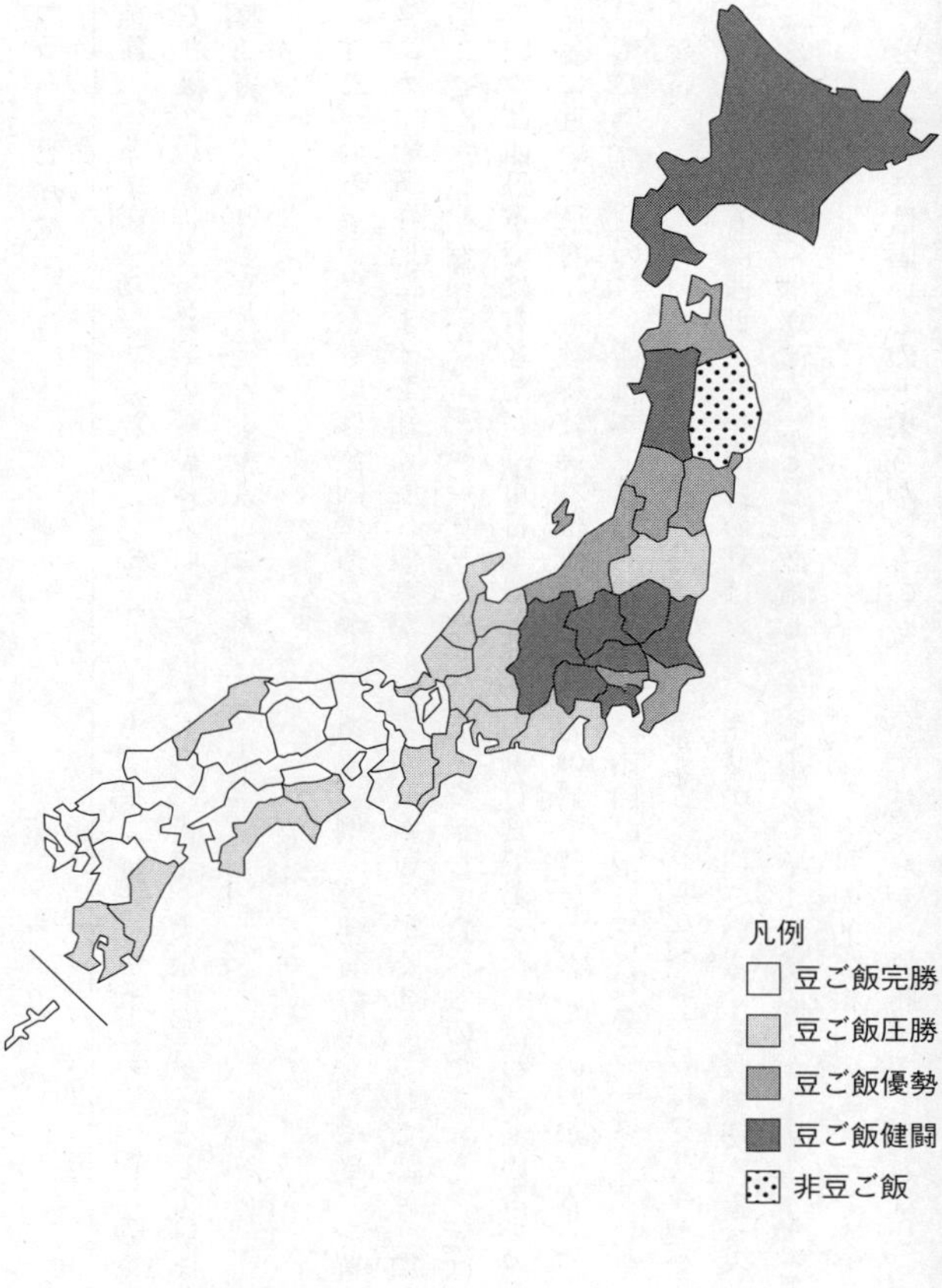

豆ご飯はありますか？

コラム せんべい

煎餅　干菓子の一種。小麦粉または粳米（うるちまい）・糯米（もちごめ）の粉に砂糖などを加えて種を作り、鉄製の焼型に入れて焼いたもの。古来、大衆的な菓子として好まれ種類も多い。米菓（べいか）。おせん。（『広辞苑』第七版）

せんべいと名が付くものは全国にあるが、メーカーの所在地によって知名度に偏差があるせんべいが存在する。「おにぎりせんべい」は西日本では有名だが、東日本では無名に近い。反対に「歌舞伎揚」は東日本でポピュラーなのに、西日本では知られていない。

「満月ポン」も関西型。九州出身の私は、ほぼ同じものを「ぽんせん」として認識していた。

せんべいには固いものと柔らかいものがある。例えば伊賀の「かたやき」を買うと木づちが付いてくる。これで砕き、口の中でふやかして食べるのだという。元は忍者の携行食であったと伝わっている。忍者は刀の鍔《つば》で砕いたというのだが、本当かな。

山口県下松市にある「ほうえい堂」の「かすてらせんべい」にはブリキ製のノコギリがついている。これで切って食べるのである。そこまで固いか。

これと対照的に根室の「オランダせんべい」は柔らかい。折っても割れない。ちぎって食べられる。

愛知県沿岸部の名物はタコ、イカ、エビなどを使ったせんべいだ。海鮮せんべいというジャンルが成り立っている。中でも知多半島の美浜町には「えびせんべいの里」という会社があり、カネヨシ製菓が運営する「えびせんパーク」という専門店もある。

出色は「姿焼きせんべい」だろう。例えば材料が甘エビなら頭を取ってバレイショでんぷんをまぶしただけで、両側からプレスしながら熱して平らに焼き上げる。卵を抱いていれば卵もそのまま焼くのだという。ほぼ100％エビでできたせんべいだ。

これは美味そう。日持ちがしないし、少し時間がたつと味が落ちるだろうから、現地で焼きたてをほお張りたいものだ。

それはともかく、広辞苑はせんべいの材料を小麦粉か米としている。中国菓子「煎餅《ジエンビン》」が日本に伝わって「せんべい」と呼ばれるようになったとされるが、この「餅」は小麦粉食品を意味するので、当初は小麦粉せんべいであった。一七一二年の『和漢三才図絵《わかんさんさいずえ》』に登場する製法は、小麦粉に糖蜜を加えて練り、蒸した後で鉄の型に入れてあぶる、とある。

ところが一九世紀前半の文化・文政期に米を使った塩せんべいが考案され、江戸っ子はこちらをせんべいと呼ぶようになった。文政十三（一八三〇）年の序がある『嬉遊《きゆう》笑覧《しょうらん》』に「塩煎餅といふもの……この頃は江戸にも流行て、本所柳島辺にて多く作り、所々の辻にて駄菓子と同く売り、また神仏の縁日にも持出て売る」との記述がある。

そのころから江戸では米で作った塩せんべ

いが人気を得たことがわかる。

岡田哲著『たべもの起源事典』は「バリバリという威勢のよい歯音、醬油の焦げた香味（付け焼き）が、江戸っ子の好みに合い、コメせんべいを、せんべいと呼ぶようになる」と解説している。

ところが関西では依然として瓦せんべいのような小麦粉せんべいがせんべいであったので、米せんべいを区別して「おかき」とか「かきもち」と呼んだ。

まとめれば本来、小麦粉のせんべいしかなかったところに、江戸で米せんべいが流行するに至って東の米せんべい、西の小麦粉せんべいという構図ができあがった。

私が生まれ育った九州には「にわかせんぺい」「九十九島《くじゅうくしま》せんぺい」などの小麦粉せんべいが幅を利かせていた。しかも「せんべい」ではなく「せんぺい」と呼び、「ジェンピン」という発音の名残をとどめている。

読者にネットで聞いた。「あなたの地域のせんべいの材料は米ですか？　小麦ですか？」

その回答を地図に落とすと、小麦粉が米を上回ったのは青森、岩手、鳥取、徳島、佐賀、長崎、大分、宮崎、沖縄だった。南部せんべいがある青森と岩手を除くと、すべて九州・沖縄を中心とする西日本だ。小麦粉せんべいは、米に押されてついに本州の北端と九州に残るだけになったようだ。

第七章　冷やし中華にマヨネーズ

設問　①いわゆる「冷やし中華」を何と呼ぶ？
②それにマヨネーズつける？

東京の学生時代に中華の店で食べていた「冷やし中華」が、就職して住むようになった大阪で「冷麵《れいめん》」と呼ばれているのに驚いた。その大阪で焼き肉屋に行けばまったく違う冷麵が存在した。スーパーには生麵の「冷やしラーメン」を売っているが、パッケージ写真は冷やし中華というか冷麵そのものである。この呼称の混乱はいったいなぜであろうか。

愛知県豊橋市で冷やし中華を食べたらマヨネーズがついてきた。店の人は「当たり前」みたいな顔をしていたが、これは全国的に当たり前のことなのであろうか。それとも「食の方言」であろうか。これらを考えてみる。

アトランダムにメールを紹介する。慎重にお読みいただきたい。

「（奈良では）東京で言うところの冷やし中華も、盛岡で言うところの冷麵も冷麵と呼んでいると思います。なぜかって？　「冷たい麵やんか！」ではないでしょうか」（明渡@奈良県さん）。

「愛媛は冷やし中華です。関西に行って初めて冷麵という言葉を知りました」（愛媛生まれ神奈川在住さん）。

「大学で上京するまで、田舎の愛媛では冷やし中華ではなく冷麵でした」（日経新聞社員某）。

「東京で言うところの冷やし中華は高知では普通に「冷麵」です。ラーメン屋さんのほかに普通の喫茶店のメニューにもあります。韓国式「冷麺」も冷麺です」（恒石さん）。

奈良や高知は「冷麺」だが、四国の愛媛では「冷やし中華」と「冷麺」が混在しているのだろうか。北海道は事情が違う。

「今回の話題のものですが私的には冷やし中華なのですが、北海道では「冷やしラーメン」と呼ぶのが普通のようです……冷やし中華という名前でお店に登場しているのは公務員の多い札幌合同庁舎の職員食堂くらいかと思います」（ぺんぱらさん）。

「ホッカイドーでは間違いなく「冷やしラーメン」と呼んでいるはずです。なぜそう言えるかというと、我が家でそう呼んでいるのと、そのものズバリ「冷やしラーメンスープ」というものがホッカイドーを離れて十ウン年たつ今でもしっかり売られているからです」（久保さん）。

北海道は「冷やしラーメン」でよさそうである。

最初に明渡さんのメールに登場した盛岡もまた別の事情が……。

「盛岡で冷麺と注文しても冷やし中華は出てきません。冷風麺《れいふうめん》と頼むと出てきます。ただしそれもバンバンジー風の場合もあります。冷やし中華と書いてある場合は間違いなく千切りハムや錦糸卵やらがのった酢醤油風のものがでてきます」（匿名希望さん）。

盛岡の「冷麺」は「わんこそば」「じゃじゃめん」と並ぶ地域三大麺である。朝鮮半島風の押し出し麺で、いわゆる焼き肉屋さんの冷麺と同じもの。それと区別するために冷やし中華を「冷風麵」と呼んでいる。

九州はどうか。冷やした麵類を出すのは本格中華の店に限られ、ラーメン屋さんでは真夏でも汗をかきながら熱いラーメンやチャンポンをすする土地柄である。久留米《くるめ》で冷やし中華を探したが、やはり「ラーメン」ののれんを掲げる店にはなかった。やっと駅ビルの中華専門店で見つけたが、メニューは「冷やし中華（冷麵）」と但し書き付き。福岡市では博多駅地下の食堂街で「冷麵」の看板を発見し、中に入ると壁に「冷やし中華」と書いてあった。博多出身の同僚に聞いたところ「博多は冷麵。博多にいるとき冷やし中華という言葉は知らなかった」と言っていた。

冷やし中華にマヨネーズをかける地域はどこか。それに関して「生まれも育ちも名古屋中心部のＶａ１」さんから、こんなメールをいただいた。

「冷やし中華で名古屋ネタといったら、絶対出てきますよねぇ。冷やし中華にマヨネーズ……外で冷やし中華を食べたのもやっぱりスガキヤです。もちろんマヨネーズ付き。名古屋の冷やし中華にマヨネーズの原点はスガキヤですから……冷やし中華の具は基本的にサンドイッチやサラダの具と同じなのです。サンドイッチやサラダにマヨネーズをつけるのはおかしくないのに、なぜ冷やし中華にマヨネーズをつけるのを他府県の人はあんなにバカにするのでしょう。「名古屋人がやるから」バカにするのかもしれないけど、普通に考えたらちっとも変じゃないと思うのですが」。

「愛知県知立《ちりゅう》市の新社会人」さんからも同様のメールが来た。

「冷やし中華マヨネーズ問題ですが、名古屋が発祥で名古屋めしのヒット作だと私は思っています。そもそも具をみても卵やキュウリやハムなどサラダでお目にかかることの多い食材で、マヨネーズを入れるとスープの酸味がまろやかになって食べやすくなるし、名古屋の味付けはこってりが多いですしね。私は「冷やし中華＝マヨネーズ」です。ちなみにコンビニやスーパーの総菜売り場で販売されている冷やし中華にはマヨネーズが絶対ついています」。

「生まれと育ちは大阪で、結婚を機に名古屋へ引っ越し八年目です。引っ越した当初、食文化で数々のカルチャーショックを受けました……寿司屋に入っても当然のように赤だしを頼む名古屋人の味噌好きはたいしたものです……コンビニでおでんを買っても味噌が付いてきますし、味噌だれのかかった味噌カツは名古屋名物です。味噌がどうしても合わない食べ物にはマヨネーズをかけるような気がします。冷やし中華はその代表格です。ちょっと酸味があるたれに甘みがある味噌だれというのは、いかに味噌を愛する名古屋人でもくどいんでしょうね」というメールをくださったのは名古屋の「二宮」さん。

名古屋発祥の食べ方、しかもスガキヤという特定の店というか、チェーン店が登場した。スガキヤが戦後に始めたこの食べ方が、今日まで継承、拡大されてきた事情については後に述べるが、名古屋周辺では冷やし中華にマヨは当たり前である。

「冷やし中華にマヨネーズ」は名古屋周辺だけとは限らないらしい。東北関連のメールがきた。

「福島出身の友人は冷やし中華にはマヨネーズが不可欠だ！　と申しておりました。山形の一部でもマヨネーズがのっているところがあったような……」と書いたのは「東京在住山形出身」さん。後のVOTE結果に注目しよう。

呼び方問題で追いかけるようにいくつものメールが届いている。

「盛岡では冷風麵という食べ物です。最近、「冷やし中華」と書く店も多くなったようですが、多分東北新幹線が開通してからではないかと思います。小学生のころ、袋ものインスタント麵で「冷麵」が発売されたとき、CMを見て「オイオイ冷麵はそれじゃないだろ」と思いましたが、私だけでなくクラスのみんなもそう思っていたようです。母校の盛岡一高では「冷麵同好会」なるものまで作られる始末でしたが、もちろん最近でいう「もりおか冷麵」のことで、半透明のコシの強い麵が牛のスープに浮かび、キムチののった辛いヤツです」（盛岡離れて早20年のY・Oさん）。

「やっぱり関西では冷コー（アイスコーヒー）があるように、冷たいラーメンは冷麵でしょう。私の中では「冷やし中華」はよそ行きの言葉、標準語というイメージです」

（大阪生まれ滋賀県育ちのうずら40代♀さん）。

これらの声は、すでに紹介した盛岡周辺と大阪の事情を裏付け、補強している。テーマに沿ったメールが続々と届く。先に紹介したものと重複するが「名古屋マヨ冷やし中華」を中心に読んでいただきたい。

まず「りばー」さんからのメール。

「神奈川育ち愛知西三河在住四十歳男性です。当地では冷やし中華にはマヨネーズは欠かせません。コンビニでも、私が当地に赴任してきた七年前にすでに小マヨパック付きの冷やし中華が販売されていたと思います。当地で娶《めと》った我が妻は根っからの尾張人ですが、冷やし中華には〝絶対に〟かけます。つゆが甘酸っぱい醬油でも、香り豊かな胡麻ダレでも関係ありません。怨念《おんねん》のごとく「冷やし中華＝マヨネーズ」という図式になっているようです。理由を聞くと、上にのっている「トマト、ハム、キューリ、薄焼き卵のため」だそうです。その割には、麵上にまで幅広く大量にかけられているのですが「たまたま勢い余った」のだそうです」。

西三河のこのご家庭ではマヨネーズが冷やし中華の上で乱舞している。「沖縄在住名古屋人」さんも同様の食習慣をお持ちらしい。

「もちろんマヨネーズ入れます。（沖縄では）「マヨネーズありますか？」と聞くといやな顔をされる中華料理店が多いので、お弁当に使うマヨネーズのミニパックを持っていくことが多いです。またマヨネーズつきで出してくれる店も、麺や具の上にマヨネーズがのってくることが多いのですが、私はまず全部たれに溶かし、それから麺や具にたれを絡《から》めるようにして食べます」。

麺の上にのった具をサラダに見立ててマヨをつける食べ方のほかに、たれに溶かすという方法もとられている。

先に「福島も冷やし中華にマヨ」というメールを紹介したが、重ねて同じ内容のメールをいただいた。やはり福島もそうなのであろうか。

「福島県に生まれ育ち現在までずっと住んでいる連れ合いは、家での冷やし中華に必ずマヨネーズをのせます。私は汁が濁るので好きでない。お店で注文したときは、マヨネーズついていませんね」（テレジアさん）。

あの物件を何と呼ぶか。それにマヨネーズをつけるか。ようやく速報値が出た。なるほど予想通りの結果ではあるが、改めて数字で裏付けられると新たな感慨がわいてくる。

結論から言えば全国的には「冷やし中華」の圧勝。圧勝ではあるけれど「冷麺」が頑強な抵抗を続けている地域も少なくない。その抵抗地域の方から見る（数字は「冷麺」の%）。

京都（89）、和歌山（69）、高知（67）、滋賀・大阪（61）、奈良（59）、福岡・兵庫

（54）、徳島・島根（50）。すなわち「冷麺」は、はっきりと西日本型の呼称である。ところが九州における「冷麺」地帯は福岡だけで、佐賀、長崎、熊本、大分、宮崎、鹿児島は「冷やし中華」が圧倒的に強い。理由はわからない。四国は両者が拮抗《きっこう》している。ほかの地域は北海道、岩手を除いて「冷やし中華」が席捲《せっけん》している。

　で、北海道はどうかというと「冷やしラーメン」が57％に対し「冷やし中華」が40％（残りは「冷麺」など）。岩手は「冷やし中華」と「冷風麺」が50％ずつまっぷたつに割れた。「冷風麺」という呼び方が存在するのは岩手だけ。盛岡の冷麺と区別するための地域言語である。沖縄で「見たことがない」が25％もあったことに注目したい。

　さてマヨ問題だが「つける」が半数を超えた県を列挙する（数字は「つける」の％）。岐阜・愛知（75）、滋賀（69）、佐賀（67）、三重・福島（61）、山形（55）、福井（50）。岐阜、愛知、三重はスガキヤの出店地域と重なっているので理解しやすいし、これまで紹介してきたメールの内容をしっかりと裏付けている。メールにあったように福島、山形もマヨ度が高い。しかし佐賀は何だろう。冷やし中華マヨ文化の飛び地だろうか。

「つけない」が90％を超えたところは愛媛・香川（100）、新潟（97）、岩手・山口（94）、埼玉・福岡（93）、東京・秋田・北海道（91）となっている。それ以外の地域は基本的にマヨをつけない地帯なのだが、どう眺め回しても傾向が読みとれない。中間地帯が茫《ぼう》漠《ばく》として広がり、「つける」が20〜30％の「はっきりしない地帯」が十七府県にのぼる。

そこで私は疑う。明らかに地域の文化として「つける」中京圏や東北の一部は別にして、その他の地域の「つける」は単にマヨラーの影響ではないかと。

中京圏に顕著な「冷やし中華にマヨネーズ」を広めたスガキヤというのは、和風とんこつラーメンとパフェ類を併わせて置くファストフードの店である。女性や家族連れの客が多い。そこでいつどのような形で「冷やし中華にマヨネーズ」文化が形成されていったのか、スガキヤを運営する名古屋市のスガキコシステムズを訪れた。以下はその取材をもとに私が書いた日本経済新聞の記事である。

冷やし中華そば（冷やし中華）にマヨネーズをつけて食べる地域はどこか。日本経済新聞のＨＰ「ＮＩＫＫＥＩ　ＮＥＴ」の読者を対象に調べたところ、こうした食べ方が愛知県を中心とする中京圏に集中しているという結果が出た。その裏に名古屋を中心として店舗展開するあるファストフード店の存在が浮かんでくる。

調査は先月、同ＮＥＴの連載企画「食べ物　新日本奇行」の読者にメールで回答してもらい、居住都道府県別に集計した（有効回答二千百六十四）。その結果「冷やし中華にマヨネーズをつける」との回答が多かったのは愛知・岐阜（75％）、滋賀（69％）、佐賀（67％）、三重・福島（61％）。ほかの都道府県は「つけない」がほぼ圧倒的だった。

飛び地のような福島、佐賀を別にすると愛知・岐阜・三重という中京圏と、隣接する滋賀という地域的な塊が見えてくる。回答者がネットユーザーだけのため一般化はできないが、少なくとも今回の調査に限れば、この地域では冷やし中華にマヨネーズというのが平均的もしくは珍しくない食べ方と言える。

中京圏とその周辺で取り立ててマヨネーズの消費が多いかというと、総務省家計調査などを見てもそのような傾向はうかがえない。冷やし中華に限ってマヨネーズとの組み合わせが好まれているようだ。

ここで気がつくのがラーメンとソフトクリームのファストフード店「スガキヤ」を展開するスガキコシステムズの存在だ。ルーツは一九四六年に名古屋・栄で開業した甘党とラーメンの店「寿がきや」。現在、東は静岡県大仁町《おおひとちょう》（現伊豆の国市）、西は兵庫県姫路市まで三百三の店舗網を持つが、やはり愛知・岐阜・三重が中心で、この三県に二百五十店がひしめいている。滋賀にも湖東を中心に十四店がある。

スガキヤの麺とマヨネーズとが結びついて久しい。一九五七年ごろ丼に冷やした麺とラーメンスープを入れ、上に紅ショウガ、錦糸卵、ハムとキュウリの千切りをのせた「冷やしラーメン」を出していた。翌五八年ごろからはラーメンスープに酢を少し加え、最初からマヨネーズを溶いて提供するようになった。

ところが六三年ごろ創業者で先代の菅木周一社長（故人）が、ところてんの酢を冷やしラーメンに入れている客の姿にヒントを得て、現在の皿盛り式の冷やし中華（商品名は現在でも冷やしラーメン）の原型となるスープを開発し、溶かし込んでいたマヨネーズを野菜類の上にのせるようになった。

八六年からマヨネーズは別添えの小袋入りとなり具材と直接触れない形になったが、それでも利用客の「九割の方はマヨネーズをつけて召し上がっています」（同社広報グループの小久保博公さん）。

スガキヤの店舗の多くはスーパーやショッピングセンターに出店している。勢い客は家族連れや中高生の比率が高くなる。そこで一種の幼児体験を積んだ人々が、地域の食べ方として定着させた可能性が高い。スガキヤも「当社がマヨネーズをつける食べ方を最初に始めたかどうかはわかりませんが、少なくとも広めたことは確かです」（小久保さん）と認めている。

地域独自の食文化が誕生するいきさつは様々だが、冷やし中華にマヨネーズという組み合わせはスガキヤと切り離しては考えにくい。特定の外食企業の特定の商品が、広範囲に独自の食文化を形成した極めてまれな例だろう（二〇〇三年八月十六日付夕刊「味文化」面）。

スガキヤの営業網はさらに広がり、二〇〇七年三月末時点で中京、北陸、関西の十二府県、三百二十六店に増えている。それとともに冷やし中華をマヨネーズで食べる文化も伝播《でんぱ》しているのであろうか。

中京地区と並んでマヨ度が高かった福島県。読者に情報提供を呼びかけたら「福島のテレジア」さんからこんなメールをいただいた。「連れ合い」へのインタビュー形式である。

「テレジア：冷やし中華にマヨネーズはいつごろからなのか。
連れ合い：冷やし中華を食べはじめたのは、就職で実家を出てからだが、それ以来ずっと冷やし中華にマヨネーズはついているものという感じ。食堂でも、一人暮らしの部屋でもマヨネーズつきが普通。自炊で袋に入った乾麵のインスタント冷やし中華を家でよく食べた。たしかマヨネーズの小袋が入っていた。
生麵でない冷やし中華を私も食べてきましたが、マヨネーズってついていたのでしょうか。連れ合いは「一人暮らしをしていたとき、おかずがないとご飯にマヨネーズと醬油かけて食べたもんだよ」と言います。この四十代男はけっこうマヨラーだったのです……今日スーパーで、すぐ食べられる冷やし中華を見たらマヨネーズの小袋つきでした」。

背景はわからないが、福島ではスーパーなどで売っている冷やし中華にマヨネーズが必ずといっていいほど付いているらしい。

山形県の米沢市に行った。案内してくれたのは米沢出身の旧友であった。お昼時になり、旧友と街中の食堂に入った。

「米沢に来たのだから、冷やし中華を食べてほしい」と旧友は言う。米沢の中華そばは有名だけど、冷やし中華も有名？　首をかしげながら勧められるまま冷やし中華を注文した。

麵は中華そばと同じもの。チャーシューは刻まず、そのままのが2枚。メンマものっている。缶詰のパイナップルの小片が加わっているところに、南国への憧れが読み取れてほほ笑ましい。そんなことを思っていた私の目に、皿の中央を彩る黄色い塊が飛び込んできた。マヨネーズであった。

「あのさ、米沢の冷やし中華にはマヨネーズが必須？　それともこの店だけ？」

「冷やし中華にはマヨネーズでしょう。マヨネーズがない冷やし中華なんて想像できない」。

ということで、米沢も「冷やし中華にマヨネーズ」の街であった。

米沢市と福島市は鉄道と道路でつながっている。関東から山形に行こうとすれば福島が入り口になる。山形から関東に向かうと、途中に福島がある。道と鉄路で結ばれた両都市は食文化を共有しているのである。

小さな声で言うと、大阪に住んでいたころ、たまたま食べた冷やし中華にマヨネーズがついており、そのとき「いける！」と思って以来、秘《ひそ》かな「冷やし中華にマヨ」のファンになった。家族はこのことを知らない。

「いわゆる冷やし中華」を何と呼ぶ？

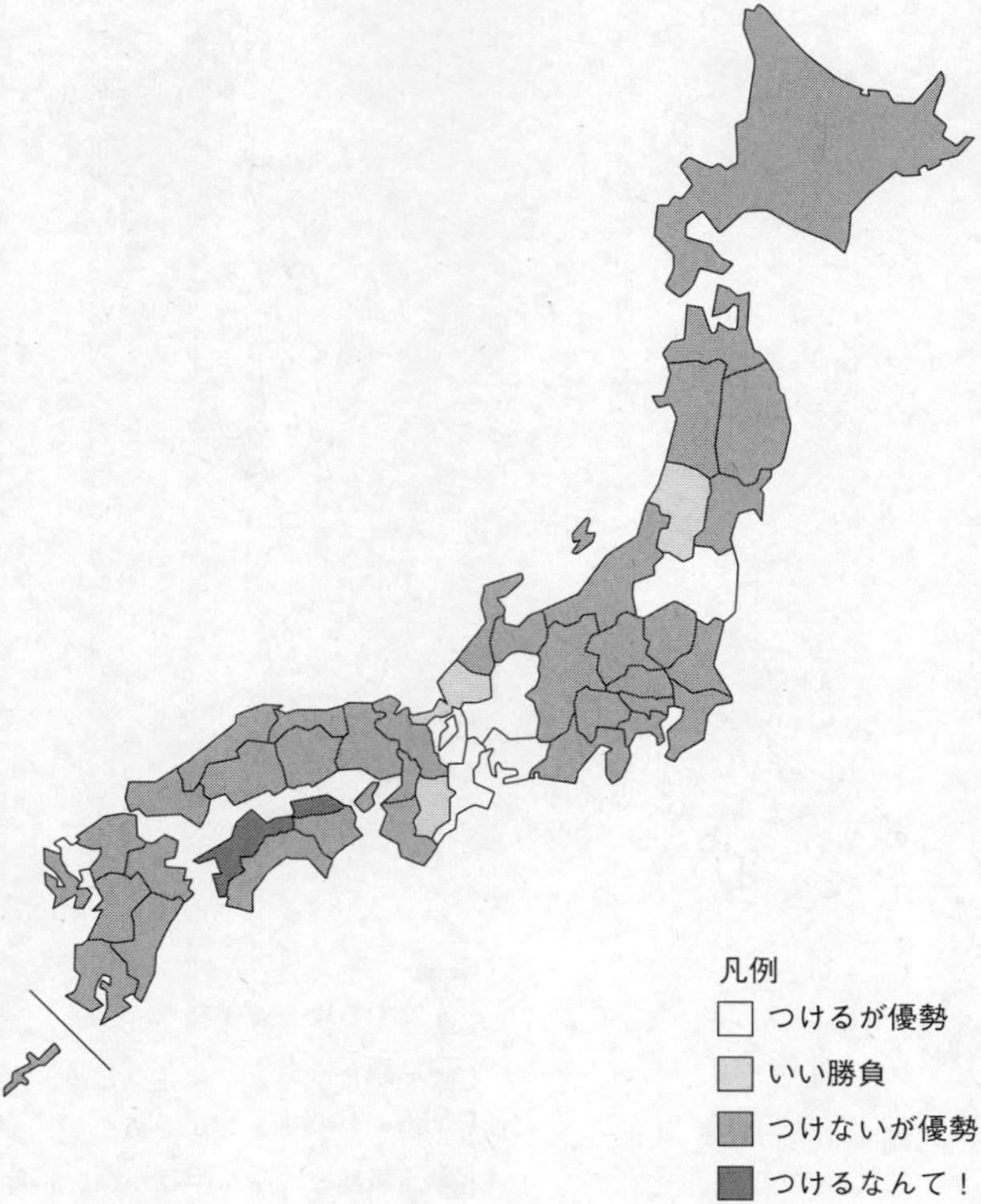

「いわゆる冷やし中華」にマヨネーズをつける？

第八章　日本の甘味処

設問　①あなたの住んでいるところの赤飯は甘納豆なんか入っていて甘いですか。それとも小豆入りで甘くないものですか。
②茶わん蒸しには砂糖が入っていますか。栗の甘露煮は入りますか。
③卵焼きは砂糖が入っていて甘いですか。出しがたっぷりで甘くないものですか。

今回のテーマは「日本の甘味処」である。私は昭和二十六年生まれで、まだ甘いものが貴重品だった時代に育っているが、いつのころからか甘いものはほとんど食べなくなった。しかし甘いものを好きな方は多い。避けられないテーマであるし、一口に甘味といっても実は多様で、地域によって様々な独自の甘味が存在する。

例えば、名古屋周辺に焦点を当ててみよう。まず「江戸川区の笹倉」さんから「名古屋勤務時代に小倉《おぐら》トーストの存在を知り、本当にびっくりした」というメールをいただいている。小倉トーストというのはトーストにバターを塗り、さらにあんこを塗ったものので、今や有名な名古屋系物件。ビスケットに乾燥したあんこを挟んだ「しるこサンド」というお菓子もある。名古屋の喫茶店の中には、あんこ、白玉入りコーヒーであるところの「小倉コーヒー」を出す店がいくつかある。この物件は飲み物なのか食べ物なのかよくわからない。

その小倉トーストについて「桶川《おけがわ》の小林」さんから。

「妻は名古屋出身。小倉トーストは我が家の朝食の定番。小倉に飽きたときには、シュガートースト！　トーストした食パンにマーガリンを塗り、スティックシュガーをパラパラではなく一本全部かけて食べる。子供の好物となってしまいました」。

高知にも似たものがあるらしい。

「高知の中村市では、喫茶店のモーニングサービスのトーストには必ず砂糖が添えられます。昔、陸軍で食パンに砂糖をつけて食べていたのと関係があるのでしょうか」（高知県の恒石さん）。

というようなメールの束を仕分けしていて東北、北海道関連が多いことに気づいた。東京から青森に越して三年になる「ゆう@青森」さんからは「青森の食に驚いています。茶わん蒸しが甘いのです。甘く煮た栗が入っています。お赤飯もスーパーで売っているものは甘いです。しかもお菓子売り場に売っています」というメールが寄せられていた。甘い赤飯？　赤飯がお菓子扱い？　どういうことであろうか。

「私の出身地である北海道では、食紅で染めたもち米を炊いたうえに甘納豆をぶちまけたものを赤飯として食しております」（千葉在住の久保さん）。

久保さんからは補足のメールをいただいた。

「聞くところによるとホッカイドー風赤飯の発祥はラジオ番組だそうです。私が生まれるはるか前、確か昭和二十年代後半だったと思いますが、TBS系列のローカル局で、前回書いたようなレシピ（食紅で炊いたもち米に甘納豆をぶちまける）の赤飯というのを開発・紹介した人がいて、それが伝播《でんぱ》し現在に至っていると記憶しています」。

そしてさらに。

「函館も東北同様、甘味地帯に分類されると思います。赤飯は文字通り「甘納豆」を使います。茶わん蒸しは栗の甘露煮入りです」（英国在住の匿名希望さん）。

甘納豆を使った赤飯。栗の甘露煮が入った茶わん蒸し。こんなメールをいただいた時点で、どちらの存在も知らなかった私は正直動揺した。頭の中に像を結ぶことができなかったのである。なぜ、いつ、このようなものができたのか。

まだそれを知る手がかりはないが、探す暇もなく読者からはランダムに甘味メールが舞い込んでくる。

「もう二十年ほど前になりますが、マンガ家の吉田秋生《あきみ》氏の作品『河よりも長くゆるやかに』の中で、主人公の男子高校生が食べていた「あんバタ（パン）」なるものが登場しておりました。作品中の著者の説明によると、焼いていないパンにバターを塗ってあんこを重ね塗りしたものだったと記憶しております……どなたか「あんバタ」という呼称に記憶のある方はいないでしょうか」（滞米生活8年の主婦さん）。

「あんバタは盛岡市とその周辺にはとてもなじみが深いものです。「福田パン」という地元では有名なパン屋さんが「コッペパン＋あんこ＋バター」という組み合わせのパンを、もう何十年も前から出しており、その人気たるやほかの具の追随を許さないといった具合です。盛岡にお寄りの際はぜひスーパーなどをのぞいてください。本店もしくは工場に行くと目の前で具を詰めてくれます」（さるるる@現在は横浜市在住さん）。

「小さいころ長野県松本市で目にしたように記憶しています。確か「あんバタサンド」として店で売られていました」（塩田さん）。

あんバタについては少しわかったようであるが、次のようなものになると地域性か個人の嗜好《しこう》かは判然としない。

「伊豆出身の三十代♀です。バター&シュガートーストは、母（やはり伊豆出身）が好きで、よく食べている姿を見ました。そして我が家ではトーストだけでなく、お餅もバター&シュガー味で食べていました。焼いたお餅の熱で溶けたバターに砂糖をまぶして……。これもまた、邪道だなーとひっかかるものを感じながら食べていたんですが、おいしいんですよ」（ちこりさん）。

「ところてんといえば酢醤油に青海苔に辛子をちょびっとつけツルツルといただくという認識だったのですが、これが関西にいくと、なんと黒蜜で甘くして食べているらしいのです！　えええ～っ！　ところてんが甘いなんて許せ～ん!!　というのが、私をはじめその事実を知った関東出身の友人一同の反応だったのですが、関西では当たり前のことらしいですね」（柏《かしわ》市の今村さん）。

ところてんに黒蜜は関西の「食の方言」である。「海藻系」の食べ物をテーマにしたときに、その分布を調べた。私自身は甘党ではないのでそちら方面には疎《うと》いが、甘いもの好きの人々にはいくらでも書くことがあるテーマのようである。と、そこに主要テーマの甘い赤飯に関する情報が。これは「青森市出身の37歳女性ＰＯＣＨＩ」さんからのもの。

「青森の赤飯も甘いです。近所の食料品店では赤飯用の甘納豆（甘納豆と食紅が一緒になっていて、米と一緒に炊くと赤くて甘い赤飯ができるというもの）を売っていたという記憶があります。ただ発祥が前回書かれていた北海道のラジオなのかはわからないのですが」。

青森にも北海道と同じ甘納豆赤飯が存在する。青森は北海道とはかつては青函《せいかん》連絡船でつながり、人の交流も濃密ではあったが……。そんなことを思っていると、ルーツを知る手がかりがやってきた。

「赤飯に甘納豆をぶちまけるルーツは、北海道内K短大創立者が簡単・手軽に作れるという狙いから発案し、料理講習会で紹介し広まったと放送されました。道内のデパート・スーパーでは小豆、甘納豆と二種類を販売していて。道内ではかなり定着していま す。信じがたい話ですが甘納豆の赤飯は確実に存在いたします。また食紅で薄ピンクに炊き、枝豆を代用いたしますと、華やかで花見の季節に盛り上がること間違いなし」（久保さんをよく知る新宿の安倍さん）。

K短大のフルネームは何というのだろうか。それがわかれば取材できる。調べている間に、読者から怒濤《どとう》のように届いた「甘味メール」をご覧いただきたい。

「私は赤飯に甘納豆が大好きですが、妻は小豆派で子供たちも甘納豆派と小豆派に分かれています。茶わん蒸しは栗の甘露煮です。卵焼きはいつも砂糖を入れています。また我が家では素麺《そうめん》や冷たいそばを食べるとき「砂糖が入ったいり卵」を薬味と一緒に入れています」（札幌の紺野さん）。

「東京に住んで十二年になります。祖母、母が作る赤飯は甘納豆、茶わん蒸しは栗の甘露煮が入っていて、どちらも甘かったですね〜。お弁当に入っていた卵焼きも甘かったし、甘味地帯だったんでしょうね」（函館出身のもうすぐ32歳さん）。

「北海道北見産の母が作る赤飯は食紅でピンクにしたものに甘納豆をかけて食べます。納豆は砂糖と醬油で食べてます。煮物も醬油に砂糖が多めの甘からーいこってり味のものが多いですね。また、茶わん蒸しの具はすべて一度甘く煮付けてあり、必ず栗の甘露煮が入ります……でも、味噌汁にみりんを少し入れるのはやりすぎだと思ってます。母はその方がおいしいと言って決行してます」（東京のあさちゃん）。

「徳島では普通、赤飯は甘くないです。ただし鳴門市域だけは赤飯に砂糖をかけて食べるようです。この境界線ははっきりしていて、字《あざ》が違えば隣の家でも「砂糖をかけるなんて見たことも聞いたこともない」という人と「赤飯に砂糖をかけないで、いったい何をかけるの」という人がいるといった具合」（大西さん）。

渋いお茶がほしくなるような話を読んでいただいている間に、北海道式赤飯の提唱者が判明した。なぜ判明したかというと「新宿の安倍さんがなぜK短大としたかは不明ですが、光塩学園女子短大のことです」（久保さん）、「札幌市にある光塩短大です！ホームページの中に書かれています」(大石さん)というメールをもらったからだった。

光塩学園女子短期大学のHPにアクセスし「沿革」を開く。書き出しにこうある。

「あなたは、甘納豆入り赤飯をお好きですか。小豆ではなく、甘納豆の入った赤飯は家庭でも作られ、お店でも売っています。でも、この甘納豆入り赤飯が北海道特有のものだと知っていましたか。実は、この甘納豆入り赤飯を考え普及させたのは、本学初代学長の南部明子先生なのです」。

そして昭和三十二年にHBCテレビ(北海道放送)が札幌に開局し、その直後から南部先生は料理講師としてレギュラー出演とある。同局のラジオ放送は五年前の二十七年に始まっているから、ラジオで作り方を紹介したのが発端なら、もう半世紀以上前に北海道式赤飯は誕生したことになる。それが道内に伝播し、さらに東北に伝わったと思われる。道内にも東北にも小豆を使った従来の赤飯文化が存在しただろう。既存の文化にかぶさるように甘納豆赤飯が普遍化していった過程は現時点ではわからない。普通は既存文化との衝突や混交が起きるものだが、その形跡は果たして残っているのだろうか。興味深いテーマではある。

甘納豆入り赤飯誕生の経緯を提唱者の南部明子さん(故人)の娘さんで札幌の光塩学園理事長、南部ユンクィアンしず子さんに伺った。

「母は昭和二十年代後半から三十年代前半にかけて、地元の北海道新聞、北海タイムズなどが主催する料理の講習会にでかけるたびに、簡単にお赤飯が作れる方法を紹介したのだそうです。ヒントは戦前のことですが、祖母が普通の小豆の赤飯を炊いたとき、食べやすいように甘納豆をのせた。すると子どもたちがとっても喜んで食べてくれたんだそうです。母はそのことを覚えていて、簡単に作れる赤飯を考えつきました。もち米と普通のうるち米を半々の分量で炊くのですが、そのとき食紅を混ぜピンクに炊きあげます。ご飯が炊けたら甘納豆を入れ、一緒に蒸します。それだけです。前の晩から小豆を水に漬けてといった面倒がありませんし、炊飯器ひとつでできます。母がこの方法を講習会で紹介すると、翌日には近所のお菓子屋さんから甘納豆が消えるくらい評判になったそうです。

母は働く女性の草分けのような人でしたから、戦後の女性の社会進出が頭にあったのかもしれませんね。うちの学園では代々この方法を学生に教えています。母は生前、地元の新聞やラジオ、テレビなんかの取材をたくさん受けていますから、北海道ではよく知られていますよ」。

ただ二〇〇八年十一月末現在、同学園のHPにこの部分は掲載されていない。

本題からは外れるが、日本人と甘味について考えるいい機会なので、各種メールを紹介しよう。赤飯、茶わん蒸しともにハレの食べ物である。ハレの食べ物は甘いということが言えるのかどうか。

「実家の三重ではお葬式に来ていただいたお客様には昼食をお出ししますが、そのなかになくてはならないものとして、お砂糖たっぷりの白味噌のお味噌汁がございます。これはもう甘いのを通り越しており、お汁粉やぜんざいなんかより何倍も甘いですよ。ちなみに中の具は油揚げです。これは決して珍しくないと近所の人は教えてくれました」（シドニーの絶対匿名さん）。

「私の母は七草粥に砂糖を振りかけて食べます。「お粥に砂糖なんてヘン」と言ったら「おはぎだって甘い」と言い返されました。ちなみに我が家の七草粥は大根、ニンジン、里芋、昆布、餅などが入ります」（東京出身・30歳　ごはんやおかずが甘いのは嫌！　だけど甘味大好きな女子さん）。

葬式、七草粥。ハレというか特別な日の食べ物を、かつてのごちそうであった砂糖で甘くしようという心理は理解できる。ならばこれはどうか。

「鳥取県のお雑煮は小豆仕立てというのは、つとに有名なことと存じます。つまり「ぜんざい」（異論がある方もあるかもしれませんが）。一方、学校給食にメインディッシュで「ぜんざい」がよく出ていました。そのころの私は「お雑煮」という意味を知らなくて「ぜんざいと献立に書いてあるが雑煮の間違いじゃないか!!」と憤慨していました」（鳥取県出身38歳さん）。

鳥取のぜんざい型雑煮については「ぜんざい VS. お汁粉」の章で触れた通りである。

さて「日本の甘味処」調査の速報値がでた。予想通りでもあり、意外でもあった。予想通りというのは、すでに見てきたように「甘納豆赤飯」は北海道生まれである。従って北海道からのVOTEの84％が「こっちの赤飯は甘いぞ」という回答だったことにさほどの驚きはない。青森も71％が「甘い」であった。これも予想の範囲。青函連絡船、現在は青函トンネルで結ばれたこの道県は「甘納豆赤飯」の絆でも結ばれていたのである。

青森の隣の秋田は「甘い」と「甘くない」が半々。その隣の岩手、山形となるに従って「甘い」が徐々に減って……いかないのである。岩手こそ「甘い」が22％いるものの山形はゼロ。福島もゼロ。つまり「甘い赤飯」は北海道と青森、強いていうと秋田固有の食べ物であって、そこから西にはまるで断絶したように果てしもなく「甘くない」地帯が広がっているのである。

ところがである。山梨に至って突如として「甘い」が「甘くない」を上回る。長野も23％が「甘い」と答えている。日本アルプス周辺は甘い赤飯が存在する地方なのである。そして西に向かって再び「甘くない」地帯が沖縄まで延々と続く。

これをどう考えるべきだろうか。アルプス甘味地帯は北海道・青森甘味地帯との人的・文化的交流から発生した飛び地なのだろうか。それともアルプス甘味は北海道甘味とは別のルーツを持っているのだろうか。どなたかご存じの方はお教え願いたい。

「茶わん蒸し」の速報値をみよう。まず「砂糖を入れる」という地域。北海道26％、青森35％、秋田25％。ここでも甘い赤飯トリオが上位を占める。つまり、甘い赤飯と砂糖入り茶わん蒸しはペアなのである。

全国的には砂糖を入れない茶わん蒸しが圧倒的なのだが、ここでも飛び地のような県がある。新潟である。33％が砂糖入りと答えている。そして南の鹿児島でも25％、沖縄で14％が「ジャパニーズ・スイート・プリン」を食べているのである。鹿児島や沖縄では黒砂糖をつかうのだろうか。

茶わん蒸しに栗の甘露煮を入れるかどうかという問題。入れる地域のトップは秋田で75％、青森が57％、北海道は55％。50％オーバーはこの三道県だけだった。やっぱり甘味トリオの勝利である。甘納豆赤飯、砂糖入り茶わん蒸し、茶わん蒸しの栗の甘露煮の三種競技において、この三道県は金メダルを一個ずつ仲良く分け合ったのである。見事な結果といわなければならない。

以下はおまけである。「沖縄チャンポン」さんからいただいた「沖縄のおにぎりは甘い」という意表を突くメール。

「おにぎりに甘いあんこが入っているわけではありません」「沖縄の特徴的なおにぎりの中身にアンダンスー（油味噌）があります。これは豚の三枚肉の細切りを味噌、砂糖、油で炒めたものですが、これがかなり甘いのです。外見は普通の海苔を巻いたおにぎりですが、一口ほおばると「あっ、甘い！」のです。妻は沖縄出身なのですが、私が甘いおにぎりを非難したところ、甘い卵焼きの方が気持ち悪いといわれて返り討ちにあってしまいました」。その結果でもあろうが「今でも我が家の卵焼きは塩味です」。

夫婦の力関係まで思わず明らかになってしまう一文である。書き出しの「沖縄のおにぎりは甘い」という文章と、文末の「我が家の卵焼きは塩味」というくだりが美しく対応している。その媒介項が「返り討ち」。文章構造上は「甘み」から「塩味」へのみごとな「返り」かたである。

追記　北海道の甘納豆赤飯についてNHKラジオで話したところ、函館在住の年配の方から「戦前からあった」とのファクスをいただいた。戦前、一部の家庭で行われていた調理法を南部明子さんが戦後になって改良・普及したということなのかもしれない。

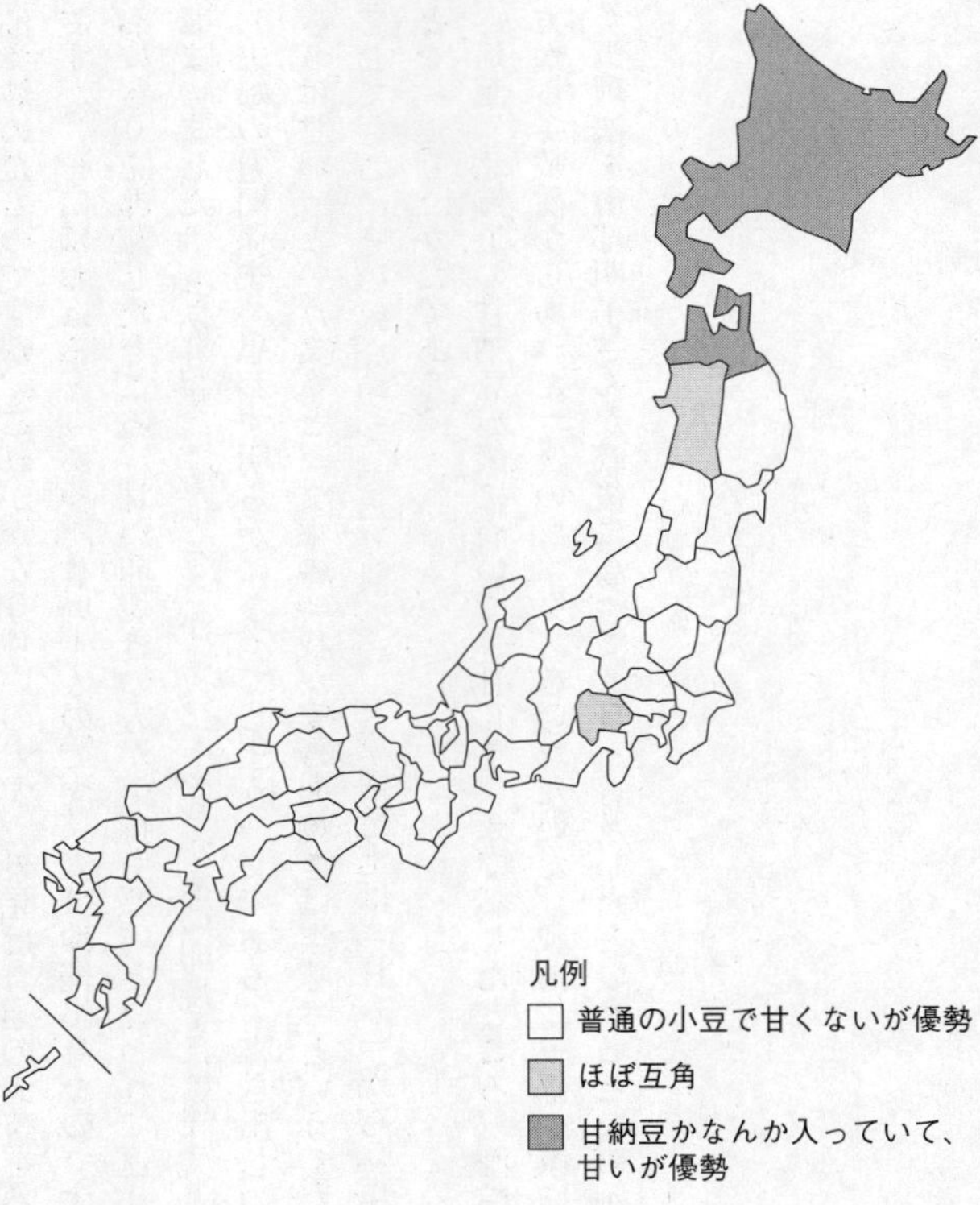
凡例
普通の小豆で甘くないが優勢
ほぼ互角
甘納豆かなんか入っていて、甘いが優勢

お赤飯は甘いですか？

茶わん蒸しは甘いですか？

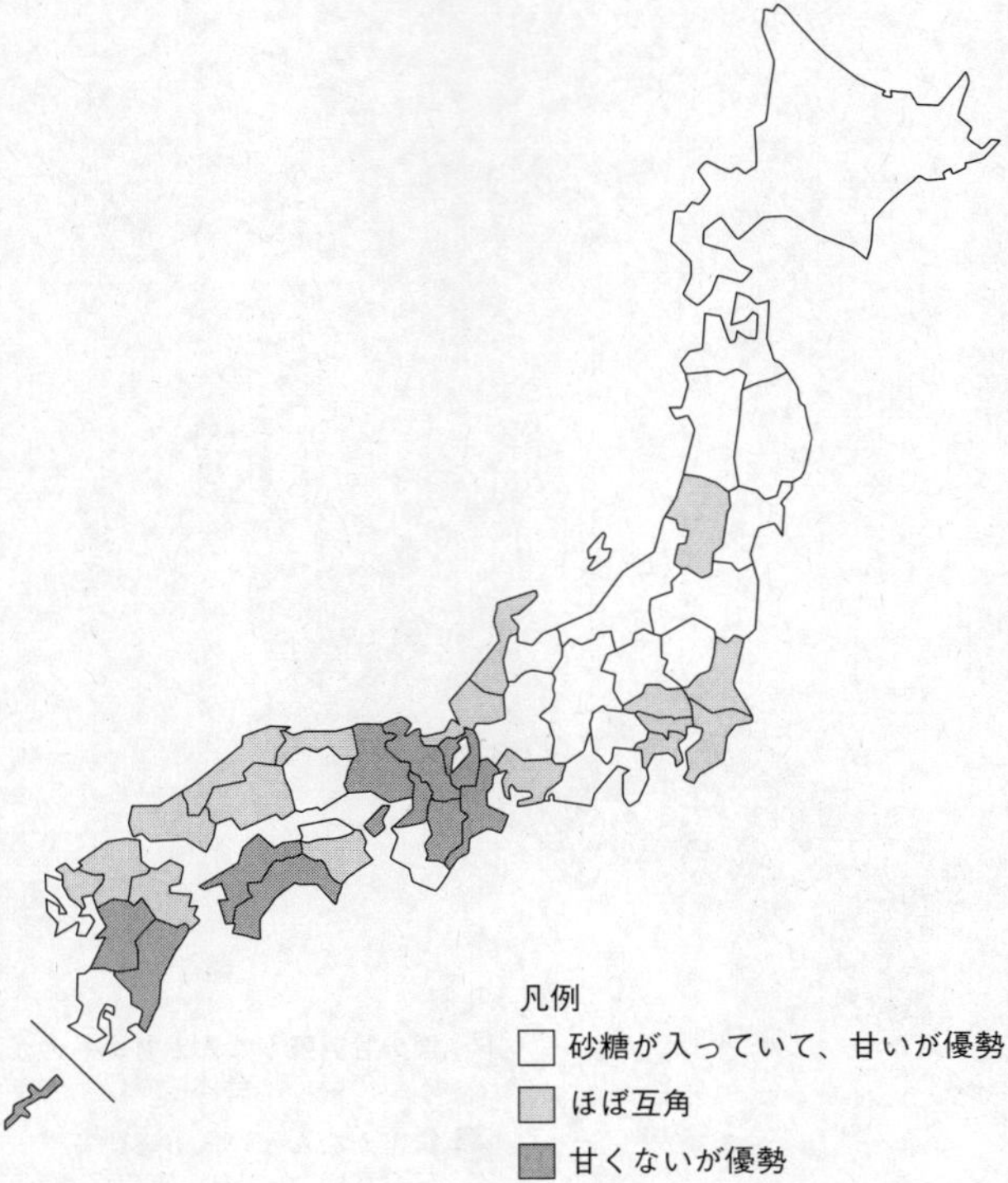
凡例
砂糖が入っていて、甘いが優勢
ほぼ互角
甘くないが優勢

卵焼きは甘いですか？

コラム　とうがらし

とうがらし［唐辛子・唐芥子・蕃椒］（略）日本には一六世紀頃に渡来。夏、白色の小五弁花をつける。果実は未熟の間は濃緑色、熟すると赤くなる。多くの栽培品種があり、辛味種は、果皮・種子に刺激性の辛味を有し、乾燥して香辛料とする。甘味種は、ピーマンと呼ばれ、食用。観賞用もある。南蛮辛子。南蛮。（『広辞苑』第七版）

私が日常の食生活で気をつけているものは「辛い、固い、高い」の三点である。歯が弱くて桂歯弱《かつらしじゃく》の異名を持つ私にとって、固いものは天敵である。高いのが苦手なのは、値段相応に美味な料理もあるのだけれど、そうでもないものに遭遇し続けた長い歴史があるからである。そして最も警戒すべきは辛いもの。

初めて食べたタイ料理は春雨サラダであった。予備知識がなかった。油断していた。一口飲み下した次の瞬間、「救急車！」と心の中で叫んでいた。痛い痛い痛い。水を飲んでも痛い。ビールを飲んでも痛い。口を開けて呼吸をしても痛い。広辞苑は「刺激性の辛み」と書くが、私にとっては刺激どころか外科的な辛さであった。

甘いとか苦いとか酸っぱいとかは味覚である。しかし辛さは味覚ではなく痛覚で感じる。つまり私が「痛い」と感じたのは当然であった。私は赤唐辛子を「赤い殺意」、青唐辛子を「緑の刺客」と名付け、決してこちらから近づかないことにした。

以来、やむを得ずタイ料理の店に入る場合は、メニューの唐辛子マークを確認し、お子様ランチ的なメニューしか頼まない。

そんなわけで辛いものをテーマにするつもりはなかった。しかしながら読者からは「取り上げて」という声が絶え間なく聞こえてくる。というのも、世の中には辛さが売りの料理があふれ、私には自傷行為としか思えないほど、激辛の食べ物を好む人々がいるからであった。

名古屋某店の「台湾ラーメン」は台湾とは無縁のメイド・イン・ジャパンの麺料理だが、私は店の前を通っただけで目が染みる。なのに店はいつも繁盛している。なぜあんな辛いものが好きな人が多いのだろうか。その店にある「アサリ麺」というのが、もう一段辛いという。私は確かめる勇気を持ち合わせていないので、伝聞にとどめる。

広島に「激辛つけ麺」の取材に行った。無理して行った。赤唐辛子の粉を入れた醤油味の付け汁に、冷たい麺をくぐらせて食べる。私は最小限の唐辛子しか投入しないのに、飲み込むときむせた。ほかのテーブルを見ると、付け汁に溶けきれないくらい唐辛子を入れて食べている客がいる。味わっているのか遊んでいるのか。味わっているのであろうが……。

千葉県の勝浦に「勝浦タンタンメン」の取材に行った。そうとう悩んだ末に行った。醤油ラーメンにラー油ドバドバというスタイルである。元祖の店の主人がどこかで担々麺を食べ、それをメニューに取り入れようとしたが、調味料がわからない。スープが赤かったことと、辛かったことを覚えていて「ならばラー油だ」ということで、この勝浦独自のタンタンメンが生まれたという。

取材のとき、私はスープを飲むのが恐ろしかった。そこで箸の先をスープにちょっと沈めて口に運んだ。それで十分だった。私は「うー、辛い。辛いけど美味《うま》い」と叫んだ。なぜ叫んだかというとラジオの番組だったからである。ラジオなので丼を口に持って行ったのか、レンゲですくったのか、箸でちょんちょんとしただけなのか、説明しなければわからないので、箸ちょんちょんで済ませることができたのだった。

札幌には「スープカレー」がある。私は最も辛くないものを食べたが、あれは単なる唐辛子のようなカプサイシン系の辛さだけではないから、大汗をかきつつも美味しく食べることができた。ただし辛さを自分好みに調節できるので、この世のものとも思えない辛さにして食べる人も少なくない。どうしてそんなことするの？

「辛さと日本人」ということなら、古い料理書には唐辛子をはじめ刺激性の強いものは材料として登場しないと言ってよく、その意味で私は古い日本人の部類に属するのかもしれない。

しかし江戸、信州、京は古くから七味（七色）唐辛子に親しんできた。うどん、そばに七味を一振り。漬物に一振り。煮物に一振り。唐辛子の辛さのほかに、陳皮、山椒、ケシ、麻の実、ゴマ、シソ、アオノリなどの味と香りが重なって、風味を引き立ててくれる。これなら私もOKなのである。

ところで、初めて東北を旅したとき「南蛮味噌」に出合った。材料を見ると味噌と唐辛子なのに「南蛮」と言っている。

反対に私はふるさとの福岡県久留米市にいたころ、ラーメンにかけるペッパーをコショウと呼び、うどん屋にある刻み唐辛子も同じくコショウと言っていた。シチュエーションでそれがペッパーなのか赤唐辛子なのかはっきりしているので問題はなかったのだが、東京に出て来て「なんじゃそれは」と指摘されて、初めて自覚した。

つまり日本には唐辛子を南蛮と呼ぶ地方があり、コショウと称する地方がある。その分布はどうなっているのか。読者にVOTEを呼びかけた。

その結果、南蛮という呼び方が優位なのは関東を除く東日本。コショウと呼称するのは北部九州であることは判明した。

戦国時代の南蛮貿易で入って来た唐辛子は「南蛮胡椒」と呼ばれ、前半分の南蛮が東日本に残って、後ろ半分の胡椒が九州に残ったと解釈できる。

加藤清正が「朝鮮胡椒」を持ち帰ったという説もある。だとすれば清正の軍勢は名護屋城があった現在の佐賀県唐津市に帰国しているので、九州で「胡椒」と呼ばれたとしても不思議はない。

第九章　味噌と味噌汁

設問　①味噌汁に唐辛子など辛いものを入れる？
②ニラの味噌汁は普通？

東京の大学に入学してすぐのことであった。先輩から「ラーメンを食べに行こう」と誘われて、駅ビルの店に入った。先輩は迷わず「味噌ラーメン」を注文する。それを聞いて私は一瞬、言葉を失った。頭の中に、久留米《くるめ》の家で毎朝食べ続けた味噌汁にラーメンの麵が泳いでいる映像が浮かんだからであった。

九州は麦味噌である。色は薄い茶色。家では竹で編んだ味噌漉《こ》しを使っていたので、編み目からもれた麦麴《むぎこうじ》が混じり、母が「体にいいから」という理由で捨てずに残した出しの「いりこ（煮干し）」も入っていた。そこにラーメンの麵を入れるのか。私はどうしてもその姿と味を想像することができなかった。

「君も味噌にしろよ。ここのは美味《うま》いんだ」という先輩の声に、半信半疑のまま味噌ラーメンを注文した。

出てきた味噌ラーメンを一目見て、一口すすって感動した。濃い茶色で塩味の強い米味噌。味に深みを加えるひき肉とかすかな唐辛子の辛味。幾種類かの香辛料。九州のラーメンの二倍はあろうかという太い麵。

このとき私は九州で食べてきた味噌以外の味噌があること、とんこつラーメン以外のラーメンが存在することを初めて知った。一九七〇（昭和四十五）年の春であった。

味噌は日本人にとって体に染《し》みついた基礎調味料である。であるがゆえに保守的でこだわりも強い。名古屋から東京に出てきた人が「最近までスーパーに赤味噌がなくて困っていた」とか、東北から九州に移り住んだ人が「こっちの味噌汁は甘くて飲めない」などと言うのを耳にしてきた。

そこで「味噌・味噌汁」をテーマにしたところ、味だけではなく具にも顕著な違いがあることが明らかになっていった。そして私としては驚くべきことに、味噌汁に唐辛子を入れる文化が広範囲に存在することも判明したのであった。

読者からのメールは脇道の話題から始まった。

「味噌と聞いてミョーなものを思い出しました。味噌ピーだったかピーナッツ味噌という食べ物が、たしか中学校のときの給食に時々出たのです。甘辛い味噌状のペーストに、砕いてないまるごとのピーナッツが混ざっているものが、ジャムのように透明な袋に入っていました。コッペパンを手で縦に割って味噌ピーをしぼり出し、はさんで食べるんです。

その結果、ぶっとい味噌ピーをパンにしぼり出すことになります。それを食べると必ずあとで胸焼けがしました。中学生が胸焼けって。それも学校給食で。今思うと、ミョーな食生活でしたねえ」（日野みどりさん）。

第六章にちょっとだけ登場した「味噌ピー」。栄養士さんは「いつもコッペパンにマーガリンやジャムでは飽きるだろう。ピーナッツ味噌なら目先も変わるし、栄養的にも満足がいくのではないか」と考えたのかもしれないが、果たしてどうであろうか。

ピーナッツ味噌については「広島の中村」さんから「私はピーナッツ味噌に溶かしバターを練りこんで和風ピーナッツバターを作りパンなどに塗って食べていますが、なかなかイケます。またソースにしてタイ料理のサテ風にしましたが、これもイイ感じです。以前、コンソメスープで延ばして味噌スープのようにしましたが、これはイケてませんでした」というメールをいただいた。こちらはひと手間加えてパンの友にしておられる。

ピーナッツ味噌は千葉の名物。殻むき薄皮付きのピーナッツに味噌と水飴を絡《から》めたもので、相当に甘い。また、冷やすと固くなる。

千葉で生まれ育った同僚は「ピーナッツ味噌はお菓子感覚で、お茶請けなどでちょびっと食べるものという認識があります。パンに付けるのはピーナッツバターです。友人のピーナッツバター愛好家によると東関東自動車道酒々井《しすい》SA（サービスエリア）のピーナッツバターが極上とのことです。個人的な嗜好《しこう》を言わせていただくと、塩ゆで、しかも殻付きのまま塩ゆでしたものがピーナッツのおいしさをもっとも堪能《たんのう》できる食べ方と信じて疑いません」と胸を張っていた。

味噌は大豆を米麴、麦麴、豆麴のいずれかで発酵させて作るから、主原料は大豆である。ピーナッツ味噌のように、その味噌と別の豆製品を合わせることも行われている。

以下は「あがきた@新潟」さんからのメール。

「こちらではいわゆる田舎味噌が一般的です。米麴と大豆を原料とした越後味噌です。

郷里山形の味噌も同様です。山形出身の私が一押しの味噌料理といえば味噌納豆です。作り方はいたってシンプル。

（1）納豆に味噌を入れる
（2）やや粗めに刻んだネギを多めに入れる
（3）かき混ぜる

ぶっとい糸を引く、味噌納豆の完成です。納豆好きの方はぜひお試しあれ」。「納豆に砂糖を入れてかき混ぜると、ものすごく糸を引く」という話が耳に入ったので、砂糖と塩で実験したことがある。すると砂糖の場合は「ロープ状」と言えるほど強靭な糸の束が出現した。塩ではそこまでいかなかったものの、相当の糸引き効果があった。味噌にも塩分が含まれているから「ぶっとい糸を引く」のも納得できる。

このサイトを運営していて楽しいのは、読者の皆さんの語り口が多彩なことである。「フリーズドライ味噌汁に「ご当地シリーズ」があったので買ってみました。このシリーズを信じるなら北海道の皆さんは汁椀からカニ足をはみ出させ、仙台では朝の味噌汁のためにじゅんさいを採りに出かけ、信州では味噌汁の中で茸《きのこ》が舞い踊り、名古屋人は毎朝ナスを焼き、京都人はタケノコを掘りに竹林に出かけてかぐや姫っと（あっ思考回路が壊れた）……気をとりなおして、少なくともタケノコの白味噌汁は新物が出回る春限定ですね。

京都人としてはふだん一種類の味噌を単独で使うことはなく袱紗《ふくさ》味噌という習慣があります。これは、個性の違う複数の味噌をブレンドして味噌汁にすることです。白味噌と豆味噌、甘口の味噌と辛口の味噌などを合わせ、その家独自の味を作っています。従って家ごとに「味噌汁の方言」が存在していると言えます。あ〜真面目《まじめ》に終われてよかった」（いけずな京女さん）。

我が家にはいつも一種類の味噌しか置いていないが、このメールを読んで、いくつかの味噌を具や季節によってブレンドするのが味噌汁の本当の楽しみ方かもしれないと思ったのである。ただ京都の白味噌（京味噌）を九州の白味噌と間違って使い、大失敗した経験がある。

「関東以北からみると（京都の）白味噌は悪魔の味だと思います。甘い。味噌とは思えないくらい甘い。白味噌といっても西京《さいきょう》白味噌というジャンルです。白くねっとりと甘味の強い、ペースト状のお味噌です。あるフランス人シェフが「こんなすばらしいクリームがあったのか！」と言ったのもむべなるかなです。

京都のお雑煮はこれでつくるのです。田楽味噌や酢味噌もこれでつくります。基本は西京白味噌に卵黄とみりんを加えて加熱しつつ練った玉味噌で、玉味噌にさらに調味料を加えて田楽味噌や酢味噌にします。関東以北の白い辛味噌で同じことをしようとすると大量の砂糖が必要になります。関東以北の人がこの味噌ギャップに気付かず、白いお味噌を探して一回はこの西京味噌だけで味噌汁を作って失敗するわけです」（多田伊織さん）。

私の場合、まさにこれであった。

大阪からも深い味噌文化を偲《しの》ばせるメールが届いた。あの「豊下製菓の豊下」さんである。

「大阪にも老舗《しにせ》の名物味噌屋が数軒残っています。天満《てんま》の天神さん近くの「とりゐ味噌」、江戸堀の「米忠味噌本店」、日本橋《につぽんばし》の「大源味噌」、住吉の「住乃江味噌池田屋本舗」などでしょうか。

どの店の味噌も食い倒れの街の味噌らしく上品で繊細。米麴の勝った甘口の白味噌や、米麴が少な目でやや辛口の白味噌から様々な赤味噌もあり、それぞれに特徴があって甲乙をつけ難いですね。味噌汁にするなら、実によって味噌の合わせ具合を加減し、料理によっても使い分けます」。

やはり味噌はブレンドによって味わいを深めるものらしい。

先に書いたように味噌に代表される基礎調味料の好みは保守的である。転居によって周辺の味噌が変わると実に困ることにもなる。

「私はここ熊本（あるいは九州）の味噌、醤油、日本酒、つまり醸造食品御三家はどうにも馴染《なじ》めません。何と甘いことか！　九州の方に申し訳ありませんが、気味が悪くて仕方ありません。

野菜の甘味ならまだしも、甘い味噌汁にワカメ＋豆腐……信じられない！　せめて家では好みの味噌汁を作ろうと思っても、欲しい味噌を売っていません。いままで仙台、千葉、東京、長野と東日本にしか住んだことがなかったので、麦味噌であること自体もかなりショックでした。職場近くの定食屋で最初に遭遇したときは、ゴミが浮いてる！と本気で疑いました。

なぜ、これほどまでに馴染めないのか分析している途中ですが、現在のところ明らかになった点は以下の三点です。

（1）私自身の味覚ルーツとして、実家の味噌汁は信州味噌（白）＋津軽味噌（赤）のハーフ＆ハーフであった。
（2）転勤先の関東地方では原料が同様の米味噌であり、特に長野ではルーツに含まれる風味の味噌がスタンダードであったので、違和感なく過ごして来られた。
（3）私の住んできたところはすべて米味噌地帯であったが九州は麦味噌のメッカである。

また、味噌、醤油、日本酒はすべて生産過程（醸造）に酸酵菌が関わっていることから、地方＝気候によって生きる菌種が異なるためではないかと考え、現在は醗酵学的切り口から原因を探っているところです」（ａｐｐｌｅ―ａさん）。

ここで味噌の分布を見てみる。九州全域と山口、広島、愛媛の瀬戸内海側が麦味噌地帯、愛知・三重・岐阜県が豆味噌地帯、そのほかが米味噌地帯である。つまり日本の味噌の主流は米味噌で麦と豆はマイノリティーということになる。『伝統食品の知恵』（柴田書店）によると埼玉、栃木にも麦味噌があるそうだ。

九州の味噌の塩分濃度は甘口（淡色系）で9～11％。信州味噌より2％ほど低い。しかし、麦味噌にも辛口（赤系）があって、こちらの塩分濃度は11～12％であり、信州味噌とほとんど変わらない。最も辛口に分類される仙台、佐渡、越後、津軽、北海道、秋田、加賀といった味噌とも1％ほどの違いである。

従って九州の味噌の甘さが口に合わない方は赤い辛口の味噌を探せばいいということになる。それでも甘かったら九州人としては謝るしかない。

「味噌といえばやはり赤味噌でしょう。岐阜を離れ四国に住んで早十年ですが、これだけはどーしても譲れません。実家から取り寄せています。

愛媛ははだか麦生産日本一だそうで、味噌も麦味噌のようです。幸いうちのだんなは赤味噌OKな人なので、我が家の子どもたちも味噌汁といえば赤だしという環境です。将来家庭を持ったときひともめあるのでしょうね。

寒い季節には味噌煮込みうどんが食べたくなります。高知の学生時代、学食のメニューに味噌煮込みうどんの文字を見つけて喜んで注文しました。出てきたのは白味噌ベースの豚汁にうどんを入れただけのものでした」（にゃんちゃん）。

このメールの内容は私が辞書類から引いてきた分布、味の嗜好などを裏付けている。確かに中京地区以外の土地で、赤（豆）味噌ではない、その地方伝来の味噌を使った味噌煮込みうどんを見かけることがある。しかし作っている人は味噌といえば米味噌であり麦味噌なので何の疑問も抱いていないのである。字義としては正しいが、中京地区の人々からすると間違っている。

各地、各家庭で味噌はどのように活躍しているのであろうか。ネットならではの気取らない回答が届いている。

「かみさんが大学時代、ゼミで「稲刈り合宿」なるものがあり、郡山《こおりやま》の農家に約二週間泊まり込んだときのことです。

彼女が言うには、その間の食事はすべて味噌味！　ステイ先の奥様に代わって彼女が台所に入り料理を作っているときも、脇で見ていた大奥様が「ところで、その料理にはいつ味噌を入れるんだい？」」。そのとき彼女が作っていたのは豚の生姜焼き。少なからず仰天したようです。ま、単純に個人的な好みの問題かもしれませんが」（亡命名古屋人さん）。

何度も書くが、秋田県横手市に行ったとき、たっぷりの味噌を使った「芋の子汁」の美味さに感動した。九州では味わえない味噌の風味であった。

東日本ではこんな味噌の使い方もある。

「新潟では太巻きにくるみ味噌が入ります。くるみと味噌と砂糖を混ぜたもの。東京に行って太巻きを見たら、くるみ味噌がなくてびっくりしました。これが入らなくて、何が楽しくて太巻き食べますか？

このくるみ味噌、ホントにおいしいのです。私、パンにくるみ味噌を巻き込んで焼くってのを、パンレシピコンテストに出したら、じゃじゃーん！　グランプリもらいました。新潟の味噌よ、ありがとう」（やはぎさん）。

九州は「ごみ」みたいなものが浮く麦味噌なので、パンとは結託しない。九州の太巻きにも甘く煮たかんぴょうやデンブが入るため甘くはなるが、くるみ味噌というのは想像の域外である。

ところが九州の麦味噌が芸能界の一部で話題になっているというのである。三林京子さんがこんなメールをくださった。

「火野正平さんとドラマでご一緒したときに「豆腐の味噌汁にタバスコ入れたら美味し

いよ~味噌は熊本の麦味噌やで~」と教えてもらったんです。これが結構いけるので時々やりますが、熊本の人が考えはったんですやろか? 正平さんは熊本で教えてもろた、と言ってましたが……発祥はどこでしょう?」。

テーマの「味噌汁に唐辛子を入れるか」に関わる内容である。関東では味噌汁に唐辛子を振り入れる人を見かけるが、九州ではあまりやらないのではないだろうか。タバスコはもっとレアな行為のような気がする。テーマ直撃のメールがないが、VOTEではびっくりするくらい鮮明な地図が完成するのでご安心を。

続いて皆さんの関心は「味噌汁の具」に移る。

「アバサーの味噌汁飲んだことあります? アバサーとはハリセンボンのことです。ふぐの一種ですが毒がないので肝も食えます。アバサーの味噌汁は肝と味噌をすり鉢で混ぜ、それを身が入った汁に溶かします。その味といったらまさにふぐ!(ってふぐの肝は食ったことないけど。って死ぬだろ!)」。

と書いてきたのは「沖縄チャンポン」さん。沖縄の食堂で「ご飯」と「味噌汁」と「おかず」を頼むとご飯が三杯ついてくるという話は、かなり知られるところとなったが、「味噌汁」というメニューの意味は「具沢山の味噌汁ご飯付き」のことである。「おかず」ももちろんご飯付き。

味噌汁の具ではときに「家庭内文明の衝突」が起きる。

「日ごろ我が家で繰り広げられている味噌汁を巡る冷戦について、皆さんのご意見をうかがいたくメールしました。冷戦の争点は味噌汁の具です。それも野菜の。私はわりと野菜を具にした味噌汁が好きです。短冊に切った大根、汁がちょっと黒くなるナス、甘いサツマイモ、ほこほこジャガイモ、モヤシにニンジン、タマネギ、何でも味噌汁の具にしてしまいます。風邪のひきかけなんかには熱々のキャベツの千切りの味噌汁に生卵を落として食べると、なんか治ったような気になっちゃいます。ところがうちの主人は、ここに書いてある具はすべてNGなのです！　どうも主人にとっては味噌汁に入っていていいのはワカメと豆腐とナメコと油揚げとお麩だけらしいです。

野菜の味噌汁を作ると、食べないわけではないですがやーな顔をされるので、いつもはしょうがなく上に挙げた具でワンパターンな味噌汁を作っています。でも時々欲求不満に陥って、発作的に豆モヤシの味噌汁が食卓にのったりして「これは変だ」「いや普通だ」との小競り合いが起きてしまうのです」（柏在住　あをねこさん）。

「うちで作る味噌汁の具に、レタスがあります。親戚が沖縄に三年ほど住んでいたときに教わってきたもので、あまりのおいしさに今では自分定番になっています。

レタスをごま油でさっと炒めて、そこにかつお出しの味噌汁を注ぐだけなのですが、お口がコンサバな方々が遊びにきたときにこれを出すと必ず、えぇぇぇぇ、レタスの味噌汁ぅぅ……とヒカれてしまうのが哀しいです。おいしいのに」(小波さん)。

沖縄でレタスはおでんの種でもある。味噌汁に入っていても不思議はない。もうひとつ沖縄系の味噌汁の話。

「十五年ほど前、イトコが大学の寮のルームメイトと食事を交代で作っていたのですが、彼女の作る味噌汁だけはどうしてもガマンできなかったと話していたのを思い出しました。その味噌汁の具とは豚のレバー。ルームメイトは沖縄の出身とのことで、彼の地ではごく普通のことだと主張していたらしいです。また、千葉のとある病院に長期入院した折、こんなものを味噌汁にとびっくりしたのはニラでした。朝っぱらからニラの味噌汁。かなりの頻度で出ていました」(もと京女さん)。

沖縄には豚のもつを使った「中身汁」もあるので、味噌汁に入っても不思議はない。沖縄で食べた味噌汁で忘れられないのが、豚肉の塩漬けの缶詰「ポークランチョンミート」を入れた味噌汁である。豚汁のようで美味であった。

ところで姉が高校生のころ、母に代わって味噌汁を作った。トマトが入っていた。いまはトマト味噌汁を作ることは決してない。

トマトではなくキュウリはどうか。

「いついかなるときでも愛してやまない妻でありますが、たったひとつだけこれをしたら「離婚」と言い渡してある約束があります。それは味噌汁の具にキュウリを使ってはならないというものです。信じられますか？　キュウリですよキ・ユ・ウ・リ。富山県では味噌汁にキュウリを入れる習慣があるみたいなんです。会社の同僚に聞いても「いれるよ～結構うまいよ～」と言います。キュウリは味噌汁だけでなく、油断していると酢豚、八宝菜にも入っていたりします。実は結納の後の宴会の席で妻の母親が富山の食習慣の話をしていて、この話を初めて聞き婚約解消を真剣に考えてしまいました。

幸い当時まだ素直で優しかった妻はこの条件を快く承諾してくれたので現在に至るまで妻に変わらぬ愛を注いでおります」（さいたま市生まれ富山在中のざりがにさん）。金沢でキュウリが入った酢豚を食べたことがあるが、ひょっとして金沢もキュウリ味噌汁地帯？

では味噌汁に麵類が入るのはヘンだろうか。

「先ほど母から聞いたのですが、特異な食べ方と思われますので書きます。「おそうめんを入れて食べる」なのだそうですよ！　いったん煮立たせてから乾麵状態のそうめんを入れるとのこと。どこで覚えた〝食の方言〟かは聞けませんでしたが、とりあえずウチの母は中国・大連生まれで、戦時中に日本に引き揚げてきて静岡県の相良《さがら》で終戦を迎え、その後東京・名古屋と転居を続けたようです」（S・I・さん）。

実は、どこで覚えたのか失念したが私もそうめんが入った味噌汁を食べている。食べてかなり気に入った。我が家で炊事当番になったときにこれをやったら家族全員からNGが出た。地域性があるのかどうか不明。ただ味噌汁を「スープ」と認識すると何でもありになる。

「我が家のお味噌汁は半分おかずって感じなので何でも入ります。麺類なら何でも。春雨もちょきちょきはさみで切って乾物状態で投入。コナモンも投入、余ったワンタン・ギョウザの皮も。何にもないときには小麦粉練ってすいとんにしちゃう。スナック菓子もこっそり入れちゃう。ポテトチップなんか最高。揚げせんもおいしいよ、ふわふわして。

後はコーンの缶詰を汁も含めて入れちゃうとか、缶詰類のお汁も出しだと思って投入。スープですから、何でもありだと私思ってます」（新潟の矢作ちかぶーさん）。

味噌汁に「かっぱえびせん」が合うという話はときどき耳にする。名古屋周辺では前夜の天ぷらの残りを味噌汁に投入する人もいるようである。

「栃木人の父と名古屋人の母を持つ私は東京に居ながらにして名古屋味噌で育ちました。私を含め子供がある程度大きくなると外で味噌汁を飲む機会が増え、たまには違うのを飲ませろとのリクエスト（クレーム？）が出て、母が妥協したのが新潟の麴味噌でした。

それで気付いたのが味噌によって合う具が違うということでした。まぁ普遍的に合う具もありますが。個人的にはナメコやナスは名古屋味噌で、ジャガイモは麴味噌でいただくのが一番と思います。

また、味噌汁の中で七味唐辛子と相性が良いのは名古屋味噌だけと確信します」（ブレイク・ブレインさん）。

味噌の分布は昔からそう変わっていないし、味覚形成期に口にしていた味噌が「お袋の味」の根幹をなしている場合も多い。違った味噌で育った夫婦が「合わせ味噌」で妥協するのは、それこそ生活の知恵であろう。

その味噌の分布について専門家からメールが届いた。

「私がいまでも麦味噌を愛してやまない理由は、麦味噌に欠かせない麦麴の原材料であるはだか麦の品種育成に携わってきたためです。

はだか麦というのは大麦の品種群の一つで、現在は主に四国の瀬戸内から九州北部にかけて栽培されています。歴史的にはもう少し広い範囲で栽培されていたのですが、日々の食事で麦ご飯をあまり食べなくなったのとはだか麦が病気に弱いのとで、近年はやや廃れています。

用途はもともと麦ご飯用ですが、麦麴にも転用されてきました。現在、麦味噌の消費されている地帯（瀬戸内の西側と九州全域）は、伝統的に麦ご飯用にはだか麦が栽培されてきた地帯とほぼ重なっているのです。麦味噌地帯の分布が偏っている理由の一つは、原料であるはだか麦の調達のしやすさとも関係がありそうです。

もっとも、麦味噌の起源は麴の原料の調達しやすさにもあったのでしょうが、それが今日も継続して使用されている理由は、食べつけた味に執着するという我々の食生活の保守性によるものなのでしょう。

読者のご意見にあった、麦味噌が甘いというのも、仕込みに麦麴を大量に使うのが一因です。味噌の原料はご存知のように大豆が中心で、このほかにはだか麦や米が加えられます。味噌の甘みはもともとはだか麦や米に含まれるデンプンがコウジカビの酵素の作用で分解してできた糖に由来するものですから、仕込みに麴を多く使うほど甘くなる傾向があります。というわけで、麦味噌の甘みは発酵プロセスよりは原料の違いによるものと考えられます」（つくば在住、ドモンさん）。

勉強ついでに、こんな話も。

「以前、長野の佐久で味噌玉での味噌作りっていうのをみてきました。最近は米麴も一緒にいれて作っているようですが、戦前はこの味噌玉だけで作っていたそうです。韓国では今でも味噌玉（メジュ）で味噌を仕込んでいるようですが、長野以外にはどうなんでしょう。岩手の南部とか福島の会津の方でも作っていたと聞いたのですが、九州なんかはなかったんでしょうか」（ずんだ餅子さん）。

平凡社から黄慧性（ファン・ヘソン）、石毛直道著『新版　韓国の食』が出ている。その中に興味深い記述がある。抜粋する。

「韓国は豆みそですが、日本は煮た大豆に麹がついてみそ玉として発酵させた八丁みそによって代表される豆みその地帯が、名古屋を中心とした地域にひろがっています。韓国のみそと八丁みそが基本的には同じつくり方であるのにたいして、ほかの日本の普通のみそは、大豆のほかに米麹、あるいは麦麹といった穀物原料を一緒に入れてつくりますので、韓国のとはだいぶちがいます」。

八丁味噌と韓国の味噌はほぼ同じものだそうである。そうだったのか。

ここでVOTE結果が出た。まず、味噌系のスープに辛いものを入れるかどうか。「当たり前」をプラス二、「結構やる」をプラス一、「それもありか」を〇、「入れないでしょ」をマイナス一、「とんでもない」をマイナス二として指数化した。都道府県別の結果を紹介する前に全国的な傾向を述べる。

「当たり前」が10％、「結構やる」が23・1％、「それもありか」が26・5％、「入れないでしょ」が21％、「とんでもない」が19・5％であった。

辛いもの肯定派が33・1％だったのに対し、否定派が40・5％と七ポイントも上回ったことを厳粛に宣言したい。

指数がプラスになった、つまり肯定派が否定派を上回った地域は栃木、群馬、千葉、秋田、宮城、東京、福井の七都県のみであった。赤組の中心は北関東と東北の一部であることが判明した。

次に味噌汁にニラを入れるかどうか。入れるという回答が多かった順に書くと栃木、福島、岩手、茨城、秋田、宮城、群馬、北海道、千葉……。赤組とダブっている県が多いのに驚く。栃木は赤組の筆頭にしてニラ組の先頭。確かに栃木はニラの一大産地ではあるが。

これからニラの味噌汁に唐辛子を振り入れている人を見たら、栃木県との関連を疑ってみる必要があるかもしれない。いずれにしても北関東から東北、北海道に至る地域で特徴的な味噌汁の具と言えよう。

その証拠に「入れない」という回答が多かったのは徳島、京都、長崎、島根、岐阜、石川、愛知、滋賀、佐賀……という具合に西日本勢が占めている。

全国的には入れる派が37・9％、入れない派が62・1％。ニラ味噌汁は少数派であるらしい。

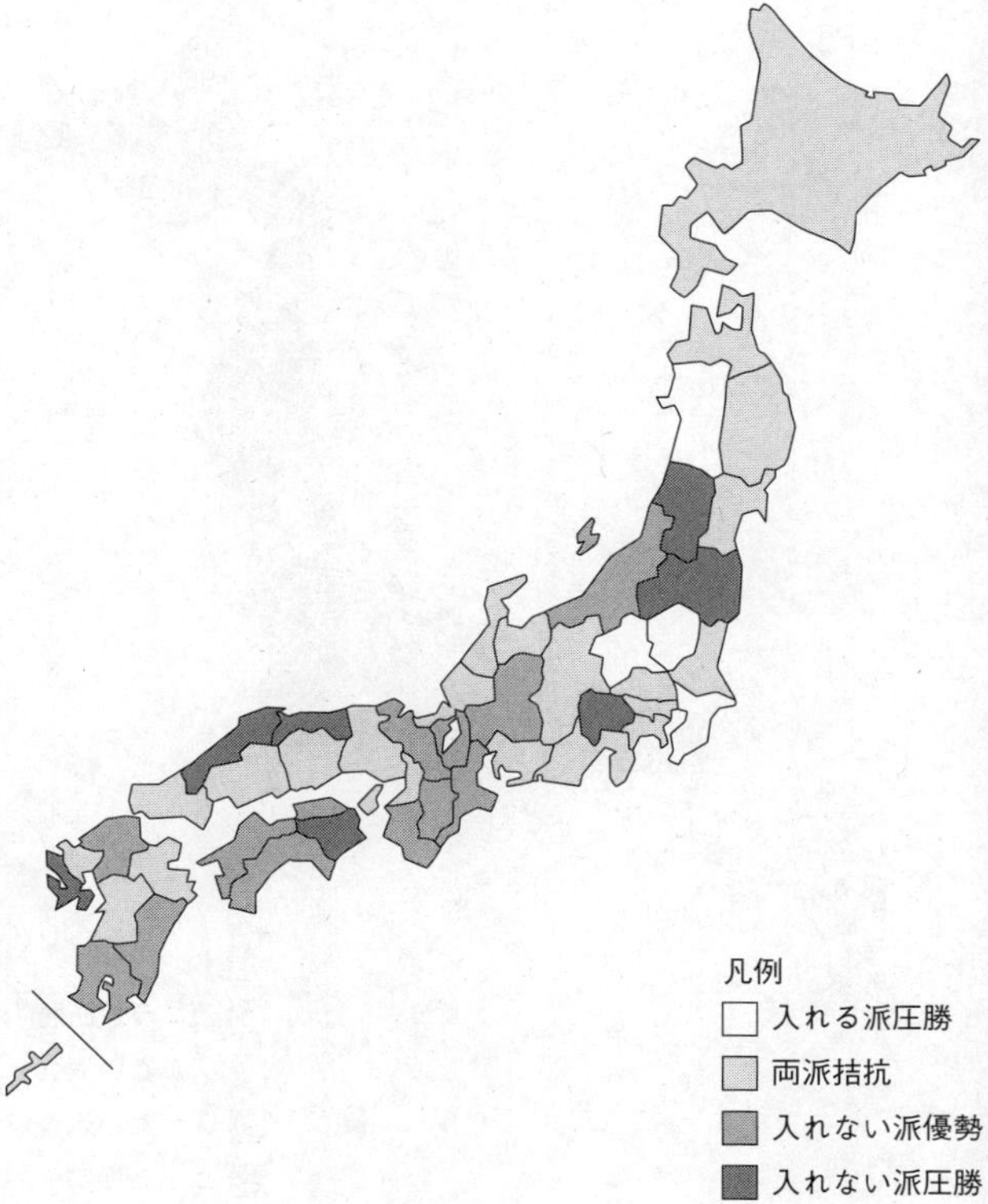

味噌汁に唐辛子を入れますか？

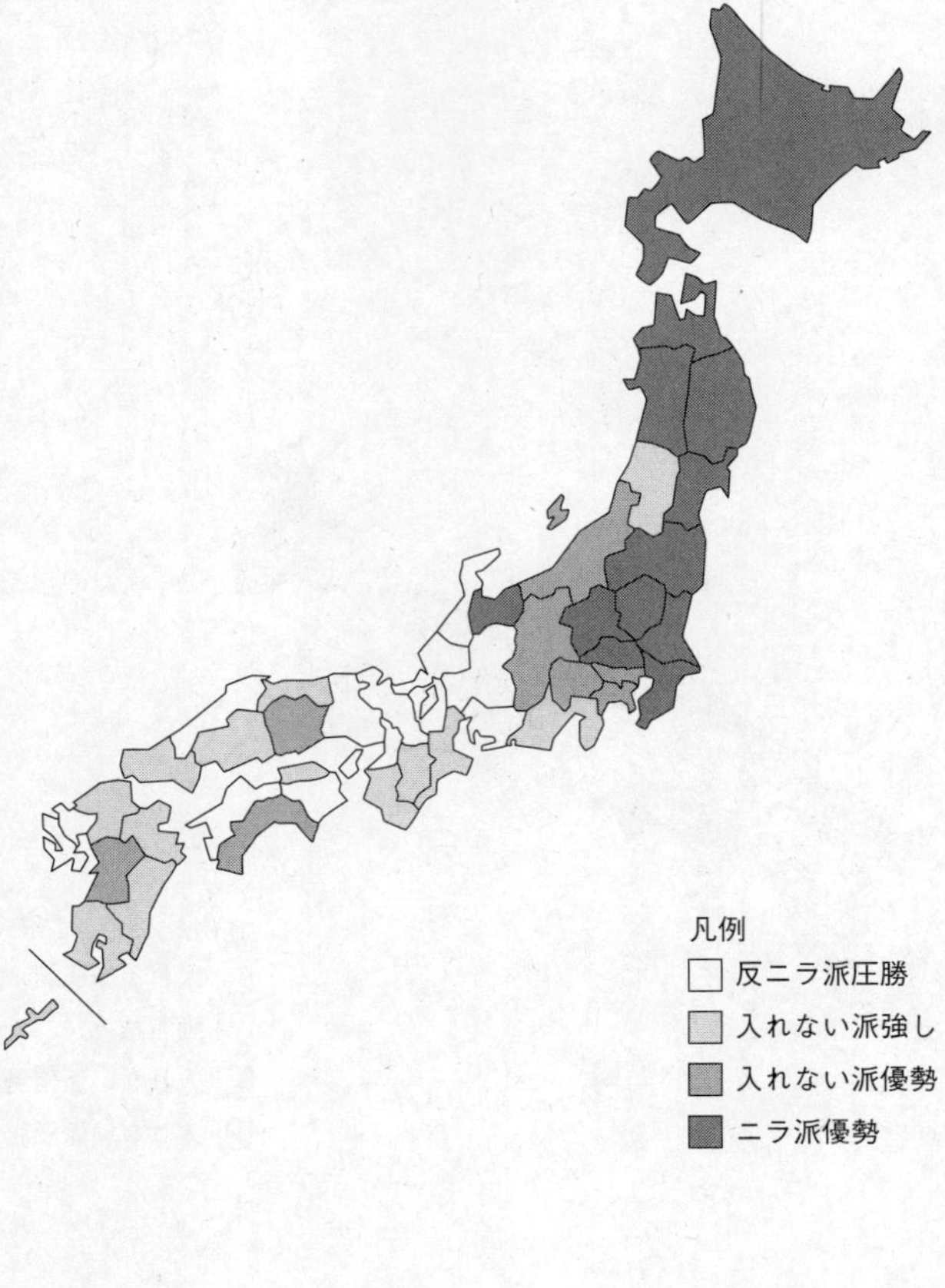

味噌汁にニラを入れますか？

コラム　きのこ

きのこ［菌・茸］（「木の子」の意）子嚢菌類および担子菌類の子実体の俗称。山野の樹陰・朽木などに生じ、多くは傘状をなし、裏に多数の胞子が着生。マツタケ・ハツタケ・シイタケのように食用となるもの、テングタケ・ワライタケなど有毒のものがあり、また薬用となるものなど用途も広い。古名くさびら。（『広辞苑』第七版）

私は九州生まれなので、子どものころはキノコといえばシイタケしか知らなかった。煮物に入っていたから、干しシイタケを戻して出しを取った後のものだったのだろう。タケノコとの炊き合わせのシイタケも食べていた。

シイタケ以外のキノコに遭遇したのは東京の大学に進学してからだった。友人と入った居酒屋にあったナメコおろし。茶色いつぶつぶのキノコの塊に大根おろしをのせたものだ。それが登場したとき、思わず目を近づけて見入った。なんじゃこれは。箸でつまもうとするとぬるっと落ちる。なんじゃ、このぬるぬるは。

ナメコを食べ慣れているらしい友人は醤油を垂らし、大根おろしとそのキノコを混ぜて箸でかき込み「うめぇ」。私もマネをしたが、醤油の味しかしない。ちっともナメコの味が口に残らない。こうしてナメコは何の感慨も残さず、私を通過していった。

長じて秋田県横手市に行った。ときは秋。里芋の季節で、地元の人は「芋の子汁が食べられる」と、どこかうきうきしていた。案内されて行った店で、同行の皆さんは迷うことなく芋の子汁を頼む。私もお相伴した。

大きなお椀になみなみと盛られた芋の子汁からは、温かな味噌の香りが立ち上ってくる。箸で簡単に切れるほど柔らかな里芋の下から、小ぶりのシイタケみたいなキノコが現れた。「これは?」「ナメコです」。そのナメコは分厚くしなやかで、嚙めば芳《ほう》醇《じゅん》な味と香りが広がる。「ナメコから出る出しが何とも言えないでしょう」と地元の人は胸を張った。

私が学生時代に口にしたナメコと、いまここで食べているナメコは別のものだった。前者はおそらく栽培もの。後者は正真正銘の天然もの。天と地との開きがある。芋の子汁は里芋を味わうと同時に、ナメコを賞味するものに違いない。

栃木県鹿沼市の山中で落ちアユを食べる機会があった。大芦川で捕れた天然のアユを炭火であぶってむしゃむしゃ食べるぜいたくな会だった。アユの口休めのようにキノコが登場した。見たこともないキノコであった。

「チタケです。栃木県民はこれがないと生きていけないんです」と、皿を運んできた土地の女性が笑顔で言った。チタケは栃木では珍重されているが隣県の群馬や福島では見向きもされない特異な立ち位置にいることを後に知った。

そんな訳で、私にキノコの知識は乏しく

「東日本のもの」という印象が強かった。

そこで読者にキノコにまつわる思い出やエピソードを訪ねると、案の定東日本からどんどんメールが舞い込んだのだった。

「山で採れたワイルドなキノコには美味しいモノが多いので、秋になると紅葉見物がてら、栃木県日光市と群馬県片品村の間にある金精峠《こんせい》辺りによく仕入れに行っていました。クリタケやイグチは鍋、コガネタケはいため物、ミミタケは味噌汁にしていました。大規模に栽培される前はマイタケもうれしいキノコでした」。私にはキノコの名前が全然わからない。ほかのメールに登場したサモダシやジコボウとはいまだに面識がない。

マイタケについてはこんなエピソードも届いた。

職場の先輩がキノコ狩りに行って遭難した。捜索隊を見かけたが、いま救助されるとせっかく見つけたマイタケの生息地がばれてしまうので、息を潜めて捜索隊から隠れていた。無事、救出された週末、その先輩はキノコ狩りに出かけた。多分、遭難した折に出くわした天然のマイタケを採りに行ったのだろう。そんな内容であったのが、天然のマイタケがいかに貴重であったかを裏付けている。

ＶＯＴＥのテーマは「ナメコの味噌汁は好きですか？」。結果は予想通りで、東日本では「好き」が多数派。しかし中京地区で拮抗し、関西以西では人気がない。それはそうだろう。西日本ではナメコは採れないのだから。

第十章　漬物をどうぞ

設問　①漬物を煮ますか？
②「福神漬け」をなんと読みますか？

我が家の朝食は頑《かたく》なに和食で通している。ご飯、味噌汁、干物または水産練り製品、漬物である。これに前夜の残り物が加わることがある。子どもが小さかったころは「○○ちゃんのおうちはパンだって。うちもパンがいいなあ」という声に応えて、休みのときに限ってパンの朝食を認めることがあっても、平日は一貫して和食を続けてきた。

子どもたちの話から、朝はカップ麺やケーキ、菓子パンなどで済ます家庭があるらしいことを知っている。しかし、よそはよそ、うちはうちである。

日本人の食の基本は味噌、醬油、漬物という発酵食品で成り立っているような気がする。かつてサーズ（SARS＝重症急性呼吸器症候群）が流行したとき、中国人が急にヤクルト、キムチ、味噌、納豆などを口にし始めたのは「日本人や韓国人がサーズに感染しないのは乳酸菌を含む発酵食品を食べているせい」という話が広がったからであった。真偽は別にして、発酵食品が体によいことは間違いなかろう。

ところが最近、スーパーの漬物売り場に並んでいる漬物をみると、塩漬けした素材を調味液に漬けただけの「浅漬け」タイプが主流になっていて、しっかり発酵した糠《ぬか》漬けなどは売り場の隅っこに遠慮がちに並んでいるのである。家庭で漬物を漬ける習慣も消えたに等しく、発酵した本物の漬物は次第に私たちの生活から遠ざかろうとしているような気がしてならない。

そこでテーマに選んだのが「漬物」。最初は野菜の漬物だけを想定していたが、読者の発案もあって動物性のものも同列に考えることになった。若狭《わかさ》の「鯖《さば》のへしこ」のような「魚の漬物」も視野に入れようというわけである。

やがて話題は「古くなった漬物を煮るかどうか」に及び、煮る地域にお住まいの読者からのメールによって、限られた食材を最後まで食べきろうとした先人の姿が浮かんできた。そしてVOTEの結果、漬物を煮る地域が日本列島の限られた場所に、肩を寄せあうようにして存在することがわかったのである。

カレーライスに付き物の「福神漬け」の読み方にも二種類あることが判明した。しかもその地域偏差はかなり鮮明であった。

漬物で驚いたのは秋田県に行ったときのことだった。訪れる先々で様々な「がっこ」（漬物）が出されたが、その種類の豊富さと味わいの深さに目を見張った。麴漬け、味噌漬け、醬油漬け。たくあんを燻《いぶ》した「いぶりがっこ」はまさに漬物の燻製《くんせい》で、食べ飽きることがなかった。中でも横手ではいまでも「あまえこ」、つまり昔ながらの甘酒が生産され、漬物を含めた発酵文化が根付いている。

九州にいたころは高菜、たくあん、白菜漬け、キュウリやナスの糠漬けくらいしか食べていなかったし、長じてからも生活圏は東京止まり。東北の漬物文化はこの上もなく新鮮であった。

東京で暮らすようになって、その存在を知ったのが野沢菜である。九州の高菜と似ても似つかぬ鮮やかな緑と歯ごたえに感動した。

「小生、野沢菜漬けの美味しい信州小諸《こもろ》在住。野沢菜は二、三度霜が降りたものが軟らかいです。それを清水で洗って樽に漬け込みます。ここからが各家の味の見せどころ。もちろん主体は塩ですが、干した柿の皮を入れたり昆布を入れたり、カレー粉がいい人、味の素で味付けする人もいます。唐辛子もよく使います。

本当の野沢菜の美味しさは現地で食べないとわかりません。チルドや宅配便ができても、信州の野沢菜は樽から出したてを切って食べるのが最高。お母さんが朝、氷の張った樽から取り出し鰹節を削ってかけた野沢菜は最高です。賞味期限はおそらく数時間でしょう」(yumekoboさん)。

このようなメールを読むと、漬物と気候の関係が浮かんでくる。暖かい九州で漬けた高菜漬けは暗緑色というか、最初から古漬けの趣がある。さらに唐辛子や砂糖を加えて油で炒めたりするので「賞味期限数時間」という感覚がわからないながらも、どこか羨ましい。

「B級グルメの聖地、久留米《くるめ》の漬物といえば「山汐《やましお》漬け」。二百五十年ほど前、筑後川《ちくごがわ》のはんらんで上流から流れてきた種が中州に自生したそうです。山くずれを「山汐」と呼ぶことからこの名が付いたらしい。

そして忘れてはならない野瀬さんの漬物デフォルト、高菜漬け。浅漬けもいいんですが、高菜は古漬けに止《とど》めを刺します。かなり強烈な匂いを発するこの高菜古漬けを軽くあらって好みで刻み、唐辛子エキスを抽出した油で軽く炒めます。お好みでカツオ節やジャコを加えてもOK。これで朝からおかわり三杯必至」（久留米やきとり学会会長　豆津橋渡さん）。

山汐菜も高菜も、野沢菜と同じくアブラナ科ではなかったか。山汐菜は福岡限定でみずみずしい緑色をしている。一方、高菜漬けは年中手に入る。その高菜の油炒めがあれば、どんどんご飯が進む。久留米ではラーメンに高菜は入れない。もっぱらご飯の友である。

漬物は古くなっても美味いものであるが、中には苦手な人もいる。

「お袋の兄弟は皆名古屋とその周辺地域に棲息《せいそく》していますが「古漬けの漬物を食べない」という妙な共通点があります。たくあん、高菜漬けはもちろんのこと、名古屋名物守口《もりぐち》漬も一切口にしないどころか、匂いをかぐのも嫌といった有様です。

お袋の末弟（即ち、叔父ですな）は、アルミサッシの販売と取り付けを生業にしています。かなり手広く商売をしているようで、ある日高崎まで出張して取り付け作業を行いました。一段落したところで作業現場のおかみさんが「そろそろお茶の時間にしましょう」と持ってきたのは、大振りの深皿に山盛りになったたくあんと野沢菜漬け。そのとき叔父は「作業を放り出して名古屋にきゃーろーかと思ってまった」そうです」（亡命名古屋人さん)。

嫌いなものは仕方がない。

しばらく各地の漬物を巡る情景を見てみよう。まずは北海道。あの「ちろこ@札幌」さんからのメール。

「漬物野菜の中でものすごく目を引くのは札幌大球《さっぽろだいきゅう》っていう巨大キャベツでしょうねえ。札幌とその近郊の特産で、一玉が大人の一抱えもあり十五キロを超えるモノも少なくありません。これもまたスーパーに並ぶのですが、どうやって持って帰れというのでしょうか。

ちかごろ道内で有名なのは、南幌町《なんぽろちょう》のキャベツキムチです。この札幌大球を利用して何か特産品を、ということで開発されたのだそうです」。

次のメールに福神漬けが登場する。

「実家の母親(丹波産)は糠漬けおよび塩漬けが得意で、材料は季節によって変わりますが、水菜(京菜)・大根・白菜・ナスが代表格です。野菜の持つ色がそのまま出ます。

福神漬《ふくしんづ》けは小学生のときに盲腸で入院した際、最終日の昼食の献立であったカレーライスの添え物が初見です。「甘い」が第一印象で漬物とは思ってなくて、親にせがんで買ってきてもらったときに、包みに「漬物」と書かれていることに、えっ、と思った覚えがあります」(よっぴぃ@昭和40年京都市生産・在住者さん)。

福神漬けは「ふくじんづけ」だとばかり思っていたところに「ふくしんづけ」メールがきた。この方だけの呼び方ではなく、想像以上の広がりを持った呼称であることがわかってくる。あなたは「ふくじんづけ」？　それとも「ふくしんづけ」？

「漬物ステーキをまだ食べていませんでした。そろそろトライせねばなりません。店は探してあるので。

漬物で思い出すのは愛媛県西予《せいよ》市宇和町にある松屋旅館です。ここの売り物はまさに漬物。二百年続く見事な糠床を持ち、季節や気温に合わせて漬け込んだ野菜などが小皿に盛られて、朱塗りのお膳にのって運ばれてきます。一膳あたり十二皿が四×三にきれいに並んでいてとても美しい。梅干、キュウリ、ニンジン、タマネギ、ラッキョウ等々、漬かり具合も絶妙でした。ここの糠床に学ぼうということで、某発酵会社が研究のために訪れたという話も聞きました」（ミルフォードさん）。

「漬物ステーキ」というのは岐阜県飛騨《ひだ》地方のもの。古くなった白菜漬けなどを炒めて食べる。このとき卵を加えるのが特徴で、家庭料理から居酒屋メニュー、そしてレトルトのお土産品にまでなっている。

それにしても漬物が名物の旅館というのもあるのか、と思っていたら、こんな食堂もあった。

「北海道の赤井川村にはお漬物がメインの食堂があります。名前はそのものズバリの

「おつけもの食堂」です。

ご飯と味噌汁とおかずと納豆がセットされた定食で、漬物が取り放題です。漬物の種類がそのときで変わるようで、だいたい十種類ほどあります。しかし、ここの食堂をやっているおばちゃんたちはチャレンジャーで、過去にはコーヒー漬けというのもあったようです」（今は佐賀市民のわしさん）。

「おつけもの食堂」は漬物を製造している会社のアンテナショップのようである。出張で泊まったホテルの朝食に何種類かの漬物が並んでいると嬉しいものだが、漬物のバイキングはなかなかの趣向と思う。

漬物は野菜が基本とはいってもそれだけとは限らない。

「漬物には動物性の発酵保存食品は入らないのでしょうか？　滋賀県の鮒《ふな》ずし、富山の黒作《くろづく》りなどまさに食の方言の宝庫に思われますが、いかがでしょう」（太ったオオカミさん）。

その通りである。石川や富山のブリだの鯖だのを使ったかぶらずしも入る。いま富山出身の同僚とかぶらずしの話をしていたら「うー、あれは美味いんだよね。寒い冬の夜にこたつに入って麹ごとがぶりとやるとたまらないんだよね」と唾を飲み込んでいた。

魚の漬物で私が感動したのは福井県若狭地方の「鯖のへしこ」。鯖の腹を裂いてワタを取り除き、塩をまぶして米糠と一緒に漬け込んだものである。一年間の発酵と熟成を経てできあがった「へしこ」は複雑かつ玄妙なうま味をまとう。薄くそぎ切りしたものを軽くあぶってそのまま酒の肴。お茶漬けに加えれば箸の回転速度が急激に上がる。パンに挟んで「へしこサンド」。パスタに入れて「へしこパスタ」。塩辛いイメージがあるかもしれないが、口に入れれば舌は塩味を感じる前に、そのうま味の奔流に圧倒される。私は小浜市と美浜町で食べた。そしてお土産に持ち帰り、家でもなくなるまで食べ尽くした。微妙に味の違いはあっても甲乙つけがたい味わいで、特に左党にはオススメである。

魚を使った漬物といえば北海道もにぎやか。

「北海道の漬物の代表格はニシン漬け。身欠きニシンと大根、キャベツを麹で漬けます。冬の寒さで凍ったところをしゃりしゃり食べると歯にしみる。春先になると発酵が進んでちょっと酸味がついてくるところもいいですね。

鮭を使った「はさみ漬け」も色がきれいで人気があります。薄切りの鮭と白菜、大根、ニンジン、キュウリを重ねて麹で漬けます。

ニシン漬けに最適といわれるのが札幌大球というキャベツ。直径五十センチ、重さ二十キロもあるという巨大な種類です。この時期になると漬物用野菜、越冬用野菜と銘打って大球キャベツをはじめ、土つき大根やニンジン、白菜、ジャガイモの大袋が店頭に山積みになります」（札幌生まれ札幌育ち　道産子《どさんこ》三代　雪あかりさん）。

ここにも札幌大球が登場した。野菜と魚を使った発酵食品は栄養も十分な越冬用の保存食であったろう。

「北海道の漬物は比較的甘めですね。キムチとか甘いんです。「おにぎり温めますか」ではありませんが、北海道では温かいことと甘いことが贅沢なことでもあるんです。他には魚介類の入った漬物が多いですね。ニシン漬けとか鮭の入った漬物とか。知床《しれとこ》で食べた鮭と野菜の漬物は絶品でした」(ぺんぱらさん)。

「「わしも漬物だ」と主張している魚もあります。ニシン・ホッケ・サンマなどの糠漬けです。甘めのものから辛めのものまでお好みでどうぞ。生魚とは二味くらい違ったおいしさですよ。

よく漬かったニシンの糠漬けを焼いたものを、ほんの少し弁当のおかずにするとおかずの節約に大いに貢献します。これは昔の冬山造材杣夫《そまふ》の大好物だったとか？

秋田にもニシンの糠漬けがありますから、ナンコなんかと同様に東北とのつながりを連想させせます」(石仏頭@江別さん)。

北海道にはどこにもましていろいろな魚の糠漬けがある。発酵によるうま味の増大と保存。生活の知恵であろう。

「ナンコ」というのは馬肉、または馬の腸の煮込み。秋田の鉱山地帯には江戸時代から「よろけ」(珪肺《けいはい》)の予防と治療を目的に「なんこう鍋《なべ》」「楠公鍋」の名で馬肉を食べる文化があったが、明治になって北海道の炭鉱開発のために秋田から移住した人びとが、道内の産炭地に馬肉文化を持ち込んだ。北海道では次第に馬肉ではなく安価な腸が主役となり「ナンコ」と呼ばれていた。

現在も歌志内《うたしない》に何軒か「ナンコ」を食べさせる店がある。産炭地文化の絶滅危惧《きぐ》種。

これも北海道の話。

「宗谷出身の社員の家では種々のオホーツクの魚でイズシを漬けます。ボツリヌス菌が怖いので八十歳を過ぎたおばあちゃんが食べて大丈夫だったら家族や客に出すそうで、おばあちゃんが本気で「私が食べて大丈夫だから」と勧めてくれました」（沼さん）。

イズシは飯寿司のこと。魚、野菜、ご飯、麹で漬けると、乳酸発酵の甘酸っぱい香りが出る。北の寒いところのもので、九州でこれをやったら発酵が速すぎてたちまち酸っぱくなるだろう。

「高知の漬物事情ですが、暖かい土地柄で発酵が進みやすく、糠漬けなどはすぐに酸っぱくなってしまいます。そのためか、たくあんなどはあらかじめ酸味を添加してある物があるほどです。このことは妹尾《せのお》河童《かっぱ》著『河童のタクアンかじり歩き』にも書かれています。

高知独特の漬物といえば、お茶の葉を漬けて発酵させた「碁石茶」があります。やはり酸味があります」（恒石さん）。

碁石茶は茶葉を発酵させたもので、煮出して飲むのでお茶か、あるいは漬物か、どっちかわからない。一時は生産農家が一軒だけになっていたが……。

酸っぱい漬物に好き嫌いはあろう。私は好きである。

「私はたくあんの古漬け（すっぱづけ）が大好きです。今は亡き祖母が群馬県の四万《しま》温泉で川魚料理屋を営んでおり、ここのすっぱづけがベストです。

塩分で長期間保存した際によくある乳酸菌のすっぱみがベースで、たくあんの古漬けはみな酸っぱいものであることはわかっています。これまでネットで調べて様々なものを購入してきましたが、四万のすっぱづけを凌駕《りょうが》するものにはいまだ出合っておりません」（坂本さん）。

同僚のところに、奥さんの実家の群馬からときどきたくあんが送られてくるのだそうである。そのたくあんはとても酸っぱいのだそうである。群馬ではよく漬かった漬物が好まれるのであろうか。

さてここからＶＯＴＥのテーマになるポイントが登場する。

「子どものころ食べさせられたのが古漬けを炊いたものです。本当に古くなった広島菜、白菜などの古漬けを炊くと、またおいしく食べられる。母親が近所から仕入れた裏技レシピです。鍋いっぱいの激しく変色した古漬けの炊いたのを「おいしいで、食べてみんさい」と言われて仕方なく食べると、これがけっこう美味しい。

フタをあけてはつまみ、フタをあけてはつまみ。夕飯の準備のとき、母はそのお鍋のフタを開け、そのあまりの減りように言葉を失ったのでした」（お名前ありません）。

広島菜とあるから広島ゆかりの方であろう。ただ「近所から仕入れたレシピ」らしいので、広島古来の食べ方かどうかは現時点で不明である。VOTE結果でご確認いただきたい。

このとき私は「どこかに古くなったたくあんを煮て食べる地方があったはずだがなあ」としきりに思い出そうとしていた。しかし喉まで出かかっているのに、どうしても出てこない。そう書いたら翌週、こんなメールをいただいた。

「野瀬さんが思い出そうとしていた〝たくあんを煮て食べる地域〟が福井のことだったのかどうかはわかりませんが、私のおばあちゃんは、よくたくあんの古漬けを煮ていました。福井のスーパーのお惣菜売り場でも見たことあります。

おばあちゃんは生まれも育ちも福井県です。これがすっごくおいしいんですよね。私の大好物です。といっても、おばあちゃんが年を取ってたくあんを自分で漬けなくなってからは食べたことがありません。母は買ったたくあんを煮てもおいしくないと言ってます。というわけで、今となっては、私にはまぼろしのごちそうです」（福井県福井市育ち、今は根無し草さん）。

「福井県はそのひとつです。少なくとも北部（嶺北《れいほく》地方）では。

冬に漬けたたくあんが季節が暖かくなって酸っぱくなったら、水に漬けて塩出しした後、醬油ベースに赤唐辛子をちょっと入れて煮ます。軟らかく煮たのが好きと言う人や、しゃきしゃきしてなきゃと言う人もいる模様。ちなみに、煮ているとたくあんのすごいニオイが家中にたちこめるんだな〜。スーパーの惣菜売り場にも定番で置いてあります」（あっちゃこっちゃさん）。

京都には有名な「煮たたくあん」がある。

「おこうこ（たくあん）のぜいたく煮といえば京のおばんざいのひとつです。別名「大名煮」とも言います。なんでかと言うたら、そのままでも食べられるもんにわざわざ手をかけるから。ただし、もともとは禅寺で貴重な食材を最後まで食べきるために考案されたというお話もあり、今ならエコロジー料理と言えましょう。作り方は、古漬けのたくあんを水に漬けて塩出しし、だしじゃこ・鷹の爪と調味料と一緒にことこと炊きます。お酒のつまみにもええもんですよ」（いけずな京女さん）。

煮る漬物はたくあんだけではない。「最近漬物好きなアメリカ人と知り合いになって驚いた颱風《たいふう》4号」さんのメールを読もう。

「新潟県十日町市辺りでは、夏の終わりになるとみんな畑に菜っ葉の種をまきます。菜っ葉はぐんぐん生長して一メートル近い巨大な青菜になります。みんなそれを自宅で漬けます。そう、野沢菜です。漬け菜とも呼びます。

長野が近いので文化も共通している部分があるのですが、これほどまでに生活にとけ込んでいるとは思いませんでした。この時期には野菜を売る店やスーパーの店頭にも漬け菜が並びます。巨大です。

漬かった菜っ葉は料理にも利用します。炒めてお焼きに入っていたり、「あんぶ」（米の粉をこねて蒸して作る）に入っていたりすると、これまた長野文化圏の味わいです。

中でもびっくりしたのは、漬けた菜っ葉を煮込んだ料理です。煮菜（「に～な」という発音に聞こえる）と呼ばれます。一度塩出ししてから醬油味で煮込むようです」。

「さんさん」さんからも「はるか昔、初めてふるさとを離れて「地方」に住んだのが新潟県の山んなか。そのころはまだ雪が降れば交通が途絶して食料も何も補給ができなくなるのが当たり前の時代。そんな文字通りの雪国の冬、野菜の補給に確か「煮菜」って料理があった。

塩漬けにしてとっておいた菜っ葉と大豆を潰したシャゲマメを一緒に炊いたもの。美味い……というには語弊がある。若かった私はちっとも嬉しくなかった記憶があります。けれど今思い出すとあれも漬物を煮て食べる料理でした」と書いてきてくださった。この菜っ葉は恐らく野沢菜であろう。

意外なところから「漬物を煮ます」との話が。

「大阪泉州には「じゃここうこ」という漬物の煮物があります。水ナスの古漬と、ショウガの古漬を塩抜きして、じゃこ（えびじゃこ）と一緒に炊きます。夏に漬けた水ナスが中まで茶色くなる翌年春ごろつくります。味付けはお醤油、好みでお砂糖少し、だそうです。泉州・泉佐野市生まれの友人に聞きました。お店ではほとんど売っていません。泉州の家庭の味です。水ナスはメジャーになりましたが「じゃここうこ」を知る人は少ないでしょう」（泉州住まい30年さん）。

このように大阪・泉州でも名物水ナスの漬物が古くなったら煮るそうである。従って大阪も煮る地帯に入るのだろうか。

漬物を煮るかどうかを離れて、山形の有名な漬物のことを忘れてはならない。またまた「ちろこ@札幌」さんから。

「青菜のつけもの、山形では「青菜漬《せいさいづ》け」って言いますね。山形人に、なんで「あおな」でなく「せいさい」なの？　って聞いたら「しらん、昔からそうだ」とのこと。さらに、じゃあ青菜ってなに？　何科の野菜？　って聞いたら「しらん、せいさいっていう野菜」とのこと。さっぱりわからん……福神漬けは、和歌山では「ふくしんづけ」。それよりいま「ふくしんづけ」を変換しようとしたら「腹心漬け」になってしまったことに驚いた……そうなの⁉」

林みかん著『東北漬け物紀行』（無明舎出版）に青菜の説明がある。

「青菜は山形特産の野菜で、正式には「山形青菜」という。アブラナ科に属する菜類で、ルーツは中央アジア原産の芥子菜《からしな》。中国で品種分化され、日本には9世紀に「タカナ」が、明治中期に「多肉タカナ」が入ってきた。現在、高菜と呼ばれているのは、タカナや多肉タカナが土着化したり交雑したりしたもので、産地によって少しずつ特性が異なる。山形県には明治41年に多肉タカナである青菜の種子が導入され、以降、交雑を避けて全県的に栽培されてきた」。

青菜と高菜は親戚筋らしい。

というようなやり取りを続けているうちに「漬物」に関するVOTE結果が出た。都道府県別にずらっと並んだ数字を見ながら、私はほくそ笑んでいる。きれいなものである。こんなにはっきりした地域差が出るとは思っていなかった。さっそく紹介しよう。

まず「たくあんや高菜などの古くなった漬物を煮ますか」という設問。「煮る」が70％を超えたのは数値が高い順に石川、福井、新潟、山形、山梨である。70％未満50％以上が長野、富山、滋賀である。

飛び地がない。見事に一塊。東北の一部、北陸、甲信の文化である。地図で見るとその塊具合が鮮明になるだろう。同じ東北でも秋田は「うそぉ！」が100％、福島も「煮る」がゼロ、宮城、青森も「煮る」は一ケタしかない。隣県同士でイエス・ノーがはっきりしている。九州、四国は「うそぉ！」が完全制覇に近い。

もうひとつの設問「福神漬け」は「ふくじんづけ」か「ふくしんづけ」か。全国的には「ふくじんづけ」が圧倒的に多数なのだが、「ふくしんづけ」が100%だったところが一県だけあった。どこだと思われるだろうか。

沖縄県である。

「ふくしんづけ」が50%を超えたところは京都、徳島、北海道、愛媛、和歌山、石川、奈良、香川、富山、高知であった。四国四県がすべて含まれている。関西と北陸にも広がっている。そして沖縄と並んで北海道である。ということは四国、関西、北陸という塊と列島の両端が「ふくしんづけ」地帯と言える。

もともと七種類の野菜を材料とする「福神漬け」は、不忍池《しのばずのいけ》の弁財天にあやかって七福神に見立てたところから命名されたものである。従って「しちふくじん」の「ふくじん」であるはずなのだが、どうして「ふくしん」になってしまったのだろうか。私にはまったく見当がつかない。まして沖縄と北海道で「ふくしん」が多数である理由がわからない。わからないが結果はとても面白いと思う。ある同僚はこの結果について「ふくしんづけでしょう。ふくじんづけって言われたら「何それ」って思います」と言ったのであった。

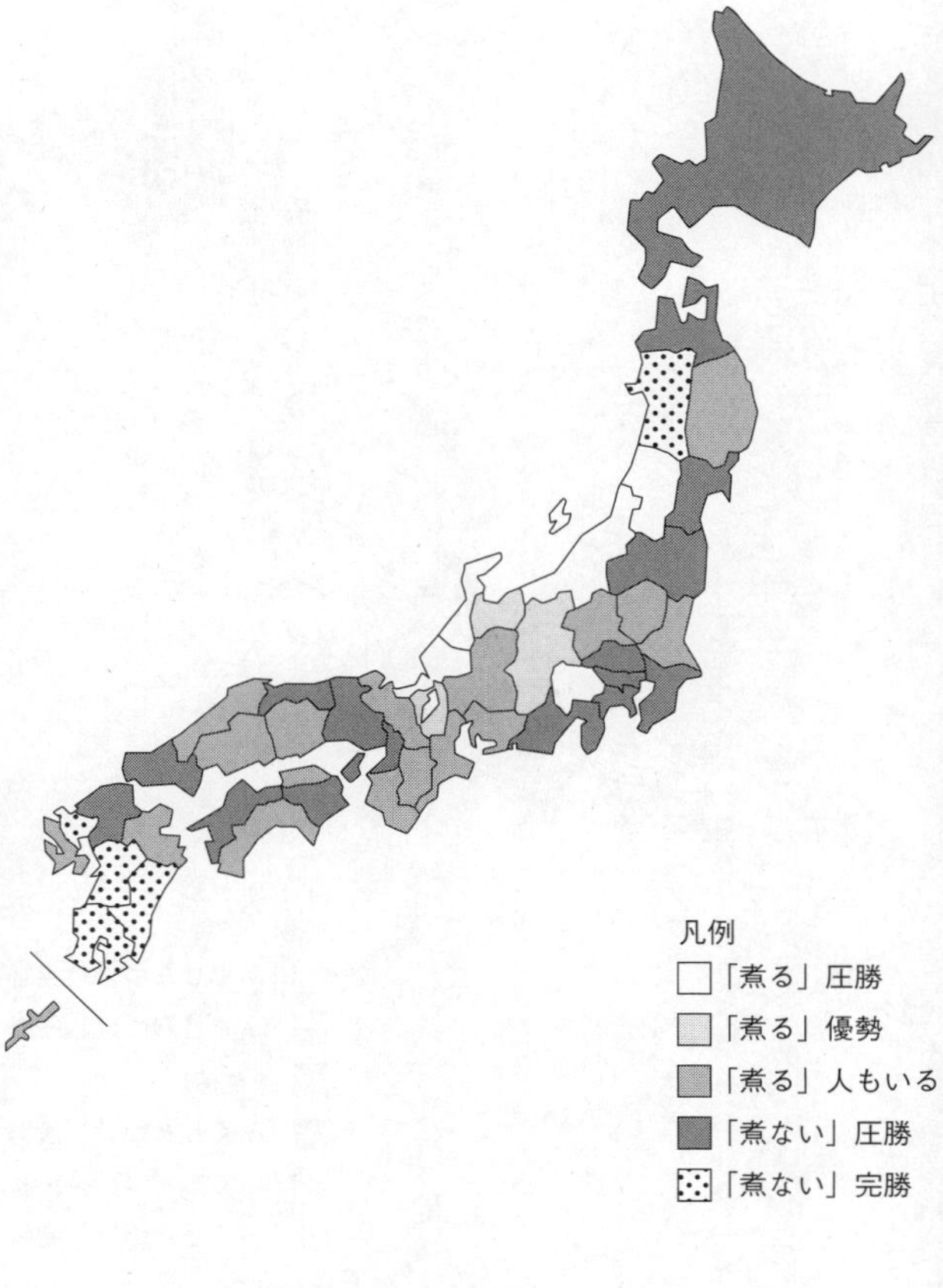
凡例
「煮る」圧勝
「煮る」優勢
「煮る」人もいる
「煮ない」圧勝
「煮ない」完勝

漬物を煮ますか？

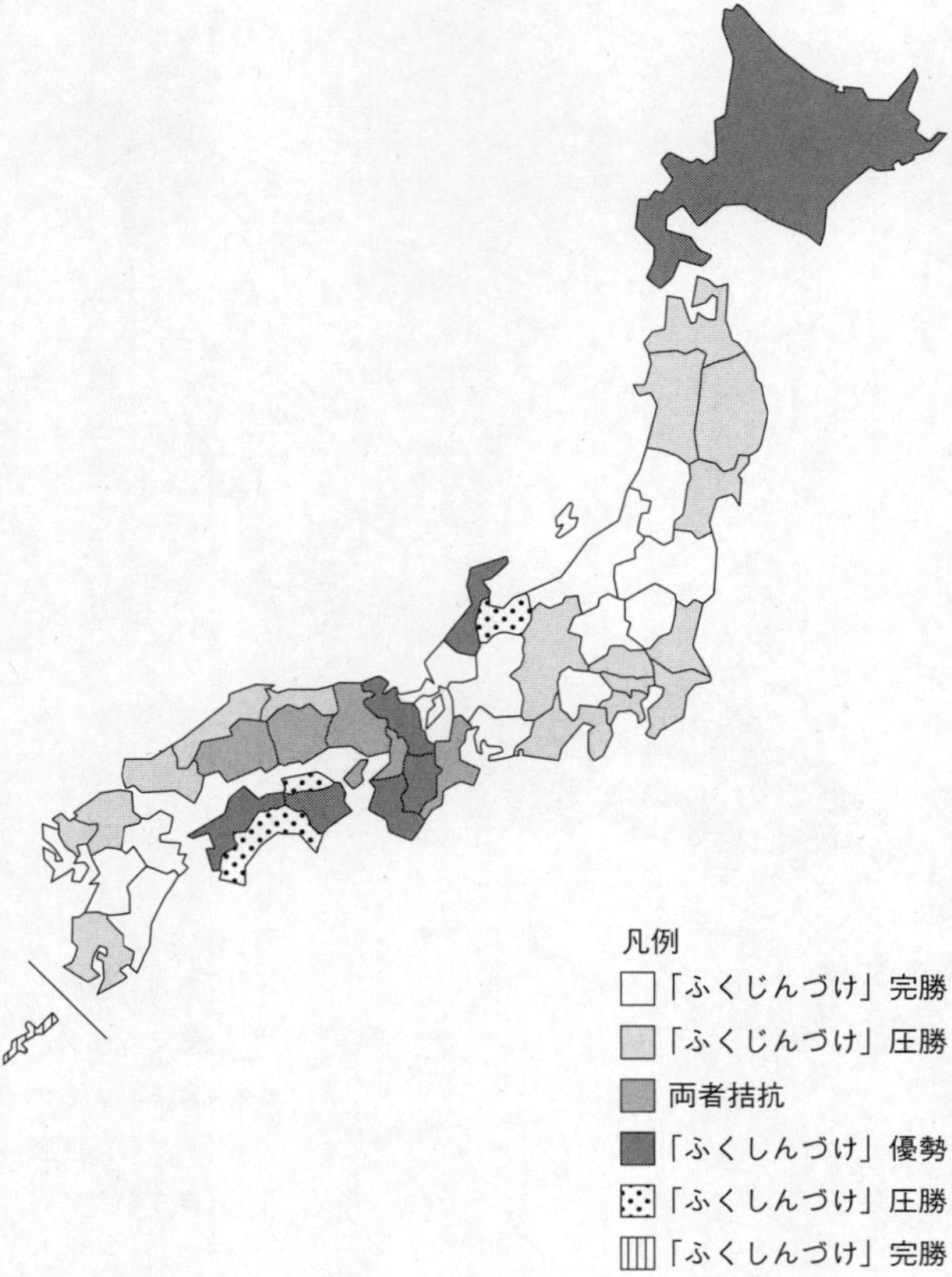

「福神漬け」をどう読みますか？

第十一章　カレーライスと生卵

設問　①カレーライスに卵をのせるなら生卵ですか、
　　　　ゆで卵ですか？
　　　②あなたのお住いの地域には「カレーそば」はありますか？

スーパーのカレーコーナーに行くと各社のルーが何種類も並び、袋に入った様々なスパイスを自分で投入して作る本格的なものもある。その横にはこれまた目移りするくらいたくさんのレトルトカレーもそろっている。カレーというのが月に何回も食卓に上らないご馳走であった時代に育った者としては、本当に豊かで便利になったものだと思う。

昔はまず小麦粉を炒め、色がついてきたら具と水分を加えてカレー粉を入れる。そうするうちに台所からカレーの香りが漂ってくると、空腹が空腹を呼んでお腹が鳴ったものである。

昭和二年生まれの母に聞いたら「いりこ（煮干し）で出しば取りよったとよ」と言った。九州は基本的に煮干し文化ではあるが、我が家ではカレーライスまで煮干し出しだったとは知らなかった。具は玉ねぎ、ニンジン、ジャガイモ、わずかな豚肉であった。サラダも付け合わせの一品もなく、水だけで何杯もお代わりした。いま食べればどうなのかわからないが、あのころは実に美味《うま》かった。

東京の駅前にあるカレー専門店のサンプルや写真メニューを見ていると、卵がのったものがある。それは決まってゆで卵。しかし、どこでもそうかというとそうではない。生卵でなければならないという地域も大きな広がりを持っている。カレーにはゆで卵か生卵か。私は生卵派なのだが、東京でそんな食べ方をさせてくれる店に出合ったことはない。社員食堂の「卵カレー」はいつも薄く切ったゆで卵である。生卵とゆで卵には地域分布があるのだろうか。

東京に来て驚いた食べ物のひとつがカレーそばである。そもそも、うどん・ラーメン・チャンポン文化圏で育っているし、うどん屋に入ってもカレーうどんというものはなかった。だからそれでなくとも見慣れないそばがカレーまみれになっているのに遭遇したときには、軽いカルチャーショックを覚えたものである。

カレーそばはいつごろどこで生まれたのか。そしてどの辺りで好まれ、好まれないのはどの地域か。そんなことを知りたいと思って「カレー」をテーマに取り上げた。読者の皆さんはこのサイトの趣旨をよくご存じなので、多少横道にそれる余裕を見せながらも、いきなりポイントを突いてきた。まずこのメールから。

「一九六〇年代の学生時代、グループで関東方面に旅行。カレーライスを食べに行き、そのうち数人が卵入りを注文しましたが、出てきた卵入りカレーライスを見てびっくり。卵が固い。そう、関西ではカレーライスに入れる場合は生卵です。最もベストなのはあらかじめ卵をご飯に絡《から》ませておきその上にカレーをかけて食べる」（ナニワのオジンさん）。

いきなり関西の生卵カレーがきた。関西からは次のように続々と報告が届く。カレーには生卵、そしてウスターソースである。

「地元兵庫県高砂市ではちゃんとしたレストランではなく食堂みたいなところでいわゆ

るカレーライスを頼むと、ウスターソースがスーパーで売られている容器ごと無造作についてきました。それを初めて目の当たりにした当時十三歳の私は「なんでウスターソースなん? 子どもや思てバカにしとん?! お母さんに言うたるでなぁ!」とやや憤慨しましたが、チャンスを無にするのはあかんと思い、ライスで堤防を作り窪《くぼ》みに生卵を流し込み、周囲にウスターソースをぐるり。そして、ぐすぐすと見た目に醜いコンビネーションを作りいざ口へ。あらあらまぁまぁこりゃ意外。美味という文字はそぐわない。なぜだかノスタルジック、昭和の雰囲気」(YUKES from NZさん)。

私が子どものころ、カレーにウスターソースは「当然」のことであった。何しろいりこ出しで作ったカレーなので味にパンチがない。そこにスパイシーなウスターソースが登場する。家でカレーを作れば、誰かがソースの瓶を食卓に置いたものである。

大阪のカレーをさらに見てみる。「船場のやっちゃん」さんは「大阪船場で生まれ育った私の実家は喫茶店でした。昼はインドカレーが名物で、辛口カレーに卵入り(生卵の黄身だけ)が評判でした。北海道で学生生活をおくったとき、学食のカレー(六十円)に生卵の黄身を落として食べ始めると、友達が信じられないものを見た顔をしてよってきました。「そんな気持ち悪いものをよく食べるなあ‼」。私は家業を侮辱された怒りに震えた悲しい記憶があります。友だちは東京出身でした」と書いてきた。

大阪の老舗《しにせ》「自由軒」のライスカレーはご飯とカレーのルーを最初から混ぜ、生卵を落としたもの。カレーに生卵というのは大阪では「文化」の領域に達した食べ方である。社員食堂でもこうした光景は当たり前。

「生まれも育ちも京都の伏見です（五十五歳）。三十〜四十年前の我が家のカレーには生卵は入れていませんでした。ウスターソースは当然のようにジャブジャブかけていました。

長じて大阪に出、初めてカレーに生卵を入れることを知りました。勤め先のOガスではO－157問題が起きるまで社員食堂でカレーを頼むと生卵を勝手に一個持って行っても良かったのです。私はそれでカレーと卵かけご飯の二つの味を楽しみました」（仁円さん）。

大阪はこのような土地柄なので本格カレーの店の中には苦戦を強いられるところも出てくる。女優の三林京子さんからのリポート。

「大阪の家の近所の住吉大社駅に本格的なスパイスいっぱいのカレーのお店ができました。キーマカレー、チキンカレー、タンドリーチキン、それに日替わりカレー。どれも申し分なくて、ターメリックライスとナンが選べて、ピクルスも自家製のこだわりようでしたが、今はもうありません。すぐ近くに店が移転して、喫茶店とパン屋が一緒になった所でキーマカレーだけはマイルドにして置いてあります。店主の話では、こういうお客さんが毎日のようにやって来たのやそうで……。

「生卵おくれ」「ソース置いてへんのか?」「飯に色つけるなよ、お子様ランチちゃうねんから……」「焼きぞこないのパンはいらんで」「ラッキョと福神漬けなしでカレー食えちゅうんか?」「普通のカレーないのんか?」「普通のカレーするようになったらまた来るわ……」

普通のカレー?? 本格的印度カレーが普通ではないのなら、大阪人にとって普通のカレーとはどんなカレーなんでしょう」。

「飯に色つけるな」の「飯」はターメリックライスのことであり、「焼きぞこないのパン」は「ナン」のことである。

このメールをもらった直後、私は三林さんと東京のホテルで会った。コーヒーショップでカレーを注文し「ウスターソースと生卵をください」と言ってみた。すると英国製のウスターソースは出てきたが、生卵は「夏場なのでご用意しておりません」ということであった。果たして冬場なら持ってきてくれただろうか。

「子どものころはカレーには必ずソースをかけていました。一人で留守番をしていて好きに食べていいときは、生卵を入れてかつお節かけて醤油で味付けをする禁止技をしていました。これが結構いけました。結婚してからは妻にソースも醤油も禁止され、ちょっと残念でした。でも今は北京《ペキン》で一人暮らしなので昔の禁止技をいろいろ復活させています。最近こちらの日系企業の日本人の方々がお金を出し合ってカレー店を大学の構内に開かれましたが、運営を中国の方がしているのでカツカレーを頼むとカレーのお皿とカツのお皿が別々に出てくる状態で笑えます」（お名前ありません）。

カレーライスは日本人の国民食である。「献立に困ったときはカレー」という家庭も多かろう。日本人なら無性にカレーを食べたいときがあるし、どうせ食べるなら好きなようにして食べたいものである。私も家族で唯一カレーにソースをかける文化を持っている。

このメールで北京の日本人がお金を出し合ってまでカレーの店を作ったことを初めて知った。気持ちはわかる。

以前、上海《シャンハイ》に取材に行った折、日本の会社がカレーを広げるべく出店したアンテナショップがあった。カレーは中国人にとって未知の食べ物である。「高知のＮＡＫＡＴＡＮＩ」さんからより詳しい中国事情が届いた。

「昼食時にローカルホテルの一階にある喫茶店のメニューにチキンカレーを発見し、迷わずオーダーしました。運ばれてきたものはなんと日本で幕の内弁当といわれている弁当箱。オーダーミスじゃないのかと思いつつ蓋を開けると、そこには仕切りのひとつに丸く型抜きされたご飯（＋黒ゴマパラパラ）、隣の仕切りには鶏肉のカレー粉炒め煮を片栗粉でつないだもの、その他の仕切りには付け合わせとしてか青菜の炒め物、ザーサイの炒め物等々。それをスプーンで食べろというものだから食べにくいったらありゃしない。

もともと中国人はカレーを食べないというのが定説になっています。それでもここ数年、日本の大手食品メーカーがカレー屋を出店し、上海でのカレーの普及に努めていますが、まだまだ新しもの好きの若者が食べているだけで決して一般的に普及しているとは言いがたい」のだそうである。

もう一本、上海から。

「上海に住んでいます。こちらにもカレーショップは個人の店や、大手のカレー屋さんの店、また日本でもよく見かけるチェーン店と同じ名前の店など、たくさんあるのですが、どこでも多いのが日本ではもう四十年くらい前の印象を受ける黄色っぽいカレー。店によっては、ごろごろしたジャガイモやニンジンまで入っているのです。こちらで作っている「ハウス　ククレカレー」（レトルトの）も黄色っぽくて、味が薄い感じがするのです。私のような五十代の人間には、昔、家でお袋が作っていたような、何となく懐かしいような、でも今となっては物足りない、そんなカレーが多いですね」（昔の関西人さん）。

しかし食べることには世界的レベルの情熱を傾ける中国人のこと、そのうち日本人が想像もできないカレー料理を発明するかもしれない。

ここで一息いれて「ココア（44男）」さんによる一編のポエムを紹介しよう。

「わたしはカレーライスが大好き。

わたしはトンカツが大好き。

が、しかし。

年に何回か、必ず公開する……じゃなくって後悔するのが、カツカレーを食べたとき。

カツカレーはおいしくない。まずくはないのだけれど、おいしくない。トンカツにカレーをつけて食べる、あの味がよろしくない。

いっしょに食べるとおいしさ50％ア〜ップ！（当社調べ）ってなことにはならない。

かならず後悔するのだが、でもしかし、だがしかし。

わたしはカレーライスが大好き。

わたしはトンカツが大好き。

なもんだから、しばらくするとやっぱりたのんでしまう。

いっしょにたべないで、同じお皿の中ではあるが、カレーライスはカレーライス、トンカツはトンカツで（ソースをかけて）べつに食べればいいじゃん。

そう決心しても、食べ終わるまでの数分間の間にその決心はくずれ、イヤやっぱりカツカレーなんだからさぁ、と同じことのくりかえしになり、またまた後悔する。

われながらおばか」

コメントは省略して、本格的に脱線する。こんな問題提起があるとは思ってもいなかった。

「ご飯とカレーの位置関係に地域性はあるのでしょうか？　最初に出されるときに、正面から見て「ご飯が左、ルーは右」か「ご飯が右、ルーが左」か、はたまた「ご飯が上でルーが下か」。無論、ルーが別になっているところ、ご飯に全面的にかかっているところもあります。

個人的には「ご飯が左下、ルーが右上」くらいが最も食べやすく、右上あたりからスプーンを始動させ、ルーを先にすくった後でご飯をざっくり取るようにしています。店で出されたカレーも、食べやすいように回転させているのですが、最初から福神漬けがのって出てくる場合、左：ご飯、右：ルー、下：福神漬けのようなフォーメーションになっていると、福神漬けを上に移動させた後に回転させたりしています。

なんだか知能テストの図形問題のようになってきて頭が混乱してきましたので、この辺《や》で止めます」（ミルフォードさん）。

社員食堂でカレーライスを頼み、自分はどのようにして食べるか考えてみた。どうもルーが右でご飯が左というのが食べやすいようである。やってみるとルーをスプーンで少量すくってご飯にのせ、それを底からすくって食べる自分がいた。

「明渡@奈良県」さんはそうではないらしい。

「ご飯とカレー、向きはどっちゃやねん論争ですが、私は絶対「ご飯右、カレー左」派です。もし「ご飯左、カレー右」だったら、必ずひっくり返します。だから、ミルフォードさんとは正反対ですね。

でも、なぜそうなったのか。多分、スプーンの入れ方の違いじゃないかと思います。私は左側から右側にかけてすくうことが多いので「ご飯右、カレー左」になっているのではないでしょうか」。

対して「むなかた」さんは「私（右利《き》き）の配置は、ご飯とカレーの量的バランスによって「右のご飯をすくって左のルーに混ぜつつ」と「右のルーをすくって左のご飯をのせつつ」とを使い分けています。つまり、ご飯が多くてルーが不足しそうなときは、ご飯をベースにルーを少なめにすくうように心がけ、ルーの量に充分以上のゆとりがあれば、ぜいたくに使い倒します。家で自分でかける場合はまず間違いませんが、ルーの下にご飯が隠れているような事態が発覚すれば当初のプラン変更を余儀なくされるので見極めには注意が必要です」とのことである。

本題とは関係ないが、国民食であるがゆえの「論争」であろう。今度カレーを食べるとき、自分がどちらの派に属するのか確認されるのも楽しかろう。

すでにお気づきのように「カレーに生卵」に関するメールはすべて西日本、しかも大阪を中心とした関西からのものである。東日本にお住いの方には参加しようにも手が出ない状況のようである。

続いて話は「カレーそば」に移る。

「愛媛ではカレーそばはありません。というよりも初めてそのような食べ方があるのを知りました。兵庫県（姫路周辺）でも見たことはありません。

ちなみに、カレーうどんの正しい食べ方はどのようなものなのでしょうか？　実家では前日の残ったカレーをゆでたうどんの上にかけ、混ぜて食していましたが、学食のカレーうどんはお出しのうえにカレーをかけられ、かなりびっくりしました。それ以外のお店でもカレーのみをかけたところと、出し&カレーのところがあったのですが」（愛媛生まれ神奈川在住さん）。

割愛するが、関西方面から「カレーそばなど見たことがない」という異口同音のメールがたくさん寄せられている。従ってここでは「関西にカレーそばは基本的に存在しない」ことが前提である。その代わり昆布やカツオの出しを利かせた和風の「カレーうどん」は関西の日常食の位置づけであることも前提にしている。そのことを念頭に置いて読み進めていただきたい。京都から三通のメールが届いたが、いずれも「珍しい」がゆえのメールである。

「阪急大宮駅の近くの京一という店には「カレー中華」というメニューがあります。そばはそばでも中華そばなのです。器はラーメン丼でいかにもラーメン入ってますっていう器になみなみいっぱいカレーで、下を箸ですくうと中華そばが出てきます。麺はほぐされてないせいか固まりのように出てきましたが……。多分、この店でしかないもののように感じていますが、京都市内の別の場所でも見たような気がします」（京都のつしっしさん）。

「何年か前まで三条新町あたりに双葉さんというおそば屋さんがあり、カレーそばも中華麵カレーもありました。ただカレーだけでなく全てのメニューでそばと中華麵ＯＫでしたし、会社の人の話ではかなり貴重な店ということでした。あくまでこの店のオリジナルのサービスで、京都ではカレーそばは一般的ではなかったと思います」（京都在住の方）。

「京都で「カツカレーそば」なるものを食べたことがあります。二十年近く前の話ですので今もあるのか否かわかりませんが、癖になる味でした。「カツカレー南蛮」というのもあったように記憶しています」（オカピさん）。

カレーうどん以外のカレー系麵類は関西においては「特筆すべき」存在のようである。ところがここで根源的な疑問につながるメールが登場する。

「不思議に思っていることがあります。関西でなぜカレーそばが消えたのか、ということです。岡田哲編『たべもの起源事典』のカレー南蛮の項にもあるとおり、当初のカレー南蛮はそばで作るもので、カレーうどんはそばよりも後発のようです。大阪でカレー南蛮がメニュー化されたのと、東京・早稲田の三朝庵《さんちょうあん》でカレー南蛮が出されたのはほぼ同時期のようですが、どちらが初出であるにせよ「そば製のカレー南蛮」のほうが「うどん製」よりも東西ともに古い存在であると推定できます。

関西でカレーそばが消えたのは、そばそのものをあまり食べないということと関連しているのではないか、と考えています」(塩田さん)。

大阪生まれのカレーそばがある上に、カレーうどんの方が後発であったという重要な指摘である。「カレー南蛮」について『たべもの起源事典』が参考にしたと思われる文献のひとつに小菅桂子著『近代日本食文化年表』がある。同年表の明治四十二(一九〇九)年の項に「大阪市東区谷町五丁目の「東京そば」の主人角田酉之介が営業不振挽回のため、そばに向くカレー粉を工夫して「カレー南蛮」を売り出したところ、これが浪花《なにわ》っ子に受けて大ヒット。これに気をよくして翌年東京に戻ってはじめたが東京ではそっぽを向かれて大正三、四年頃やっと軌道にのることになる。ちなみに東京では明治四十年に早稲田の三朝庵がカレー南蛮を売り出したという説もある」と書かれている。

本当に「東京そば」が大阪で始めたカレー南蛮はそばだったのか、うどんではなかったのか。お元気だったころの小菅さんに確認した。

「間違いありません。そばでした。角田さんが生前、専門紙に書いた文章にはっきりとそばだったと書いています。私、その新聞持ってます」。

大阪ではまずカレーそばが生まれ「大ヒット」した。うどんがそれを追いかけた。ところが東京では当初「カレーそば」は不評だった。現在と逆である。ではなぜ大阪からカレーそばが消えたのかについては私も塩田さんと同様の見方である。カレーそばに次いで現れたカレーうどんがうどん文化圏の関西人の舌に合い、そばを駆逐したのではないかというような気がする。

いずれにせよカレーそば・うどんの分布が関東と関西でこの百年をかけて激変したというのは面白い事実である。その大阪の老舗《しにせ》の話。

「大阪にカレーそばがないというような流れになっていますのでついメールします。梅田のお初天神の近くに「瓢亭《ひょうてい》」という有名なそば屋があります。ここの「夕霧そば」や「お初そば」というのもなかなかのものですが、普通のそばも初めて食べたときは、大阪でこんなそばを食べさせる店があったのかと思うほどのものでした。

ここのもうひとつの名物が「カレーそば」です。丼ではなく深皿に盛られて、タマネギではなく青ネギが入っています」(一立さん)。

「瓢亭」は大阪市北区にある近松門左衛門作『曾根崎心中』ゆかりの露天神社《つゆのてんじんじゃ》(通称お初天神)に隣接する飲食街で店を構える老舗。私も大阪に住んでいたころ、しばしばお世話になった。「柚子《ゆず》切り　熱盛り」が気に入っていた。この店のカレーそばは未体験だが、あるいは古い大阪のカレーそばの姿を伝えているのかもしれない。

さてVOTE結果である。地図を見れば一目瞭然《りょうぜん》。まず「カレーにのせるならどんな卵か」という点に関して「ゆで卵が優勢」な地域は東日本。近畿以西広島、島根までずーっと「生卵優勢」地帯である。これでは文明の衝突が起きてしまう。私たちが間にはいって何とかしようというわけでもないだろうが、その中間には山梨から三重に至る「どっちつかず」地帯が広がっている。この地域では、生卵もゆで卵も決定的な優位を確保できていない。恐らく両方の食事行動の混交であるのだろうけれど、こんなにはっきりと色分けできるとは想定していなかった。

これに関連して「みなみ@神奈川さん」から「馬鹿話なのですが、関東のカレーにはゆで卵、関西のカレーには生卵とのことですが、関東と関西の中間の愛知県が発祥のカレーチェーン店ＣｏＣｏ壱番屋のカレーのトッピングに半熟卵があるのは必然でしょうか、偶然でしょうか」というメールが届いた。いや、馬鹿話などではないかもしれない。一方に「生卵がほしい」という客がいる。他方に「ゆで卵でないといやだ」という客がいれば、企業としては中間形態の半熟卵を置くことを考えても不思議はない。案外、当たっているかも。

カレーそばの生息地はどこかという問題。バックデータで見ると「カレーそばが普通にある」という回答が50％を超えたのは北海道（63）、群馬・茨城（58）、東京・宮城（55）の五都道県だけだった。要するに東日本である。

長野以西では「カレーそば」は俄然《がぜん》レアな物件になり、岐阜・高知・佐賀・沖縄は全員が「そんなもんないぞー」と答えた。

今回は地図を見やすくするため「カレーそば指数」を作ってみた。カレーそば指数(単位：杯)とは、各地のVOTEの「普通にある」の割合×二プラス「時々見かける」の割合×一プラス「ない」の割合×マイナス一の合計。地図では百杯以上が「普通にある」、五十杯以上～百杯未満が「時々」、〇杯以上～五十杯未満が「たまに」、一杯とマイナス百杯の間が「ほとんどない」、マイナス百杯が「ない！」となっている。

ともかくカレーにのせる卵、カレーそばの生活密着度ともに東西偏差が明らかになった。いつも思うが、どうして日本人の食の文化はこのように東西で類型化が可能な要素が多いのであろうか。列島の真ん中に東日本国と西日本国の国境が走っているのではないかとさえ考えてしまう。

問題はなぜこのようなことになったのかである。以下は「関西人はどうしてカレーライスに生卵を落とすのか」に関する個人的な推論である。

ハウス食品のHPの中に「カレーの日本史」というコーナーがある。年表になっていてわかりやすいので、これを参考に話を進める。

明治初期の文明開化とともに西洋料理が日本に入ってくる。カレーもそのひとつであった。早くも明治五(一八七二)年発刊の『西洋料理通』(仮名垣《かながき》魯文《ろぶん》)と『西洋料理指南』(敬学堂主人)にカレーの作り方が登場している。『西洋料理通』のレシピでは当時手に入りにくかったタマネギではなくネギを使っているし、味も形状も現在のカレーとは遠く離れたものであったらしい。

だが翌年には陸軍幼年生徒隊の土曜の昼食にカレーが導入され、同九年に開校した札幌農学校で一日おきにカレーが出された。

このころのカレー粉といえば英国から輸入していたC&B（クロス&ブラックウェル）社のものであったが、同三十六（一九〇三）年になると大阪の薬種問屋「今村弥」が国産初のカレー粉の販売を始めた。

同四十年代に大阪にあった「東京そば」が「カレー南蛮」を発明した背景には輸入品に比べて手ごろな国産カレー粉の存在があったのかもしれない。

それからというもの、カレーは日本人の食生活になくてはならないものになっていく。カツカレーが浅草の洋食屋台「河金」で誕生したとされるのが大正七（一九一八）年。ハウス食品の前身「浦上商店」が「ホームカレー」を発売したのが同十五年で、昭和二（一九二七）年になると新宿・中村屋に「純印度式カリー」が登場し、深川の「名花堂」が元祖カレーパンの「洋食パン」を売り出した。

「阪急百貨店二十五年史」には昭和十一（一九三六）年から十二年に黄金期を迎えた梅田阪急食堂では一日の平均客数が四万五千人に上り、三十銭のランチが毎日一万五千食、次いでコーヒー付き二十銭だったカレーライスが一万三千食も売れたと書かれている。

わかる。三位が二十銭のカツレツで九千食。この当時、どれだけカレーが人気であったかがよく

さて私が阪急百貨店の社史を読んでいて目を留めたのは、その次の記述であった。これだけの需要を賄《まかな》うのに百貨店側が一日に使った食材は「白米60俵、牛15頭、豚5頭、鶏350羽、卵（4貫入）30個、ソース40石、醤油（3斗6升入）80樽、酢40樽」などであるが、中に出てくる「ソース」とはウスターソースを指す。それを日々四十石、つまり一升瓶で四千本（七千二百リットル）も消費しているのである。これを客数の四万五千で割ると一人当たり百六十ccになる。

これは和食、洋食、中華全体の平均であって、和食と中華にはあまりソースは使われなかっただろうから、洋食に限って考えると一人一回当たりのソース使用量は恐るべき量になる。一番人気のランチの中身は「エビフライ、ミンチボール、ライス、コーヒー」であったので、ソースを使うとすればエビフライだけであろう。

三番人気のカツレツはソースが必需品であるが、カレーにも相当量のソースが用いられていなければ、こんな数字にはならない。というのも「ソースで天ぷら」の章で見たように、日本型のウスターソースは明治の大阪で生まれ、大阪には当時から「洋式醤油」「新式醤油」を料理にかけまわす文化があった。カレーにもソースをかけたであろうし、現在の大阪の大衆的なカレーがソースを随伴していることから考えても、どこか

の時点で「カレーにはソース」が定型として出来上がっていたはずである。

ともかく「カレーにはソース」と思っている人が「たまには贅沢して卵をのせようか」と考えたとしよう。カレーライスにソースをかければ、「自由軒」のように全体を混ぜるのか、食べる部分だけをそのつど混ぜるのかは別にして混ぜないと味にむらができる。ならば卵は一緒に混ぜることができる生卵でなくてはならない。ゆで卵では混ざらないのである。

私は大阪の「カレーに生卵」という食べ方は、その前に「カレーにはソース」というかき混ぜ型の食べ方があったから成立したのではないかと考えている。かき混ぜない食べ方に、混ぜないと食べにくい生卵が入ってくる余地はなかろう。だからカレーライスを混ぜない東京では生卵ではなく、ゆで卵になったのである。

ここまで書いた後、ちょっと高級なものが置いてある東京のスーパーで「せんば自由軒の混ぜカレー」のレトルト商品を見つけた。

紙パックの表にはご飯とルーが全体に混ざった上に生卵がのった「カレー」の写真。そして裏にはこう書いてある。

「自由軒は、大阪ではじめての洋食屋（昔は、西洋御料理店と呼ばれた）として、明治四十三年に、ミナミの千日前で創業されました。ちょうどその当時、店の前には楽天地と呼ばれる大衆娯楽場があり、それはもうにぎやかなもので、山高帽《やまたかぼう》に絣《かすり》の着物を着、下は下駄履《げたば》き。今では「ぷぷっ」とふきだしそうな格好で人力に乗り、演劇や活動写真（映画のこと）を観《み》たあと西洋料理店に入り、カブトビール片手にカットレット（カツレツ）とライスカレーを食べる。テーブルのわきにはウスターソース（当時としてはとても高価で、まだしょうゆが一般的であった。）が置いてある。それに恐る恐る手を伸ばし、全ての料理にソースをかける。「あー、最高！　わしもいっぱしの文明人！　ハイカラや！」ときどった姿が今も目に映る……」。

さらに「使用方法」のところに、カレールーとご飯を混ぜた後で「中央を少しくぼませて生玉子を入れ、ウスターソースをスプーンで約2〜3杯分強入れます。カレーと玉子を充分混ぜあわせると、より一層おいしくなります」とある。

ウスターソースが出回り始めた明治後期に「全ての料理にソースをかける」ようになっていた大阪の人々は、もちろんカレーにもソースをかけてかき混ぜていた。そんなカレーにのせる卵はやはり生卵でなければならなかったのである。

それにしても梅田阪急食堂でのソース消費量は多すぎはしないか。一日四十石ではなく四石だったのなら、現代人はホッとするのである。

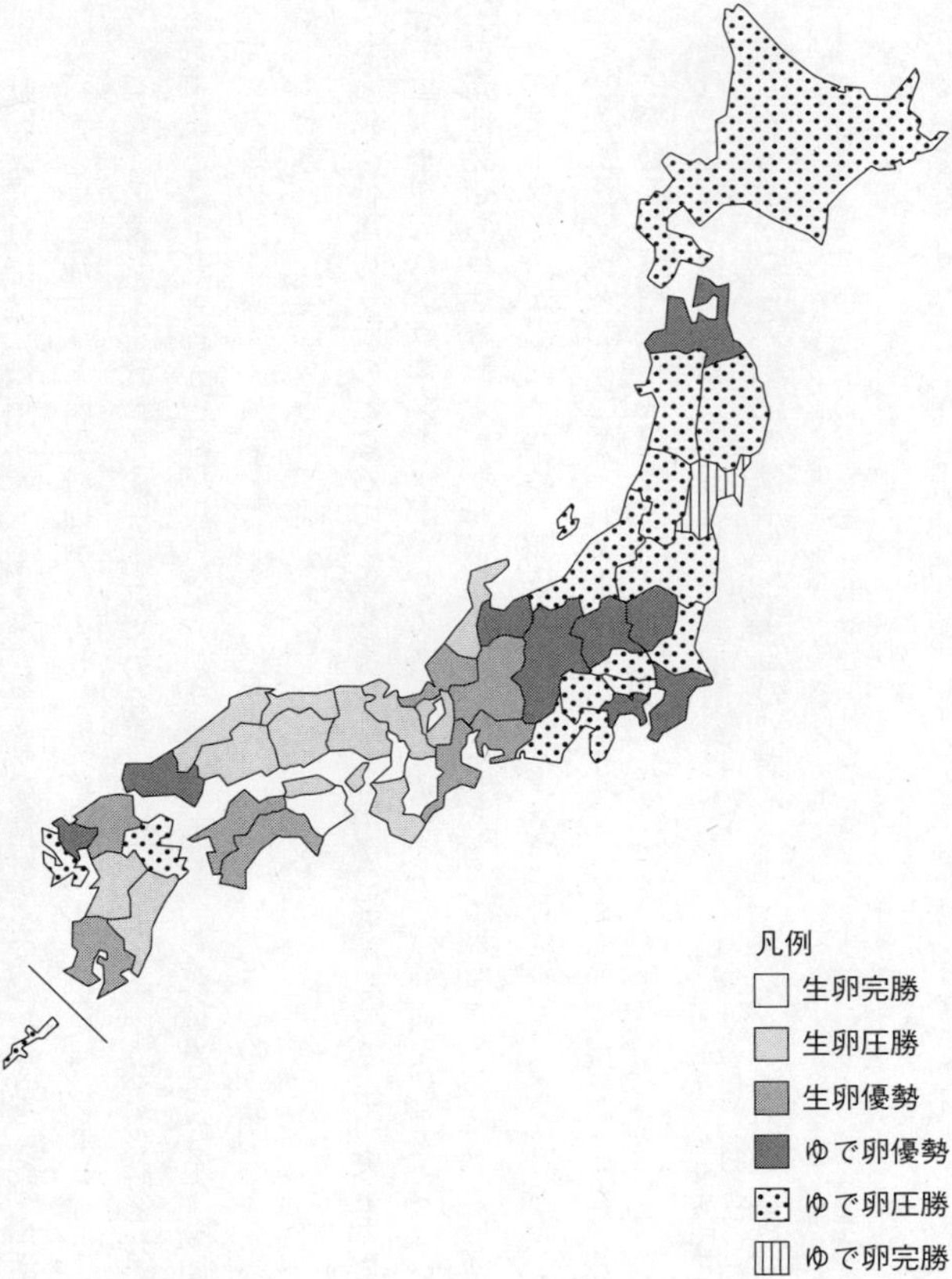

カレーに卵をのせるとしたら？

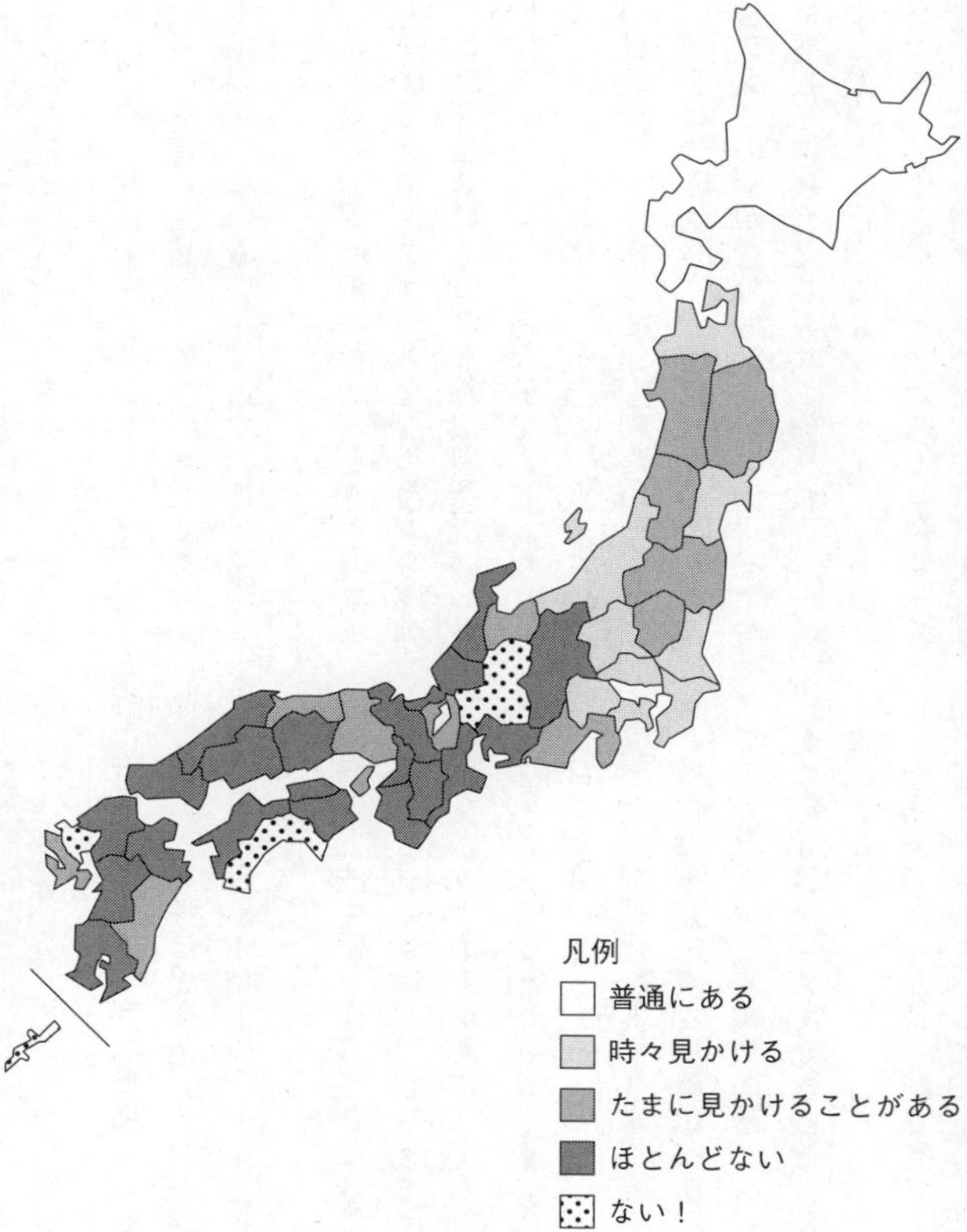

カレーそばは地元にありますか？

コラム　飴ちゃん

飴　澱粉または米・甘藷（かんしょ）などの澱粉含有原料を麦芽・酸で糖化させた、甘味のある粘質の食品。淡黄色で透明であるが、品質の低いものは黒褐色。また、砂糖を煮つめて製したものもいう。古く「糖」「餳」とも書く。（『広辞苑』第七版）

石川県の加賀温泉に行ったとき、温泉街の売店でソフトクリームをなめながら陳列された商品を見ていたら谷口製飴所の「吸《すい》坂《さか》飴」があった。有名な飴である。なにしろ「三六〇年の歴史」を誇る。寛永八年、加賀の吸坂村で初めて作られたのだという。

原料は米と大麦、水だけ。米のでんぷん質を大麦の芽が含む酵素（アミラーゼ）で分解して糖に変える方法で作られる。

金沢観光に行った人ならガイドブックで見たか、お土産に買っただろう「俵屋」も、同様の方法で飴を作ってきた老舗である。

同社のHPに「飴ができるまで」という写真入りのコーナーがある。①米を洗い、水を張った大きな桶の中に入れる②米を蒸し上げて大麦の芽（麦芽）と混ぜ、適量のお湯を加えて糖化を促す③米、麦芽の抜け殻と糖化液を分離する④糖化液を蒸発釜で煮て水分を飛ばす⑤複数の釜から、ほぼ完成した糖化液を集めてかき混ぜ、均一の固さに調える。

植物のでんぷん質を糖化させて水飴を作

る方法を誰が発見したか知らないが、砂糖がなかった時代にこのようなやり方が確立していたことには驚くほかはない。

でんぷん質は米に限らない。広辞苑が書くようにもち米でもいいし、粟でもトウモロコシでもいい。だからその地でとれる植物を用いた古い水飴が全国に伝わっている。

そんな水飴には子育て伝承が絡むことが多い。乳飲み子がおなかをすかして泣いているのにお乳が出ない。そんな母親は水飴を布でくるんで赤ん坊に吸わせたというのだ。確かにカロリーだけは取れる。ありがたかったのではないだろうか。

そして今日の日本には飴類があふれている。私が愛用しているのは医薬品ののど飴だが、スーパーの飴売り場には多種多様な商品が並んでいる。


そんな飴を「あめちゃん」と呼ぶ地域が存在する。間違いないのは都合七年半住んでいた大阪である。家庭には「あめちゃんかご」があり、ご婦人方は「あめちゃん袋」をバッグに入れて外出する。

映画館や劇場で誰かがコホンとやれば、四方八方からあめちゃんを持った手が延びてくるというのは一種の都市伝説ではあるけれど、あながち根拠がないわけでもないことを、私は大阪暮らしの体験から知っている。

タクシーに乗った途端に、運転手さんからあめちゃんをもらったことがある。理髪店の椅子に座ると目の前にあめちゃんが入った皿があった。

どうして大阪はあめちゃんに覆い尽くされているのか。一説によると砂糖を加えた飴が大阪発祥であることと関係があるとか。昔から飴は大阪の人々にとって、生活シーンを彩る存在であったのかもしれない。だから大阪では親しみを込めて「あめちゃん」と呼んでいるのではないだろうか。

そこで私はネット読者に「あめちゃんと呼びますか？」と問いかけてみた。「あめちゃんと普通に言う」との答えが多かったのは大阪（95％）、滋賀（86％）、兵庫（同）、京都（83％）、奈良（77％）、和歌山（67％）だった。見事に関西圏の文化である。

これに「あめちゃんと呼ぶ人もいる」という回答を加えると徳島（88％）、三重（79％）、福井（70％）、石川（68％）、富山（67％）というように、四国や東海、北陸が含まれてくるのである。

大阪発の「あめちゃん文化」は関西圏を突き抜け、周辺地域まで達したことがうかがわれる。

第十二章　納豆に砂糖

設問　①納豆は好きですか？
②納豆に砂糖を入れますか？

青森市内のスーパーに地元在住のSさんと行った。「納豆売り場を見てください」と言う。のぞいてみてすぐに気が付いた。ひき割り納豆の大行列。粒納豆は申し訳程度にしか並んでいない。

「この辺で納豆というとひき割りです。東京に短期間住んでいたんですが、粒納豆ばかりだったので閉口しました」と笑った。

東京のスーパーにもひき割りは何種類か置いているものの、やはり主流は粒納豆である。納豆の地域性を物語る話であろう。

読売新聞のホームページ「YOMIURI ONLINE」の中に「発言小町」という女性向け掲示板がある。二〇一一年十二月三日に「新婚の新米主婦」から大略以下のような書き込みがあった。

「納豆に卵と砂糖と醬油（添付のたれ）を混ぜてだしたら、夫に「こんなの納豆じゃない」とキレられました。実家では家族4人で納豆2パック、卵2個、砂糖と醬油でした。私が変なのでしょうか？」

すると大変な数の書き込みが殺到した。

「納豆に砂糖は断固入れたくありません」。

「ごめんなさい、それは私も引きます」。

「納豆に砂糖？　冗談のようにしか聞こえません」。

といった声ばかりが延々と続き、この主婦は孤立無援の状態になっていった。私は主婦が気の毒にさえ思えた。この章にも登場し、後に日本地図で描くことになるが、日本には納豆に砂糖を入れる地域が厳然と存在する。それも局地的ではなく、そうとう広い範囲に及んでいる。

そんな土地で生まれ育った人々にとって「納豆に砂糖」は所与の文化である一方で、それ以外の地域の人々には「信じられない」行動に映る。

しかしながら私はずっと以前から「ある食べ物を食べることと食べないことにはどちらも理由があって、それは等価である」という立場である。従って自分がそうするかどうか、好きかどうかとは無関係に「お互いそれぞれ」と思う。

ただ全国的にみると納豆は好き嫌いが比較的はっきりと出る食べ物であることは疑えない。地域差を念頭に置きながら、読者のみなさんからのメールを読んでいく。

日本人でも嫌いな人がいるのだから、外国人にとっては信じられない食べ物かもしれない。「東京のあさちゃん」は「元旦那は日本食大好きなアメリカ人でしたが、糸を引く豆は腐っていると言って、手も足も出しませんでした。ポークビーンズは喜んで食べるくせに、味噌汁は飲むくせに、と散々いびった記憶があります。でもこっそり作ってつまみに出した納豆の空揚げは、糸も引かずにぱりっとしていてわからなかったようで、ヘルシーフードだと言って喜んで食べてました。私がほくそえんだことは言うまでもありません」と書いてきた。

納豆は代表的な発酵食品。発酵は食べ物が食べられる方向で腐ったものである。確かに腐ってはいるが「腐敗」ではない。しかし納豆で問題になるのはねばねばの糸とにおいであろうか。「NYっ子」さんはこう書く。

「東京の下町で生まれ大人になるまで育ったので、子どものころ納豆売りのおばさんが売りに来た納豆と味噌豆は通常の朝ご飯でした。アメリカに移住し、納豆を食べる機会が一気になくなったら、どうもあのにおいには我慢できなくなりました（中略）我慢すれば食べられるし、おいしいと思います。においだけが敵ですね」。

納豆といえば水戸だが、九州の熊本は昔から納豆の飛び地とされてきた。これには二説ある。ひとつは肥後藩主となった加藤清正《きよまさ》が納豆文化を持ち込んだという説。もうひとつが明治になって熊本に陸軍の地方拠点である鎮台《ちんだい》が置かれ、全国から徴兵された将兵が駐屯することによって東日本の食べ物であった納豆が広がったという説。

西郷隆盛《たかもり》による西南戦争の折、西郷軍の北上は熊本で阻止されるが、熊本城に拠った政府軍の中心は農民出身の部隊だった。東国から徴兵された彼ら農民兵が納豆を食べた、あるいは軍も安価な蛋白《たんぱく》源として納豆を重宝したため、九州では熊本だけに納豆文化が移植されたという見方である。

私の故郷の久留米《くるめ》でかつてどれほど納豆が受容されていたか、はっきりした記憶にはない。ただ一九二〇年生まれの亡父は納豆が好きであった。中でも正月に焼いた餅で納豆をくるんで、実に美味そうに食べていた情景を思い出す。思い出すのはその映像だけでなく、餅で熱せられてひときわ強く立ちのぼるにおいである。相当に強烈なにおいであったろうが、私はむしろそのにおいを好んだ。

一口に納豆のにおいと言っても様々なようである。

「水戸出身者として一言。大学入学で東京に出てきて驚いたこと。納豆が臭いんですね。最初は腐っていると確信してスーパーに文句を言いに行きました。複数の同級生が経験しています。もちろんスーパーの人には理解されませんでした。納豆ってちょっと枯れ草っぽい、かすかに甘い香りのするものだと思って育ったのですが」と言うのは「納豆なら黙っていられない」さん。

「東京の納豆は腐っている」と言われたスーパーの店員さんは、さぞ困ったことであろう。「腐っていなかったらただの大豆だ」などと心の中で反論していたかもしれない。

ところが最近、逆のことを経験した。私が朝食用にスーパーで買ってきた納豆を食べていたら東京生まれ東京育ちの妻が「この納豆、くさい」と顔をしかめたのである。パッケージをみると茨城のメーカー。いわゆる水戸納豆であった。

水戸納豆で育った人は東京の納豆を「腐っている」と感じ、東京生まれの妻は水戸納豆を「くさい」と感じた。この辺りは「食の方言」の中の、さらに「嗅覚の方言」なのであろうか。いやそんなものでは済まないかもしれないと、この「明渡@奈良県」さんからのメールを読んで思う。

「大阪生まれで両親は和歌山出身。食卓には納豆の「な」の字もあがることはなく、ドリフの「全員集合」で納豆という粘った食べ物があると知ったくらいです。私の職場の先輩職員（奈良県天理市出身）も同様で、研修に行った東京で朝食に出た納豆を「腐っている」と食堂のおばちゃんに抗議したそうです。（中略）お好み焼きに混ぜても、においのないものにしても、やっぱりくさいです。人が近くで食べていてもくさいです。何をどうやっても食べられないものは食べられません。究極の選択で「納豆を食べるか、死ぬか」と言われれば「死ぬ」方をとると思います」。

そんなことで死なないでいただきたい。

冒頭にも書いたが納豆の粒の大きさにも地域差が見られる。九州は中粒が多く、東日本は小粒から大粒まで多様だが、東北では粒ではなくひき割りが圧倒的に多い。青森市内のスーパーの納豆売り場を何カ所か見て回ったところ、ひき割り八対その他二の割合であった。東京ではその比率が逆になる。

食べ物には地域差とは別に、母から子への垂直な伝播《でんぱ》という現象も見逃せない。例えば「madoka178」さんのご家庭では……。

「私は納豆は嫌いです。しかし父（長野出身・毎朝納豆を食べている）は「幼いころは両手を泡だらけにしながら納豆を食べていた。嫌いというのはおかしい。母親（鳥取出身・大の納豆嫌い）の陰謀に違いない」と怒っておりました」ということである。

確かに母親が家庭内で「陰謀」を巡らせると父親の力ではどうにもならないことが多い。納豆嫌いの母親に納豆をせがんでも「あんなもの食べなくても生きていける」と一蹴《いっ》《しゅう》されるであろうし、食べないでいると食べたくなくなり、気がつけば嫌いになっていたということがあり得る。

では逆に納豆好きはいかにして維持され、あるいは広がっていくのであろうか。次のメールが参考になる。

「我が家には「納豆娘」「納豆星人」とも呼ばれている子がいます。決して水戸の観光協会の回し者ではございませんが、納豆がないと機嫌が悪くなるほどです（中略）娘が最初に納豆を食べたのはなんと離乳食。（中略）保育園でも納豆ご飯は人気らしい」（川崎の岩橋さん）。

続けて、このメール。

「関西人です。実家（神戸）では納豆は触ったことも（においを）かいだこともありません。兄は京都で下宿中に学食で一番安い朝飯のおかずが納豆であったため、納豆を食べるようになりました。旦那（九州人）は一度においをかいで門前払いにしたとのことです」(渡邉さん)。

さらにもう一通は「シンガポール　マーライオン」さんから。

「横浜の大学に入ったとき、関西人の納豆に対する極端な反応に接し、納豆というのがとても特殊な食べ物だったことに気がつきました。多くの関西人は、よくあんな腐った豆を食えるもんだと納豆を罵倒《ばとう》しておりました。しかしある神戸出身の友人は今まで目にしたこともない食べ物に大いに興味を覚え、ある日意を決して学生食堂で恐る恐る納豆を口にしたのです。その瞬間、彼は天を仰ぎ(本当!)この世にこんなおいしいものがあったことを今まで知らんかったとは一生の不覚、と大いに嘆いたものでした。何かにつけオーバーアクションで、関西人は素人まで吉本新喜劇っぽいと、二十数年たった今でもあのときの納豆リアクションを覚えています」。

「京都生まれのダンナはいまだかつて納豆を食べたことがない。「足の裏のにおいがする」(そらアンタの足の裏やろ~)、「腐ってるねんで~」と言います。だから結婚当初は買ったことがありませんでした。ところが、滋賀県産の二人の娘たちは、学校の給食で食べてきたので、ご飯に納豆をかけて食べられるんです」(うずらさん)。

以上、四通のメールに共通しているのは「教育関連施設」である。片や保育園や学校の給食、片や大学の食堂という違いはあるものの、集団向けの食事の場に納豆が登場することによって納豆食が普及している姿が浮かぶ。

家庭で母親が子どもに納豆を食べさせなかったり、反対に盛んに納豆を食べさせたりしても個人の努力の域を出ない。しかし給食や食堂のメニューに登場すれば普及の威力が格段に違う。背景には冷蔵庫の普及やコールド・チェーン（低温流通網）の整備という問題があるのだが、そのことには後で触れる。

さてここで中心テーマが浮上した。納豆に何をかけて食べるかである。

「東京生まれ東京育ちの三十六歳会社員です。秋田の祖母は納豆に砂糖と醤油を入れていました。もっともトマトにも砂糖をかけて食べていたくらいなので、単なる砂糖好きなのかもしれません。私は塩と辛子を入れますが、少数派のようですね」。

これは「atomura」さんからいただいたメールである。私は一読して思い出した。栃木県日光市に住むある人物を訪ねた折であった。その人は納豆を手に「砂糖を入れて四百回かき回すと日本一の納豆になります」と言う。酒の席であったのでそれ以上は聞かず、恐ろしく糸を引いた納豆をずるずると食べたのが私の「納豆に砂糖」の初体験であった。あのとき確かに私の常識、経験知が激しくゆすぶられた。

「atomura」さんのメールを紹介すると続々と「納豆には砂糖」というメールが到着し始めた。

「高校まで秋田に住んでおりましたが、確かに砂糖（サッカリンだったかも）を入れてましたし、トマトやゆでたジャガイモにも砂糖をかけて食べた記憶があります。親戚の集まる盆正月や法事でも同様の食べ方をしていましたから、単なる砂糖好きではなく一種の食文化であろうと思います」というのは「札幌在住 yanamasa7」さん。

第八章で明らかになったように、秋田では甘味をつけた赤飯を食べる。茶碗蒸しには栗の甘露煮が入る。加えてトマトに砂糖、ゆでたジャガイモにも砂糖であるのなら、納豆に砂糖は少しも不思議ではない。不思議ではないが不思議。

そこで別の日、日光の彼《か》の人に確かめてみた。「納豆に砂糖っていうのは、あなたのオリジナルですか？」。すると答えは「秋田出身の人に教わったんです。その人の話だと秋田の方じゃあけっこうやっているらしいですよ」。まさに「yanamasa7」さんのメールと符号する内容であった。秋田についてはミルフォードさんからいただいた次のメールで「納豆に砂糖」地帯であることが裏付けられる。

「以前、某テレビ局の番組で納豆をとりあげていたときに、女性アナウンサーと女性雑誌編集者（どちらも秋田県横手市出身）が「子どものころ、納豆に砂糖をかけていたよね……」という話題を提供していました。横手市内の近くには「納豆発祥の地」といわれる石碑もあり、この辺りは納豆フリークにとっては「聖地」です。秋田‐山形‐福島辺りを個人的に「納豆銀座」と呼んでおり、昨年、車で縦断しながらスーパーの納豆売り場をひたすらチェックしていったのですが、町ごとに独自の納豆（赤いパッケージに白抜きの字が代表的）が根付いており、感銘を受けました」。

このメールがとどめを刺すか。

「秋田県の南部出身です。大学に入るまで地元を離れたことがなかったので、世の中の納豆は全部ひき割りだと思っていました。地元を離れて初めて世の中の主流が粒納豆であることを知り、一種のカルチャーショックを受けました。祖母が砂糖を入れる習慣だったので、そういうものだと思っていましたが、兄が就職して帰省したとき、東京では納豆に砂糖を入れないと聞き、ヘエーと驚いたことを覚えています」（48歳男　広東省深《しん》圳《せん》市在住　スガさん）。

横手市を中心とする秋田県南部の「食の方言」であることは間違いないであろう。それほど甘いものが好きな地域なのか？

いやいやそんな単純なことではないと「頑固堂」さんは書く。

「納豆の本場、秋田の出身です。東北地方で納豆に砂糖を入れるのは、基本的に甘くするためではありません。多く、自家製の納豆を食べていた時代、ややネバリが足りない納豆ができたりして物足りないときに、ほんの少量、ちょびっと砂糖を入れてかき回すと、とてもよく糸を引くんです。そのための砂糖で、甘じょっぱくして食べるための砂糖ではありません」。

なるほど、かつて日本の家庭では味噌も豆腐も納豆も自家製であった。「手前味噌」という言葉に名残をみることができる。

その自作の納豆をいざ食べようとしたら発酵が未熟で糸を引かない。さてこれをどうしたら美味しく食べられるだろうか。砂糖でも入れてみるか。入れた。混ぜた。おおー、なんだ、この糸の引き具合は。箸で引き上げるとまるで荒縄、いや注連飾《しめ》りのように強靭《きょうじん》な糸の束。そうだ、これからは納豆に砂糖を入れて掻き混ぜることとしよう。

ということが「納豆に砂糖」の始まりであるならば、一種の民俗学ではないだろうか。

その背後にあるのは雪の情景であり、冬の寒さである。納豆に発酵が不可欠なのに、雪に覆われた寒いところでは発酵が進みにくい。室内もいまほど暖房が行き届いているわけではない。すると「頑固堂」さんが書いてきたような「ネバリが足りない納豆」もしばしばできたであろう。それを少しでも美味しく口にするために、たくまずして生まれたのが「納豆に砂糖」。私はこうした食べ方を「不思議」と書いたが、少しも不思議ではなかった。風土がなせる技であった。

「生まれ・育ちは栃木県です。「納豆に砂糖」についてですが、栃木の農村部ではかけていたみたいです。私の家庭では決してかけませんでしたが、小学校の先生やまわりの農家の子の家では砂糖をかけると言ったのを聞いて驚いた記憶があります。でも、どうもそのころの様子からするに、農村でも比較的裕福な家庭に限られていました」（ミシガン州在住の宮島さん)。

秋田県南部に限らない可能性が出てきた。今後のVOTE結果を待とう。どんな「納豆に砂糖」地図ができるのか、楽しみである。

と書いたところで「神奈川育ち愛知西三河在住40歳男性」さんから、重要な指摘をいただいた。市販のパック入り納豆には様々な「たれ」が付いているが、あれには砂糖が入っている。従って「かなりの確率でみんな納豆に砂糖を入れている」わけだから、そのへんをちゃんと考えないといけないという指摘である。今回の「納豆に砂糖を入れるか」という設問は「添付のたれなどを使用するため結果として砂糖が入る」というのは除外する。あくまで砂糖と認識したうえで、自らの意思をもって自宅にある砂糖を加えるケースのみを問うのである。

思えば、九州のスーパーで見た納豆のパッケージには「甘だれ付き」と表示したものがいくつもあった。「たれ」には醬油を使っている。九州の醬油は甘い。砂糖・液糖・ブドウ糖では飽き足らず、甘草(ステビア)、水飴まで加えたものもある。そのような醬油が入った「たれ」を納豆に垂らすということは、九州も意識せざる「納豆に砂糖」地帯ではないか。

シリーズ終盤になって名古屋の「日野みどり」さんから、次のような報告が届いた。

我がサイトはこれで一時騒然となる。

「情報誌にKという新しいサンドイッチ店のことが出ており「こ、これはぜひ試してみなければ」という使命感に駆られ、電車に乗って栄のデパートMの地下まで買いに行った次第です。問題のソレは、ホイップクリームがびっしりと詰まったサンドイッチで、二切れがパックになって三百円。真ん中に具（ほとんどクリーム）がてんこ盛りになって、切り口はV字に広がっています。で、包みを開けると、思いっきり糸を引きます。納豆とクリームがないまぜになった糸で、すき間からみじん切りのコーヒーゼリーがぽろりとこぼれます。

意を決して食べてみると……納豆にはなんの味もついていません。納豆のくさいのと、コーヒーゼリーの苦いのを、ホイップクリームの甘いのにまぶして食べてる感じです。まずいか……と問われると、まずくありません。これが。不思議と」。

「納豆コーヒーゼリーサンド」である。内容物および味わいについては日野リポート通りである。

と断言できるのは、その後周囲の強制に近い勧めによって名古屋に行き、デパートMの地下一階食品売り場でこの物件と姉妹商品を買って食べたからである。暫《しばら》くしてこの店が東京・新宿に支店を出したという話を聞いて某ホテルのテナントとなった店に出向き、再び納豆がコーヒーゼリーとホイップクリームとコラボしたサンドイッチをほお張る栄誉に浴したからである。

そして私は「このような商品を思いついたのみならず、果敢に世に問うた人はエライ」という深い感動に包まれたのであった。

そんなことをしているうちにＶＯＴＥ結果が出た。

データを眺めていると、日本人の納豆好きがよくわかる。すべての都道府県で「大好き」と「まあ好き」を合わせた「好き」派が半数を超えているのである。中でも秋田県と大分県は「大好き」と「まあ好き」の合計が１００％。つまりＶＯＴＥをした人の全員が「好き」派だった。秋田県はわかる気がするが九州の大分が名前を連ねているのは意外だった。

では「大好き」の比率が高かった上位10県を紹介しよう（数字は％）。宮城77、宮崎75、山形67、新潟67、鳥取67、大分67、埼玉64、福島64、長野63、青森61。

逆に「大嫌い」が多かった県は福井35、徳島25、滋賀21、佐賀17、愛媛・石川15、高知14、鹿児島13、京都11、和歌山・兵庫10。

想像した通り関西勢が顔をそろえている。大阪から届いたメールの中に「納豆は食べ物と思っていない」というものがあった。その大阪の数字を全部紹介する。

大好き37、まあ好き34、どちらでもない9、嫌いな方7、大嫌い7、食べたことがない6であった。

「納豆を食べるくらいなら死んだ方がまし」というメールを送ってくださった方がお住まいの奈良県も全データ開示。大好き48、まあ好き30、どちらでもない4、嫌いな方4、大嫌い13、食べたことがない0。

大阪府、奈良県とも「大好き」が意外に多いのはどうしたことだ。時代は変わったのか。

「大嫌い」が「大好き」を上回ったか同数になった県が三つある。徳島大好き8対大嫌い25。福井大好き12対大嫌い35。高知大好き14対大嫌い14。この西日本の三県こそが納豆嫌い県のトップ3である。

「大好き」が50％以下だった府県は二十八あるが、そのうち東日本に属するのは岩手、群馬、山梨、静岡の四県だけで、あとはすべて西日本。ということは「大好き」50％超の道県は東日本勢中心ということになる。

今回のVOTEでは、ほぼ「東日本には納豆好きの人が多く、納豆嫌いな人は西日本に多い」という傾向が示されたようだ。しかしかつてはもっと鮮明な地域差があったはず。それが薄れた理由について考察したメールが「いちぜん会」さんから届いている。

「地域偏差の問題が話題になっているようですね。納豆がもともと「季節商品」だったことと関係していないでしょうか。納豆が季節商品だったのは二次発酵の問題とも関係しています。暖かい地方では納豆を作っても二次発酵でアンモニアが濃くなります。この問題を解決してくれたのが冷蔵庫の普及。これで納豆の地域偏差は急速に解消していったように思います」。

どこかの工場でつくられた納豆はコールド・チェーンを通じて、各地のスーパーなどの棚に並ぶ。低温に保たれているから輸送途中で発酵が進むということがない。温暖な地域か寒冷地かを問わない。夏場でも冬場でも関係がない。こうして給食や大学食堂でも年間を通じて供給され、冷蔵庫に安定した状態で保管された後に消費されるのである。

その結果、地域偏差が薄れていることは認めるが、私としては日本地図にまだら模様ながらも、好き嫌いの差が残っていることにこそ注目したいのである。

「納豆に砂糖」はどうか。

10％以上の人が「入れる」と答えた県は新潟26、北海道22、山形・沖縄17、秋田13、宮城10。トップは予想した秋田ではなく新潟だった。寒いところばかりの中に、暑い沖縄がひょいと顔を出している。これはどんな理由によるものだろうか。なにか特別な食べ方があるのだろうか。

納豆に砂糖を入れるのは甘みを加えるのではなく糸がよく引くようにするためだ、というメールを紹介した。するとこんなメールも届いた。

「山形県の祖父の家では納豆に塩を入れて食べていました。それまでは全力でかきまぜ、できるだけ糸を引かせてから醬油で味を付け食べるのが当たり前と思っていたのですが、塩を入れてかきまぜ始めたときの驚きは今でも忘れません。箸が折れそうなくらい大量の糸が何の苦もなくできるのでした」(札幌の土門さん)。

このメールをいただいて、私たちは納豆に砂糖、塩をそれぞれ加え、同じ回数かき混ぜるという実験をした。糸の引き具合を調べるためである。結果は「塩を入れると糸がすげえ」であった。「砂糖を入れるともっとすげー」であった。

二〇一二年一月、私は秋田県大仙《だいせん》市大曲《おおまがり》から横手市にかけての県南地方を訪れた。まず大曲で「とうふかまぼこ」と「とうふカステラ」を食べた。どちらも豆腐をベースにした伝統菓子である。

菓子であるから当然甘い。甘い豆腐って想像できますか？

横手市に移動して「よこて食のアカデミー」の栄養士、菅妙子《すがたえこ》さんに会った。土地の伝統的な食べ物を試食させてもらうためであった。

最初に登場したのが「すしまんま」。金太郎あめのように断面に鮮やかな模様を描いた巻き寿司なのだが、これがお菓子と間違えるほど甘い。つまり甘いご飯である。「米一升に砂糖を八百グラム使います」と菅さんはニコリともせずに言った。

続いて「こざねきり」。県央では「あさづけ」と呼ぶそうであるが、要するに未熟な青米や破砕米を煮て砂糖で甘く味付けし、塩と酢を加えたもの。

その甘い米にミカンやパイナップルの缶詰、キュウリの薄切りをのせたら「キュウリなます」になる。もちろん缶詰のシロップも加わるから、一段と甘くなる。「こざねきり」も「キュウリなます」も、この地方に古くからある夏場のスイーツである。菅さんによると、甘くするのは冷蔵庫がなかった時代に保存性を高める意味もあったという。

「大根おろしにキュウリやナメコをのせ、リンゴとかミカンの缶詰を添えた「おろしなます」というのもあります。正月にはそれに鮭の頭を薄切りにした氷頭《ひず》や酢だこを加えるんです」。

私の頭の中で、酢だことミカンの缶詰が同時に像を結んだ。それでもいいような悪いような……。

最後に菅さんの亡くなった義父がやっていた「納豆に砂糖」を実演してもらった。菅さんは砂糖の袋からドバッ、ドバッと大量の砂糖を入れ、醬油を加えてほんの数回箸でかき混ぜた。その箸を持ち上げると縄のような太さの納豆が箸から垂れ下がったのである。私はその光景をただ息をのんで見守った。

ついでに書くと、秋田県南のお雑煮には餅が入らない。なぜなら正月に食べるのは納豆汁だからである。

第八章で甘納豆をつかった赤飯、砂糖や栗の甘露煮などが入った甘い茶碗蒸しが存在する北海道、青森、秋田を「日本三大甘味処」とした。しかしなぜそうなったかは一部判明しているものもあれば、推測の域を出ないものもある。
「納豆に砂糖」についても粘りを増すためではないかという説があるものの、決定打ではない。

あんばいこう著『食文化あきた考』の「なぜ納豆に砂糖をかけるか」という項に「こうじ甘口説」が紹介されている。

「県南地方の人たちは、昔から大豆の3倍量もの米を「こうじ（麹）」にかえて造るみそを食べている。原料配合比率の限界に近い「甘いみそ」に日常的に味覚を慣らされた人々は、あっさりした果物や野菜、魚や豆腐、さらには納豆にまで「こうじ」特有の深みと甘さが欲しくなり、ついつい砂糖をかける。素材そのものの味だけでは物足らなさを感じるからだ」。

とするなら、なんという贅沢な話であろうか。

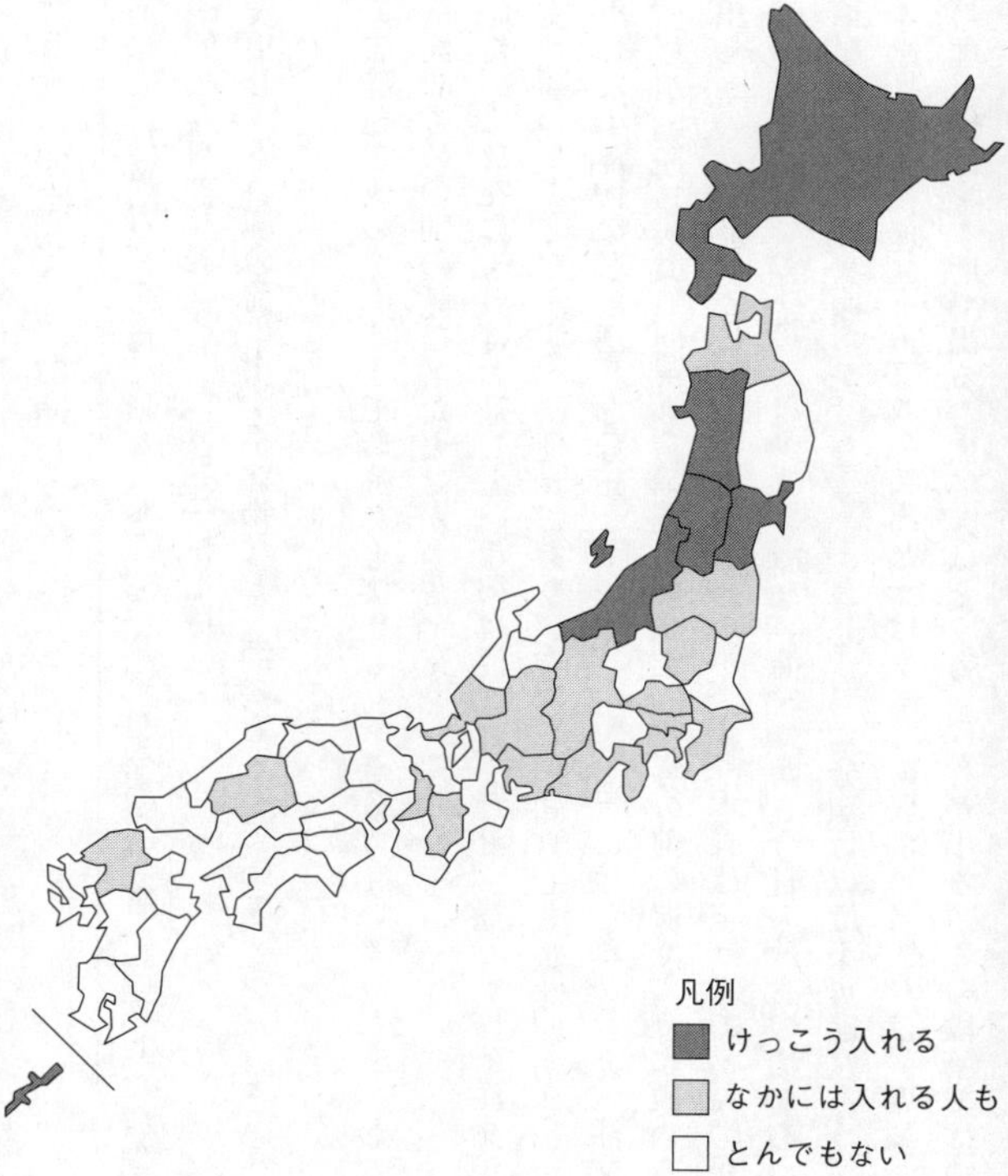

納豆に砂糖を入れますか？

コラム　突出し？　お通し？

通し（注文の品を帳場に通したしるしの意）料理屋で、客の注文した料理ができる前に出す簡単な料理。お通し（『広辞苑』第七版）
突出し　本料理の前に出す小鉢物など。酒の肴として出す、ちょっとしたつまみもの（同）

広辞苑を改めて引くまでお通しと突出しは同じものの別の呼び名だとばかり思っていた。広辞苑によればお通しというのは注文が通ったことを示す「料理」であり、突出しは小鉢物などの酒肴と分類している。

だが「通し」の「簡単な料理」と、「突出し」の「小鉢物」にどんな違いがあるかわからない。「小鉢物」だって立派な「簡単な料理」ではないのか。

「通し」は料理屋で出る。「突出し」は本料理を提供する店で出る。広辞苑はそう書き分けているけれど、わかったようでわからない。

ただ「通し」には注文が通ったことを客に知らせる意味があるのに対して、「突出し」にはそれがなく、注文していなくても客の前に置くように読める。

本来はそうであったのかもしれない。しかし今日の飲食の場にあってはこのような分類はほぼ不可能だろう。というのは東京の居酒屋に入れば、席に着いた途端にお通しが出る。この段階では注文をしてもいないから「注文を帳場に通したしるし」にはなり得ないのである。しかも多くの場合は「簡単な料理」ではなく小鉢物のような酒肴が出てくる。それも三品とか四品とかの豪華なお通しの場合もあって、これでは広辞苑の言う突出しではないか。

読者から寄せられたメールに登場するお通し、突出しの数々を紹介する。

枝豆五房くらい　ひじきと枝豆の炒めキクラゲの細切りのピリ辛炒め　タラバ足のマヨネーズ和え　中華クラゲと蒸し鶏のあえ物　塩もみキュウリ　生ダコと刻み昆布のあえ物　タコの卵（海藤花《かいとうげ》）の煮物「クラゲ・キクラゲ・ヤマクラゲ」の酢の物　イカの煮物　大根のビール漬け　わけぎのぬた　ナメコあえ　中華ドレッシング味のシラタキ　ホタルイカ一杯　きんぴらゴボウ　豚汁　かっぱえびせん六個　昆布のつくだ煮　漬物　うどの皮の天ぷら　シロウオの天ぷら　小鉢の底からマッシュポテト・ホウレンソウおひたし・ラフテー二切れ

こうして眺めてみるとタコの卵のようにある季節、ある場所に行かなければ食べることができない貴重なものから、かっぱえびせんなど袋から出しただけというようなものまで千差万別であることがわかる。こうしたものを出して一律の代金を取る店もあれば取らない店もあるから、格式とか歴史を誇る店以外では、お通しと突出しの違いはないに等しいのが現実だ。

最初に「同じ物の別の呼び方ではない

か」と書いたが、これは私だけの見解ではない。本山荻舟著『飲食事典』の「突出し」の項を読む。
「料理の前菜の一種。ごく簡単なつまみ物の類《たぐい》で、普通東京で「通し物」というところを関西地方ではツキダシという。客の注文の有無にかかわらず先《ま》ず突出すとの意であろう」。

関東と関西の呼び名の違いである、との立場だ。

そこで読者にネット投票を呼びかけた。すると「お通し」が70%を超えた都道県は十八あったが、すべて東日本だった。対して「突出し」が70%を超えたのはすべて関西と四国の府県だった。つまり「お通し」が標準の列島の中に関西と四国という「突出し」圏が島のように浮かんでいるのだ。

これは単なる私の感覚なのだが、東日本の「お通し」は店が客に「通し」で出すという意味を含んでいて、店側からの言い方に聞こえる。逆に西日本の「突出し」は「注文していないのに店から突き出される物」との思いを反映しており、客側の視点がにじんでいる。私はもちろん「突出し」派である。

では「お通し」という言葉はいつごろからあるのか。森鷗外の『雁』の一節。
「待っていた女中に、料理の注文をした。間もなく「おとし」を添えた酒が出た」。
「おとし」がお通しだろう。広辞苑の記述のように、料理を頼んだ後で帳場に注文が通ったことを示すようなタイミングで出ている。

作品の舞台は一八八〇（明治十三）年の

東京。その時代に「おとし」が普通名詞になっているということは、江戸期に成立した言葉なのだろう。

第十三章　鮭とブリ

設問　正月に食べる「年取り魚」は鮭？　それともブリ？

私が生まれ育った福岡県久留米《くるめ》市では正月にブリを食べた。鮭ではなかった。博多の雑煮にはブリが入る。九州北部の年取り魚はブリのはずである。確認のために久留米の姉に電話した。

「正月はブリだよね。鮭は食べないよね」。

「いやー、鮭も食べよるよ」。

「だめじゃん」。

「アハハ。ばってん鮭も好いとるもん」。

「俺たちが子どものころは鮭は食べなかったよね」。

「そうたい。新巻鮭やら知らんやったもん。ウチで鮭ば食べるようになったとは、うーん、ここ五、六年やろかねえ」。

私がちょっと目を離しているスキに、久留米の正月にも鮭が侵入していたのである。昔は遠い北国から新巻鮭が九州に持ち込まれることはほとんどなかったが、物流の進歩である。年末のスーパーに新巻鮭が並ぶという。うれしいような残念なような光景である。

今回のテーマは年取り魚。正月の食卓を飾る魚は西日本がブリで東日本が鮭と一般に言われる。本当にそうであるのか。そうなら両者の境界線はどこか。こんなことを考えたい。まずは鮭に関するメールから。

「生まれも育ちも栃木です。実家で食卓にのぼる魚といえばマグロ、アジ、サンマ、カツオ、そして鮭がほとんどでした。それも生鮭なんてなまっちょろいものではなく、塩鮭のみです。年末になるとお歳暮用に、スーパーにすら新巻鮭が吊るされておりました。栃木には「しもつかれ」という鮭を使った郷土料理がありますので、ただ縁起物というだけでなく、実用的な需要があったのかもしれません。

いまではブリも普通に食しますし、新巻鮭が吊るされて売られることもないようです。しもつかれを作るために祖母が鬼おろしでゴリゴリやっていたのも、遠い思い出です」。

メールにお名前はないが、栃木出身者らしく「しもつかれ」には格段の思い出がおありのようである。

「しもつかれ」は「下野家令」などの字が当てられることもある。しかし古文献に登場する「酢むつかり」が語源らしい。刻んだ塩鮭の頭と野菜に粗くおろした大根を入れて煮る。元は救荒食だったが、二月の初午《はつうま》のころ赤飯とともに稲荷《いなり》神社に供える行事食になった。栃木だけでなく群馬、茨城といった北関東に広く分布している。茨城の郷土食とする文献もある。

ちょっとした縁で東京の栃木県人の集まりに出たとき、このしもつかれが振舞われた。参加者は懐かしそうに食べていたが、私はちっとも懐かしくなかった。申し訳ないことであった。

お隣の群馬ではどうか。

「子どものころ、年末に両親の郷里の群馬へ帰省すると、新巻鮭が必ず付いて回りました。贈答したりされたりしていたのだと思います。

スーパーに変身する前のような風情の食料品兼雑貨店の店先には、歳末になると立派な新巻が何本も吊るされています。ビニールに包まれただけの新巻を手に提げて行く人も多く、何だか熊みたい。

山深い田舎にある祖父母の家へ年越し準備に向かう親が、そういうお店で新巻（たぶんビニールのまま）を一本買って持って行くと、すでにもらいものの新巻があったり、他のおじおばも同じように持ってきたりして、もうとにかく年越しといえば新巻が飛び交うのでした。

新巻鮭は煮たり焼いたり三平汁にしたりして食べますが、あまりにも当たり前すぎて印象深い料理があります。説明的に言うなら「鮭の酒粕煮」でしょうか。酒粕をお湯で溶きほぐしてホワイトソースみたいにし、そこに切り身の新巻鮭を入れて煮るだけです。注意点は焦げ付かないようにすること。味も一切付けません。

長じて、関西人が新巻というものを知らないというか、関西に新巻鮭があまりないことを初めて知ったときは驚いたものですが、新鮮な魚が手に入るのですから、恵まれたことにちがいありません」（日野みどりさん）。

私は大阪勤務時代に鮭の切り身が入った粕汁を食べたことがある。酒粕と鮭は意外に相性がいい。

「ウチは元々一家揃って北海道出身で、鮭はソウルフードです。内地に移っての中学の弁当の時間に「またシャケかよ」とよく言われました。

そのウチで子どものころに一番好きだったのが、鮭とプロセスチーズ（当然雪印さん）をベーコンで巻いて、バター（これも雪印さん）で炒めたもの。当時はウマイウマイと貪《むさぼ》り食っていましたが、胃腸機能低下血圧コレステロール上昇のいまじゃ、とてもじゃないけど怖くて手が出せません。

これを作ってくれた母親は、後に中高年相手の健康&栄養相談を職業としました（クワバラクワバラ）。

ちなみにウチは北海道と言っても内陸部のせいか「ちゃんちゃん焼き」なるメニューは存在しません」と書いてくださったのは「みなみ@神奈川」さん。

「ちゃんちゃん焼き」は鮭や野菜を鉄板で焼いて食べる料理。主に北海道の漁師町の食べ物なので、内陸部にはないのであろう。

先日、新潟に行ってきたが、スーパーにおける鮭関連商品の物凄さに目を見張った。生鮭、各種塩鮭、塩引き、ほぐして瓶詰めにしたものなどなどである。やはりここが本場か。

「新潟のお正月の魚といえば鮭です。それも村上市の三面《みおもて》川の鮭です。塩漬けの鮭は新巻鮭とは言いません。塩引きです。後に鮭はつきません。塩引きといえば鮭のことです。お腹の裂き方も新巻鮭とは違い、真ん中がつながっています。一文字に切ると切腹を連想するので、二カ所を切るようにしたと伝えられています。

それと鮭のつるし方ですが、頭を下にしてつるします。なぜなんでしょうね。

作り方も独特です。新巻鮭は全身に塩をまぶして出来上がりですが、塩引きはいったん塩をまぶし、しばらく塩を身に浸透させてから塩を水で洗い流して出来上がりです。だから塩引きは塩まみれではなく、お肌ツルツル、スベスベの状態になります。

それと鮭の料理の仕方に、酒《さか》びたしがあります。塩引きの鮭を冬の寒風にさらし、半年ほど干し続けます。このカチカチになった塩引きを薄く切り、酒をふって出来上がり。これを肴に熱燗がすすみます。酒びたしは海で獲れた鮭は使わず、三面川の水をちょっと飲んだ鮭を使います。これは海の鮭では脂が強すぎて美味《うま》くないためと聞いています」。

メールをくださった「中野」さんは村上の出身ではないだろうか。熱がこもった文章である。その村上で鮭のフルコースを食べた「ヤス」さんから。

「二年前ですが、鮭が好きで鮭のフルコースを食べに新潟の村上に行って来ました。イヨボヤ会館のでっかい看板、ぶら下る塩引きの鮭の大群。村上は鮭の町です。フルコースの最初はメフンや氷頭《ひず》ナマスを楽しんでいましたが、出てくる料理は全てサケ・鮭・シャケ。最後の川煮《かわに》は苦しかったです。

土産は「酒びたし」「塩引き鮭の切り身」。堪能しました」。

川煮は皮煮ではない。手間と時間がかかる鮭料理である。皮が付いたままぶつ切りにして調理する。

かつてある年配の女性から聞いた話。

「夫は結婚したころ、塩鮭に塩を振って食べていたんですよ。いくら栃木出身でも、そんなことをしなくてもと思ったんですが」と笑っていた。

「鮭といえば塩鮭。その塩鮭に何かをかけて食べるというのは考えたこともなかったのですが、北海道の一般家庭で塩鮭に醤油をかけて食べるのを見たときは衝撃が大きかったですね。何で辛いものに醤油をかけるのかと。曰く「塩と醤油は味が違う」」(born in Usa さん)。

塩鮭に醤油の人を私も確かに見た。東京に出てきて、どこかの食堂にでも入ったときだったろうか。塩鮭そのものが身近でなかった私は「そうか、都会の人はこうやって食べるのか」と思ったのだった。

「私は北関東旧勝田市育ち（母親の出身は隣町の那珂湊《なかみなと》）ですが、小さいころから今まで鮭（の切り身）には大根おろしを添え、おろしの上に醬油をかけて食べています。現在では甘塩のものを食べていますが、昔の塩味がきつかったころでもそうしていました。

そんなに驚くような食べ方でもないと思いますが」（仙台の小原さん）。

「子どものとき九州、四国のあの甘い醬油を塩鮭にかけて食べていました。北海道の人は苦手な味だと思います。私は好きなんですけど。

先日、東京の食堂で塩鮭に醬油をかけて食べようとしたら、もうギブアップです。フンドーキン醬油を購入することを心に誓いながら帰宅しました」（ごるちぇさん）。

「塩鮭に醬油は当然」派は結構いるようである。これには地域差があるのかどうか、現時点では判然としない。

北海道における鮭とブリの位相を見よう。「momopa2」さんからのメールがよく物語る。

「札幌から一時間程度の炭鉱で生まれました。鮭は食べていましたが、冬の間のハレの日の魚でした。昔は生鮭ではなく塩引きで、焼くと塩がふいたようなシャケが主流でした。自宅でそんなに買うこともなく、年末のお歳暮でいただくような感じです。「北海道人は基本的にはブリは食べない。食べる食文化はありません」と言い切ってしまいます。渡島《おしま》半島から積丹《しやこたん》沖にかけて回遊してきたブリ（サイズ的にはメジロ、ワラサクラス）が大量に捕獲されることがあり、市場に流れることはあります。スーパーや料理店ではブリとして刺身や照り焼き、塩焼きで出されていますがブリではありません。五〇～七〇センチクラスのものです。

先日スーパーで鮮度の良い天然「ブリ」の切り身があったのでその刺身を購入しようとしましたが刺身は販売しておらず、養殖もののブリのサクしかありませんでした。北海道人はメジロサイズをブリとだまされ、刺身は養殖ものでも反乱も起きません」。

富山県水産試験場がブリの体内に小型コンピューターを埋め込んで回遊ルートを調べたところ、大型ブリは八～十一月にかけて津軽海峡から北海道辺りに滞留し、十二月～一月に日本海を急速に南下。春に東シナ海で産卵することがわかった。つまり北陸で冬に獲れるブリは産卵と長旅に備えて脂肪をたっぷりと蓄えた状態のものということになる。

北海道で獲れるブリの脂ののりが少ない時期のものなので歓迎されなかったのかもしれない。

京都では、やはり正月の鮭は分が悪い。おなじみの「いけずな京女」さんからのメール。

「塩干魚王国・京の町では、塩鮭は日々の食卓に欠かせません。日常食の鮭ですから逆にお正月では珍重されず、新巻鮭はお歳暮で売れない。これは流通業の方も認めているところです。

一方、丹後に行きますと塩ブリがおせちに欠かせません。これは北陸の食文化との連続でしょうね。実際、北陸でも昔から「丹後若狭《わかさ》のブリは上物」とされてきました。寛永年間、丹波福知山藩主・稲葉紀通《のりみち》がブリを所望、(隣国の)丹後宮津藩に使者をたてた。ところが届いたのはお頭がない不良品。紀通は「この所業は将軍への献上用と勘ぐった宮津藩がわざとしたもの」と解釈し、宮津藩の家臣を手打ちにしたのである。しかしいざこざが幕府の知れるところになり、紀通はついに切腹させられた。

真相はまったくわかりませんが、幕府の外様《とざま》大名潰しに利用されたのではといわれています。それほど丹後のブリは名産品だったのでしょう。いま与謝《よさ》郡伊根《いね》町では「伊根ぶり」をブランド化して町おこしに頑張っています」。

伊根町は丹後半島突端の町。いかにもブリが獲れそうな場所である。

それにしてもブリひとつで切腹させられた人がいたとは。そのときの狼狽《ろうばい》ブリが偲《しの》ばれる。

次のメールはちょっと長いが、長いのには理由がある。

「全国的には名古屋の方が有名でしょうが、三重県の結婚式もかなり派手なものです。私が結婚した二十年ほど前は、まだまだ昔の習慣が残っていましたし、嫁ぎ先は旧家だったので、さらに輪をかけて伝統を重んじたスタイルだったかと思います。

中でも驚いたのが引き出物。重ければ重いほど、かさばればかさばるほど良しとされ、数々の食器、装飾品、お菓子、果物籠など到底一人では持ち運べない量の引き出物が招待客の足元に山と積まれていく様は、それはそれは壮観でした。

そして引き出物の最大のメインは「魚一匹」でした。なんと生の魚を一匹、引き出物として持たせる風習があるのです。そしてそれは当然ブリでなくちゃいけないのだそうです。わたしは困りました。

うちの方の招待客は皆、東京からやってくるのです。ついでに伊勢志摩観光なんかもしちゃったりなんかしちゃったりして～と、呑気に三日間も有休とって、はるばるやってくるのです。

どのツラさげて「頼む、ブリ持って帰ってくれ」と言えるでしょうか。当日新幹線で帰るにしても、周囲の人に「やだーあの人クサい～」と指差されるのがオチです。まだ汗ばむ季節、生の魚は長時間持ち歩くにはまったくもって向いていません。

「すみません、うちの招待客はブリは無理です。他のモノに代えさせて下さい」

軽い気持ちで明るくそう伝えると、義父が驚きのあまり黙ってしまいました。そしてしばらく後、口を開くと「鮭にしたいんか？」と言うのです。

今度はこちらが驚きのあまり口もきけない状態です。いや、違うだろ？　ブリより鮭とかそういう問題じゃないだろ？　生魚がアカン、ちゅうのが分からんのか？　汁漏れたらイヤや、ちゅうのが分からんのか？

しかし、どうやら分かって頂けず。それどころか、カンカンに怒っているのです。やれ、以前近所に来た嫁もブリじゃなくて鮭にした。最近の嫁は親が甘やかすからわがまだ。そんな理不尽な事したらアカンわ。アンタもどうせ鮭にしたいんやろ?

「違います、違います、鮭にしたいんじゃないんです。魚をやめたいんです!」

当日までもめにもめて、何とか生魚は回避できたのですが、いつまでも嫌みを言われました。今思えば、コレが離婚へのプレリュードだったのかもしれません。

ことほどさように、ブリは偉いのです。たぶん、鮭は偉くないのです。とりあえず三重県では」(じろまるいずみさん)。

この文章は編集できない。勢い全文掲載となった。そして存分に笑わせていただいた。

ところで東京の我が家のお節に毎年登場する魚はブリである。鮭は普段のおかず。ブリは刺身ではなく塩焼きである。カミさんの母親が能登《のと》の産であるため、正月にブリを食べる習慣が引き継がれているのである。

一方で、父親の私が九州出身の証として「がめ煮」を大量にこしらえる。子どもたちも好んで食べ、大鍋一杯のがめ煮は三日できれいになくなる。

「親元を離れるまで、ブリの照り焼きを食べたことがありませんでした。特に我が家の場合、オヤジの弟が金沢で割烹料亭をやっていることもあり、お歳暮にブリを一尾もらいますから、これをさばいて刺身を食べます。他からも重なって三尾いただいた年もありました。とにかく刺身です。

大晦日から正月三が日までブリの刺身がこれでもか！　と食卓にでます。三が日が過ぎたら、余った部分でブリ大根。唇と首の部分は兄弟で取り合いましたよ。

こんな食生活だったのに関東に行って、先輩に言った「ブリが好き」という一言から、先輩がおごってくれたブリの照り焼き。ボソボソに感じてしまい、これがブリだとは思えませんでした。

石川県民全てかどうかは分かりませんが「マグロよりブリが高級魚」と思っている人が多いのは間違いないです。ちなみに、甘エビは回転寿司で一番安いネタと思っているのは、石川県民全てですが」。これは「まいっ太」さんからのメール。私も三年間金沢にいたのでよく分かる。

冬になると日本海で雷が鳴る。これが「ブリおこし」。ブリ漁が本格化する。あの辺ではブリは刺身と相場が決まっていて、本当によく食べる。冬の北陸はとにかくブリ。ブリ。ブリ。ブリ。

金沢の飲み屋で初鰹を頼んだら「こっちではあんなくさい魚は食べない」と怒られたことがあった。くさいですかねえ。

ゴリや鮎、山女《やまめ》などを除くと川魚も食べない。だから犀《さい》川ではハヤやウグイが黒雲のような塊になって泳いでいる。釣り人は皆無。

大阪にお住まいの豊下製菓の豊下さんから、こんなメールが届いた。

「大阪でも最近は鮭が優勢のように思います。我が家は母が鮭好きだったので昔からよく食べましたが、大阪での鮭は蔑《さげす》まれた魚だったです。

さてブリですが、出世魚として慶事には必須のアイテムでした。事始めにはブリ一尾を届けましたし、いただくことも多かった記憶があります。仲人への事始めの挨拶には必ずと言っていいほどブリが使われました。結婚に仲人を立てる風習が消え去ろうとしているいま、事始めのブリは絶滅危惧種なのでしょうか。我が家ではこの手のブリは二昔前に途絶えました。

和歌山ではブリを贈ることで婚意の有無を確認する風習がありました（今もそうなのかは知りません）。

奈良県の吉野《よしの》地方では来客のもてなし料理は決まってブリの塩焼きに大根下ろしを添えた物でした。ブリが比較的傷みにくい魚なので、山間部では重宝されたのでしょう」。

慶事にブリ。ブリは出世魚でめでたいせいだろう。東京辺りではワカシ、イナダ、ワラサ、ブリの順。関西ではツバス、ハマチ、メジロ、ブリ。何度書いても覚えられない。

山間部における塩ブリの意味については、この後考察することになる。歴史的な背景が浮かび上がるはずである。そして「鮭とブリの境界線」とも関連がある。

「社会人初の赴任地だった富山では新巻鮭が師走《しわす》の店頭に干され、おせち料理にはブリのカブラ寿司が入っていたことを記憶しています。これはおそらく、富山湾沖で寒流と暖流がぶつかりあうためだと思います。

西日本はブリ、東日本は鮭と言われますが、近海に暖流が流れる地方がブリ、寒流が流れる地方が鮭なのではないでしょうか？　太平洋側では、小田原あたりが混在地域ではないでしょうか？」。このメールは「太ったオオカミ」さんからのものであるが、示唆に富む。

では改めて鮭とブリの分布を俯瞰《ふかん》してみよう。次のデータが手がかりになる。

「長野市の年取り魚は鮭なのに松本市ではブリ。富山湾から飛騨《ひだ》を抜け、信州に至る「ブリ街道」の話を最初に聞いたときには、食の道の根強さに驚嘆しました。

また新潟では、蛇行する信濃《しなの》川の右岸と左岸で、年取り魚が分かれるという話も聞いたことがあります。その説によると、まさに信濃川そのものが境界線。同じ地域の中でも、川を隔てて斑《まだら》模様になっているとしたら、これもすごいことです」（ミルフォードさん）。

メールには家計調査年報の平成十六年〜十八年平均のデータが付いていた。

ブリの金額のベスト5は富山、金沢、長崎、福井、松江。数量のベスト5は富山、金沢、松江、福井、山口。

逆に下から順に見ると金額が那覇、札幌、前橋、福島、甲府。数量は札幌、那覇、前橋、甲府、福島。那覇は魚介類全体でも四十七都道府県で一番少ない。

鮭の金額のベスト5は盛岡、青森、札幌、長野、秋田。数量のベスト5は青森、札幌、盛岡、新潟、長野。こちらは完全な東日本型。

少ないのは金額で高知、宮崎、熊本、鹿児島、大分。数量で高知、宮崎、鹿児島、熊本、長崎。やはり九州では鮭が劣勢である。

このデータで骨格は明らかであろう。だが鮭・ブリ両陣営に分かれるという単純なものではない。そのことはおいおい考えていきたい。

「ブリ街道」は富山市から長野県松本市に至る陸路で、岐阜県高山市を経由して野麦峠から松本に入る。旧暦十二月に獲れた富山のブリが高山に運ばれて年取り魚の「越中ブリ」と呼ばれた。高山で塩を加えて信州に運ばれたものが「飛騨ブリ」。このため「ブリは飛騨で獲れるもの」と思っていた信州人も多かったという。

糸魚川《いといがわ》から松本に運ばれた「糸魚川ブリ」というものが存在した。糸魚川－松本－塩《しお》尻峠《じり》－上諏訪《かみすわ》のルートである。

伊那《いな》には飛騨ブリが入るルートがあったが、伊那と諏訪は川伝いにつながっているから、あるいは伊那にも糸魚川ブリが入っていたのかもしれない。

いずれにせよ、ブリの境界線は糸魚川から松本を結ぶ線にあるような気がしてきた。またしても糸魚川－静岡構造線が浮かんでくる。実に不思議なことである。

さてその信州ではどうなっているのか。メールを読んでみよう。

「大晦日に食べるお年とりのお魚は何？　小生の育った信州では鮭の粕汁。塩鮭を酒粕で煮た物です。

年齢がばれそうだが信州では塩鮭が多かったです。弁当のおかずに一切れで茶碗一杯分のご飯。本当に塩辛いお魚でした。

ブリは大変なご馳走でめったに食べられるお魚ではありませんでした。二十代のころ富山県に出張した折、市内のおすし屋で「今日はとっても良いブリが入っていますが、いかがですか？」「それでは照り焼きにして下さい」……場の雰囲気は固まって、あちらこちらの視線の冷たさ。そう、富山県など北陸三県ではブリはお刺身で食べる物ですが、信州では刺身で食べられないので「照り焼きが最高の食べ方」だったのです」(yumekobo さん)。

続けてこのメールを読んで、yumekobo さんのメールと比較していただきたい。

「信州のブリと鮭の境界線という話を見て、いてもたってもいられず初めてメールしました。長野県出身の私は父の実家で鮭の粕汁を食べていましたが、母の話によると母の家ではブリを食べていたそうです。

ところが、私の母方の家は長野県飯田《いいだ》市、父方の家は上伊那郡宮田村。どちらも伊那谷です。子供心になんでだろ？　と不思議に思っていました。

もちろん父方母方それぞれの家だけの話だったのかもしれませんが、何か役に立てれば、そして子どものころの謎が解ければと思いメールしました」（ぜんまいはかせさん）。

信州はいささか広い。日本の脊梁《せきりよう》であり、峨々《がが》たる山々が連なって北信、中信、南信、東信、伊那、木曾《きそ》に分かれている。信州と一言でくくれない文化の多様さを持っている。

「信州ではお正月にブリを食します。元日の夕食に普通でないような大きなブリの切り身（塩味）を子供のときに食べた思い出があります。

元日はお節でご飯を炊きません。お昼もあるようでないようなお節。そして夜、炊き立てのご飯とブリでした。このブリが特別にぜいたくな魚なんだなあ、と思ったのは、正月以外に出てこなかったからです。あのわくわくした気持ちは忘れません。

後で聞くと、母の里は伊那なので冬の魚は日本海から塩漬けで運ばれるブリであったのだそうです。ちなみにいまでもブリは塩焼きはしますが、照り焼きや煮つけは苦手です」（お名前ありません）。

同じ信州でも鮭という方とブリという方がおられる。ということはやはり長野県内のどこかに境界線があることを意味しているのか。「赤羽」さんのメールがそれを示唆する。

「伊那谷の年取り魚の件、前出の飯田と宮田村は高速では三十分程度ですがそれでもブリ・鮭と分かれるお話を興味深く拝見致しました。

小生は伊那谷の北の端。すぐ北の山を越えれば諏訪湖というロケーション。我が家は昔は鮭でした。お袋が鮭の粕煮を作っていました。酒粕に砂糖を入れた甘めの物です。いつごろからでしょうか。ブリに変わりました。焼いたブリです。先ほど近所の魚屋で聞きましたが、この辺はブリ・鮭が半々のようです」。

「粕取《かすと》り焼酎愛飲家」さんは「母の実家が伊那市ですが、野麦峠ルートでの高山との交流もあり昔は塩ブリが正月のご馳走だったようです。ただし新潟からの流れか、塩鮭も食べていた模様」と書く。

信州の複雑さが浮かんでいる。だがこの点の探求はいったんここで止める。というのも後日、私は食の境界線を探すため糸魚川‐静岡構造線に沿って旅をした。そのときまさにこの問題に突き当たったのである。鮭とブリだけではなくほかの食べ物についても、それが運ばれていた道、あるいは道が途切れた痕跡が色濃く残る現場に足を運んだ。最終章にそのリポートを書いている。

「当方は信濃川の右岸居住者です。年取り魚はもちろん鮭です。儀式（？）として、一のヒゲ（カマの部分）は神棚に供え、確か三が日はそのままだったような気がします。

年取りの夜が正月の宴の始まりで、メインは塩鮭の焼き物、のっぺなどでしたが、刺身はブリでした。新潟も佐渡の定置網で寒ブリが多く獲れ、冬場の脂ののりはマグロのトロどころではありません。今はマグロも輸送が便利になったおかげで結構出回るようになりました。両方を賞味する地方より」（ヤチさん）。

鮭地帯でも、ブリが獲れる海に近ければ刺身が正月の食卓にのる。産地との距離は重要なファクターである。つまり年取り魚として何を食べるかは「手に入るかどうか」が規定していた。手に入らないものは食べようがなかったのである。

ここからはアラカルト。鮭とブリを巡る食卓の情景を想像していただきたい。

「粕汁はよく食卓にのぼっておりました。鮭のあら版とブリのあら版とがありました。小さいころは鮭版の方が好きでした。今はどちらでも。大人になりました。

小さいころは粕汁に限らず、食卓のブリ率がもっと高かった気がします。今、どこでも鮭を見かけるようになった気が。あ、茶碗蒸しにブリ入れます」（Native 関西人さん）。

茶碗蒸しにブリ。脂がのっていて美味《うま》そうではあるが、これは関西の文化であろうか。北陸もそう？

塩鮭にはこんな食べ方も。意外に美味いかも。

「もう三十年前にもなる結婚して初めてのお正月、主人と共に愛媛に里帰りしたとき、お舅《しゆうと》さんが田舎へのお土産に新巻鮭を持たせてくれました。

私の母はたぶんそのとき初めて鮭に出合ったんだと思います。次の日の朝ごはんに、塩鮭のバター焼きが出てきました。優しい主人は笑いながら食べてくれました。

母は田舎の人だけれど新しい料理もチャレンジする人でした」。

これは「泉州住まい30ねん」さんからのメールである。三十年前なら愛媛の人が塩鮭を知らなかったということは大いにありうることである。冒頭で私の姉も言っている。「家で鮭を食べるようになったのは五、六年前から」であったと。

ちょっと外国の鮭をのぞく。

「私の女房（カナダ人ですが）は、サーモン・スキン（鮭皮）の手巻き寿司が大好きです。カナダでは鮭は豊富にあり魚というと鮭、といった感じです。特に非日本人寿司屋では刺身・寿司の盛り合わせは大西洋産養殖の鮭だらけです。はい、生でドンドン食べるんです。

サーモン・スキンはこの豊富にある（あまった）皮で作る寿司です。店により使用する皮は違いますが、一番おいしいのは（女房に言わせると）スモーク・サーモンの皮。これをオーブン・トースターでカリカリに焼いて大葉、キュウリ、かつお節などと一緒に巻きます。確かにおいしいんです、これが。

スモーク・サーモンを置いてないところは、普通の鮭の皮を使います。スモーク・サーモンの皮と比べると脂が少ないですから、イクラを足し「親子」にするお店もあります。これも、いけます」（トロントの Dice さん）。

さて「年取り魚」のVOTE結果が出た。どれどれどうなっている？

一言で表現すれば、予想通り「東の鮭・西のブリ」である。見事な分布と言える。しかしながら意外だったのは「どちらでもない」というところがかなり広がっていることであった。沖縄は100％「どちらでもない」。当然であろう。沖縄は「豚正月」である。

高知も70％が同様の答えだった。カツオですか？

鮭もブリも容易に手に入らないが、そのほかの魚が冬場に旬を迎える地方では、地元の魚を年取り魚とし、あるいは正月のようなハレの日に食べる習慣が根付いているのであろう。

例えば「のんパパ」さんからのメールにはこうある。

「秋田県南部の沿岸地帯で生まれ育った四十代です。北海道をはじめとする北日本がそうであるように、ブリと比較して鮭を食べる回数の方が圧倒的に多いと思われます。それも、いわゆる塩引きにしたものがほとんどです。

と書けば、秋田においても鮭が年取り魚と思われるでしょうが、実はそうではありません。秋田県人にとって鮭やブリ以上に大事にされている冬場の魚があるのです。そう、それはハタハタです。

乱獲のため近年漁獲量が減り大衆魚という価格ではなくなりましたが、それでもハタハタがなければ秋田の冬じゃないと思っている人はまだまだ多いようです。

秋田はこれからタラの季節になります。冬の前半はハタハタ、後半はタラを食べるのが、秋田に住む人の楽しみです」。

秋田のＶＯＴＥ結果を紹介すればブリ０％、鮭27％、「どちらでもない」73％。「どちらでもない」がハタハタかタラなのであろう。

後日知ったのだが、青森県でも津軽の年取り魚がタラ。南部に属する八戸辺りになるとクジラという人もいないでもない。

山間部では塩サンマや目刺しという所もある。

あなたのふるさとの年取り魚は何？

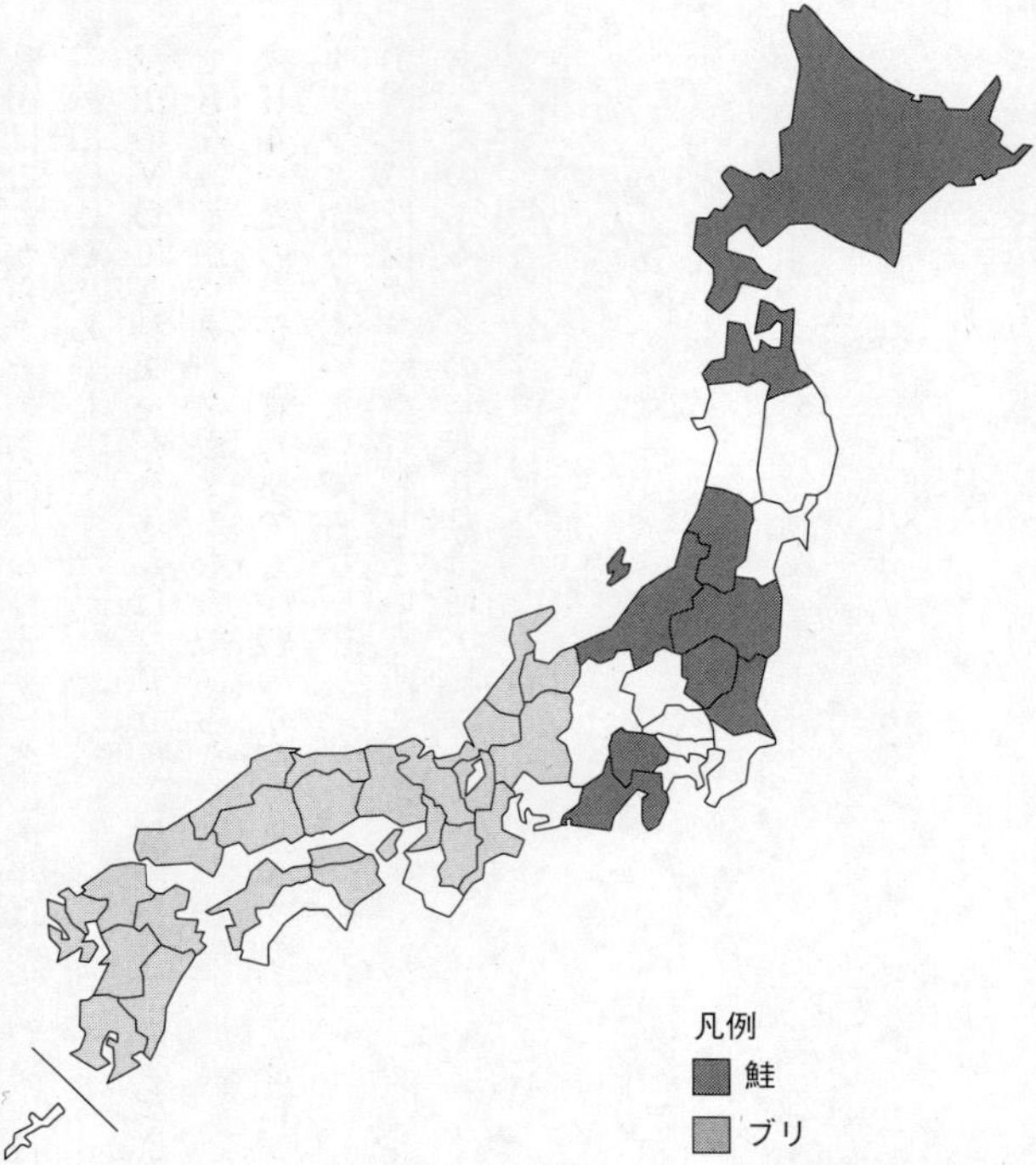

お正月は鮭か、ブリか？

第十四章　東海道における食文化の境界

二〇〇七年二月二十六日から四月一日まで三十五日をかけて旧東海道を歩いた。少し歩いては家に戻り、数日おいてその先から歩き直すという「尺取虫」方式ではなく、お江戸日本橋を発《た》ってから京の三条大橋に着くまで一度も戻らない「通し」であった。

中世においては美濃路《みのじ》をたどって京と関東を結ぶルートもあったようだが、徳川家康が江戸開幕と同時に整備を命じて完成した東海道は江戸から西に向かう場合、宮の宿（名古屋市）の先は美濃路をとらず海路、桑名を経て鈴鹿峠《すずかとうげ》を越え、琵琶湖《びわこ》畔沿いに京に至る道である。

週刊誌などでときどき「うどん・そばの出し（つゆ）の境界線は東海道の関が原付近」などと書くことがあるが、それはJR東海道線の上の境界であって旧東海道のそれではない。このような間違いというか勘違いはほかにも散見される。

歩いた目的は、いまも厳然と存在する食文化の境界線を自分の足で確認し、実際に跨《また》ぐことであった。ネットで調査すれば居ながらにして境界線を発見することは可能であるし、事実六年にわたって調べながら地図を作ってきた。しかしそれは二次情報という限界を持っている。やはり新聞記者である私は、自らの目で確かめないではいられなかったのである。

旧東海道は江戸時代の初めから明治になって鉄道が敷かれるまでヒト、モノ、カネ、情報が行き来する我が国最大の動脈であった。したがって今日に至ってもかつての痕跡《こんせき》を沿線に残しているに違いないと考え、実地検証の舞台に選んだのである。

まず「サンマーメン」の存在地域はどこか、をテーマに選んだ。サンマーメンというのはサンマがのったラーメンではない。横浜生まれのあんかけモヤシラーメンである。通説では「多摩川と相模川《さがみ》の間」ではないかと言われている。果たしてそうか。わかりやすい指標なので、歩きながら観察してみよう。

次にイルカを食べる地帯を確定しようと思った。

白ネギと青ネギの境界線も知りたい。

江戸風の背開きで蒸すうなぎの蒲焼は、どの辺りから腹開きで蒸さない上方風にかわるのだろうか。

「名古屋の喫茶店のモーニングサービス」はどこに始まってどこで消えるのか。

「赤だし」で知られる豆味噌が優位な地帯は？

こうした新旧のテーマを観察しながら四百九十二キロを歩き続けたのであるが、結果は驚くべきものであった。以下は、その記録の要約である。

二月二十六日　初日から収穫

午前十時五分、日本橋の日本国道路元標前を出発した。銀座から新橋、品川と進む。この道は国道15号、いわゆる第一京浜である。車の多さは織り込んでいたが、歩道を往来する人間の多さは計算外であった。普段の私の最高速度、時速五キロはとうてい無理。向こうからやってくる人にぶつからないよう気をつかい、背後から忍び寄る自転車に注意を払う。

田町の駅前を右に折れ「慶応通り振興会」のアーチがかかる商店街に入る。慶応大学三田校舎のそばにある商店街で、中華の店を見かけるたびにチェックしたのだがサンマーメンは発見できなかった。

品川駅を過ぎたところで国道15号と旧東海道は分岐する。京浜急行の北品川駅前から始まる商店街が旧東海道。道幅の狭さでそれとわかる。品川宿本陣跡だの街道松だのを過ぎていくと、いかにも旧街道を旅している気分になる。

問題のサンマーメンとはほどなく遭遇した。それは京浜急行梅屋敷駅前にある店であった。外に置かれた写真付きメニュー看板で確認した。一軒見つかると次々に見つかるものである。路地を入ったところに古い暖簾《のれん》を掲げた大衆食堂があって、壁のメニューに「サンマーメン」とある。その食堂で冷めた体をサンマーメンで温めた。

まだ多摩川を渡っていない。通説の誤りがあっさりと証明された。「大田区西部、京浜急行梅屋敷駅辺りからサンマーメン地帯は始まる」と改める必要がある。

東京都と神奈川県を隔てる多摩川を渡って川崎へ。

日本橋—17・6㎞→川崎

二月二十七日　あんかけモヤシラーメンとサンマーメン

午前七時半起床。川崎で泊まったホテルは旧東海道に面しているのですぐに歩き始める。川崎駅にほど近い砂子《いさご》二丁目の中華料理店の写真メニューにサンマーメンを確認して鶴見《つるみ》川方向を目指す。川崎には確実にサンマーメンはある。

十時二十五分、鶴見川を渡った。道はやがて幕末の生麦事件発生現場、生麦に至る。ガイドブックには「鮮魚店が多く魚のにおいがする」と書いてあったが、なるほど二百メートルほどにわたって鮮魚店、貝類専門店などが建ち並ぶ。この辺りは「魚河岸《うおがし》通り」と呼ばれている。通りの裏は鶴見川である。

その中の喫茶店に入り、中年の女主人にサンマーメンのことを聞いた。女主人は言う。「この辺りの中華の店ならメニューになくたって作ってくれますよ。あんかけのモヤシそばのことでしょう?」

午後零時十分、キリンの工場を過ぎたところで国道15号と合流し、車の往来が激しい中を歩いていく。京浜急行子安駅近くに赤い暖簾の中華の店があった。外からのぞくと「あんかけもやしラーメン」というメニューを壁に貼りだしているので、暖簾をくぐった。

「あんかけもやしラーメン」を注文すると、出てきたのはまさしくサンマーメンであった。モヤシ、タマネギ、ニンジン、小松菜、豚肉が入っており、ほかの店とは微妙な違いを見せながらも紛《まご》うことなく醬油味のあんかけである。あんがかかっている分、普通のラーメンよりこくがある。なのにしつこくない。ずるずるとあっという間に片づけてしまった。

国道15号神奈川二丁目交差点の中華の店でもサンマーメンを確認して京急神奈川駅へ。この辺りがかつての神奈川宿の中心だった。住宅やマンション以外に何もない道を歩いていたら忽然《こつぜん》とにぎやかな商店街が現れた。松原商店街という。魚が東京の半額ほどという店があったり、野菜やお菓子の店があったりで元気なこと。ここは戦後の露天市から出発したという。

相模鉄道天王町駅を過ぎてほどなく保土ケ谷。

川崎―9・7km↓神奈川―4・9km↓保土ケ谷（程ケ谷）

二月二十八日　サンマーメン地帯は続く

午前九時四十分に保土ケ谷を出発。駅前の商店街にある中華の店でいきなりサンマーメンを確認するという幸運なスタートである。ところが商店街が終わって国道1号と合流した途端、飲食店がほとんどなくなった。途中から静かな旧街道に分かれ、最初の難所「権太坂《ごんたざか》」に差し掛かった。だらだらとした坂が続く。昔の人は随分難儀したらしい。

登り切ったところが境木地蔵尊《さかいぎじぞうそん》。ここまでが武蔵の国で、これから相模の国に入る。往時は人家も少なかったが、いまはマンションが建ち並んでいる。そばに「投込塚の碑」というのがある。道中、行き倒れになった人を埋めたところという。これは京から江戸に向かって歩いてきて、この辺りで力尽きた人々のことであろう。

昔の姿をとどめる品濃の一里塚跡を過ぎ、環状2号とおぼしき通りに沿って歩くと、国道1号に再び合流する。ほどなく、横浜市戸塚区柏尾《かしお》町の食堂のメニューにサンマーメンを発見。午後一時五分戸塚着。駅前のビルで本日三つ目のサンマーメンを確認した。気が付けば目的地藤沢の宿の目印、時宗総本山「遊行寺《ゆぎょうじ》」である。藤沢駅ビル「名店ビル」の地下食品売り場の一角にサンマーメンの幟《のぼり》を掲げる中華の老舗《しにせ》があった。この辺りでサンマーメンは当たり前の食べ物である。

サンマーメン地帯はまだまだ続く。

保土ケ谷―8・8㎞↓戸塚―7・8㎞↓藤沢

三月一日　イルカはいるか？

午前九時五十分、ホテル発。出発時間が遅いと思われるかもしれないが、これには理由がある。私が朝寝坊というのではなく、旅の目的が食べ物の境界線の確認であるので、飲食店やスーパーが開いている時間でないと仕事にならない。朝早く出発すれば目的地には早く着いても、食べ物を観察することができないのである。よって繁華な場所では九時過ぎにホテルを出て、開店したばかりのスーパーや飲食店をのぞきながら先に進んだという次第である。

藤沢駅前の遊行通りを歩いていたら開店準備中の中華の店があったので店主に話しかける。その店のガラスケースにはサンマーメンのサンプルがある。店主が教えてくれた。

「うちのサンマーメンはモヤシ、キャベツ、ニンジン、ホウレンソウ、豚肉です。鍋にスープを張って具材を入れ、醤油、砂糖を加えて炒めます。それにとろみをつければできあがり。下は醤油ラーメンのスープです。ラーメンと同じくらい人気があります」。

本日からネギとイルカを観察項目に加える。

十時二十分、小田急藤沢本町駅前のスーパー。白ネギ。イルカなし。

十時三十五分、引地川を渡った城南四丁目の相鉄ROSEN《ローゼン》。同。

十一時三十分、茅ヶ崎に入ってすぐのcoop《コープ》赤松店。同。

十一時五十分、小和田のSpatio《エスパティオ》。同。

午後零時三十分、茅ヶ崎駅前のイトーヨーカドー。同。

茅ヶ崎の駅ビルに入っている大きな鮮魚店の従業員に聞いたところ「イルカは入んないよ」ということであった。

駅ビルの五階に飲食店街があったのでのぞいてみたら、立派にサンマーメンが存在した。茅ヶ崎まではサンマーメンが広がっている。ただしイルカはいない。

昼食をとるべく駅前の商店街を歩いていると、小料理屋が定食を出していた。入って頼んだのが鮭とイクラの親子丼。夫婦でやっている店で、仕事の手を休めて気さくに教えてくれた。主人は平塚の魚屋さんの息子。

「昔は平塚にイルカはありましたよ。ゴボウと一緒に炊いたやつね。秦野《はだの》とか神奈川の在ではよく食べたね。いまはどうかなあ。大磯《おおいそ》辺りにいくとあるんじゃないですか？　まあいまの若い人は食べないから町中のスーパーなんかには置いてないと思いますよ」。

そうか。見つからないはずだ。

二時二十分、茅ヶ崎発。

三時二十分、富士山が左に見えるという鳥井戸橋を経て相模川を渡る。サンマーメンが消える様子はない。通説はまたしてもあっさりと覆《くつがえ》った。ほどなく大磯着。イルカは発見に至らず。

藤沢―13・7km↓平塚―2・9km↓大磯

三月二日　イルカ地帯に突入

午前九時四十分、大磯を発った。朝のうち晴れ。次第に雲が多くなり、歩きやすいコンディションになった。歩きながら地元の人にイルカはいるかと聞いてみるものの、そりゃ何じゃという答えばかりである。どうもいないらしい。

十一時ちょうど、旧吉田茂邸に達し、斜め向かいのスーパーTaiyoに入る。魚ではない赤い肉をみつけ色めき立ったが鯨であった。親戚ではあっても本人ではない。次の瞬間、「あった」と小さく叫んでよくみたら「ほたるいか」と書いてあった。「るいか」が「いるか」に見えたのだった。

十一時四十分、二宮駅に到着。駅前の昭和残像的喫茶店に入って休む。店の老夫婦に「イルカはいるか?」と尋ねたら「この辺はイルカを食べますよ。味噌で煮てね。そうそうゴボウと一緒に」と答えたのである。そして店主夫妻は駅の反対側のスーパーで最近買った、今日もあるのではないか、と言う。私は駅の階段を上がって下りて「ひらつかストアー」に駆け込んだ。しかし、ない。店の女性に聞くと「本日は入荷なし」とのこと。在庫を調べてもらったが「すいません。ないんです」という言葉が返ってきた。

だが古くからの住人である喫茶店の店主夫妻が「イルカを食べる」と証言し、常備ではないもののスーパーにも並ぶということは「二宮駅近辺からイルカ食地帯に突入」と見ていいのではないか。というわけで、ここに「二宮駅辺りがイルカ地帯の東の境界線」と宣言する。

午後一時四十七分、中村川を渡って小田原市へ。さらに歩いて二時二十四分、国府津《こうづ》駅着。駅前の中華の店にサンマーメンを発見。まだサンマーメンは頑張っている。

三時十分、小八幡二丁目に鮮魚店があったのでのぞいてみた。店頭にイルカはいない。念のために聞いてみたら「ありますよ」と簡単に言われてしまったのだった。

奥の冷蔵庫から出てきたイルカは鯨の肉によく似ている。店の奥さんの話だと「鯨は刺身でも食べるがイルカはだめ。ゴボウ、ネギ、コンニャクなどと煮ることが多い。ただ臭いがこもらないように鍋の蓋はとって煮ること」。三百グラム強で五百二十五円。こうしてイルカ食地帯に入ったことが実物で証明されたのである。

四時五分、小田原市街に入る。駅前の中華の店のメニューにサンマーメンがある。サンマーメンは頑強である。大田区から相模川を越えて小田原まで勢力圏に入れている。まだまだ西にも勢力を張っているのだろうか。

暗くなってきた。箱根湯本までは電車で行く。

大磯―15・6㎞↓小田原―推定4㎞↓箱根湯本

三月三日　ネギの境界線に立つ

前夜、宿をとった箱根湯本の人たちから口々に「畑宿までの旧街道は歩車道が分離していなくて車も多い。危ないから車で行きなさい」と勧められていた。なるほど道は狭く、大型車やバスでも来れば道端にぐっと寄らないと危険な印象である。

そこで途中の畑宿まで車で行った。歩けば五・三キロのだらだら坂。二時間はかかろうかというところをほんの十分ほどで着く。

そこから旧道を登り始めた。歩きだすとすぐに旧道の厳しさを思い知った。石畳というから町中の平らな足元を想像していたのに、実際は丸や四角い石がごろごろと転がっていてガレ場に近い。しっかり下を見て足を運んでいかないと足首を挫《くじ》きそうである。旧道とつかず離れずに走る車道はくねくねと蛇行して高みへと至る。だが旧道は真っすぐ空を指して階段また階段の連続である。

階段の途中で止まって息を整え、少し登っては再び止まる。階段が終わったかと思うと石畳が始まり、それから階段。またまた石畳。

午前十一時五分、甘酒茶屋着。畑宿を出発してほぼ一時間がたっていた。そこで一杯四百円の甘酒と無料の薬草茶をいただいて元箱根へと向かう。やはり石畳の道だが、これまでほど急ではない。とはいえ一瞬も気を抜けないことに変わりはない。終点が近くなるとスピーカーからの声が大きく小さく聞こえ始めた。芦ノ湖畔に広がる観光地が近いことを教えてくれる。家族連れが反対側から登ってくる。年配のグループが腰掛けて弁当を使っている。やがて視界が広がり、芦ノ湖の湖面がきらきらと光っているのが見えた。

そこには大型の遊覧船が舫《もや》い、何台もの観光バスが駐車し、マイカーが行き交う観光地そのものの景色が広がっていた。誰とも出会わず、黙々と登って来た道の先の賑わいがまぶしい。

本日の移動はここまで。が、私にはやることがあった。白ネギと青ネギの境界線探しである。これまで見聞きした限りでは伊豆半島を越えて静岡県に入るとネギが青くなる。神奈川県相模原市在住の知人は「うちの方のネギは白い」と言う。ならば神奈川県の最西部にあたる箱根周辺に境界線があるのではないか。

休憩した食堂付属のドリンクコーナーで働く女性に聞くと「この辺は白ネギと青ネギの両方を使う」という答えだった。だとすると箱根周辺で青ネギ、白ネギが混在し、静岡県内から青に変わるという可能性が高い。

宿泊地の仙石原に車で向かう途中、湖尻《こじり》で昼食にした。入った食堂の年配の女主人は「うち辺りは根深（白）ネギじゃないです。青いです」と答える。ますます境界線のにおいが強くなってきた。

スーパーで確認する必要がある。車でさらに走り、仙石原のA－COOP仙石原店に行った。商品を並べていた女性従業員をつかまえると「ネギですか？　白いのも青いのも両方ネギって言います」。

売り場には「わけぎ」「グリーン小ネギ」「長ネギ」の三種類が売られていた。わけぎは静岡県産で青いところを食べる。長ネギが地元で言う根深ネギ、いわゆる白ネギである。

女性従業員は「小ネギというのは博多のものと違います。わけぎの細いものです」と教えてくれたが、確かに博多辺りのものより少し太い。

さらに進んで御殿場の町中に入ると御殿場ダイエー（当時）があった。そこにも白ネギと小ネギがあった。小ネギはやはり博多のネギより太い青ネギである。

少し行ったところのＪＡ御殿場の直売所には白ネギが根深ネギという名で売られ、隣に「葉ネギ」があった。葉ネギは小ネギより太く、わけぎより細い青ネギである。店の女性は「根深は鍋、焼きネギ、ぬたに使います。葉ネギはみそ汁の実です」と説明する。明らかに白青混在地帯である。

東京でも博多なんとかという青ネギは売っているが、ネギと言えば白ネギであって、細い青ネギは特殊な用途向き。これまで聞いてきた話から伝わる「日常的混在」とは意味が違う。

そして車は御殿場市に隣接する静岡県駿東《すんとう》郡小山《おやま》町大胡田《おおごだ》の農業、田代一夫さん方に着いた。知人の紹介で急な訪問を許してくださったのである。奥さんの浜江さんが畑に案内してくれる。

「これが自家用の葉ネギです。市販品より太いですよ。地面から出た青いところを切って食べ、新しい葉が出てきたらまた切ります」。日常使うネギはこの緑のネギだという。「もともとは青ネギばっかりだったんです。後で白ネギが入ってきました。だからこの辺は青白両方ね」。こうして生産者サイドからも混在が裏付けられたのだった。

箱根から芦ノ湖東岸を北上すると御殿場をかすめて小山町のラインになり、このライン上に混在地帯が広がっている。ということは箱根が境界と考えていいだろう。

明日は三島に下りる。そこが青ネギ一色であるならば、いま私はネギの境界線上に立っていることになる。いやきっとそうだろう。

ここに宣言する。「青ネギ白ネギの境界線は箱根である」。

田代さんの家に近い御殿場のスーパーSELVAの鮮魚売り場にサバの隣という好位置を占拠してイルカがあった。スーパーに並ぶということは御殿場周辺もイルカ食地帯であることを示している。

イルカの痕跡を発見したのが東海道線二宮駅前。西に進むに従ってその色合いが深まっていく。

畑宿―2・5km↓甘酒茶屋―1・8km↓元箱根―1・2km↓箱根関所跡

三月四日　休養日

日曜だったので、歩かないで過ごした。終日晴れ。芦ノ湖の向こうの山の上に富士山の冠雪した頂上がのぞいて美しい。

三月五日　箱根の西のネギのこと

今朝目が覚めたのは午前六時半。窓の外は一面のガスで何も見えない。雨も降っている。旅を始めて最初の雨である。

午前九時半、下りの道をたどり始めた。下りも上りと同様に石畳が多い。雨で濡れた石が銀色に光り、そして滑る。一歩一歩踏みしめながら緩やかな坂を下りていった。歩いているとネギ畑があった。葉ネギと呼ばれる青ネギである。私は箱根周辺は青白混在地帯であり境界線はこの辺りと書いたが、箱根が境界線なら箱根の西側にも東側同様の混在地帯があっていい。いやあるだろう。

ネギのような日常的な野菜があるラインを境に劇的に変わるとは考えにくく、むしろ混在地帯の中心線が目に見えない境界と考えたほうが自然であろう。

私は三島の広小路に向かった。そこの喫茶店に旧知の女性編集者Nさんが待っている。

Nさんは三島生まれの三島育ち。この辺りの事情に詳しい。待ち合わせ場所の喫茶店に着いたのが午後二時。会うや否やNさんに聞いた。

「三島のネギは白ですか青ですか」。

「両方です」。

「サンマーメンはありますか」。

「あります。子どものころから食べていました」。

「イルカはいるか？」

「います。昨日もスーパーで見ました」。

こうして取材のメドがついたので、ぺこぺこ腹を抱えて少し歩きNさん御用達の中華の店でサンマーメンを食べることにした。メニューには「生碼麺」と書いてある。「サンマメン」と読むのだが、店の人は「サンマ」というのがどんな意味かわからないということだった。

その生碼麺を食べながら聞いた話だと、この店のラーメンに入れるネギは白ネギだが青い部分も使うので白青混合になるとのことであった。混在の証《あか》しであろう。

遅い昼食の後、近所のスーパーに出かけた。野菜売り場をのぞくと青い葉ネギと白ネギが並んでいた。Nさんは「うちの畑で作っているのは青ネギ、つまり葉ネギです。これって東京にはないんですか？　葉ネギは普段用で白ネギはすき焼きなど特別なときに食べます。白ネギは青い部分も使いますよ」。

そこからほど近い食品ストアーをのぞく。ネギは青い。白ネギも「長ネギ」という名で売られていたものの、店の奥の方にちょこんと置いてあった。店の人は「白ネギよりも青ネギが出る（売れる）ね。博多のものみたいな細いのは人気ないよ」と言った。

そんなことを確認して沼津に歩き始めた。途中の青果店で白ネギと葉ネギが仲良く並んでいるところの写真を撮っているうちに雨と風が強くなり徒歩で進むのが危険になってきた。低気圧が接近しているらしい。やむを得ずバスに乗って沼津駅へ。駅ビルの名店街をのぞくと、鮮魚店にイルカがいた。青果店には「わけぎ」と「根深」という名で青白両方のネギがある。

このように三島、沼津という箱根の西側にもネギの混在地帯が広がっている。私はますます箱根境界説に確信を深めている。

イルカ食地帯は、さてどこまで続くのだろうか。サンマーメンもまだ頑張っている。そして三島のスーパーに「黒はんぺん」があったことからして、気づかないうちに「黒はんぺん」地帯にも突入したようである。

箱根関所跡―14・7km↓三島―5・8km↓沼津

三月六日　本格青ネギ地帯始まる

朝起きてみると前夜とは打って変わって快晴で、沼津駅前のホテルの部屋から富士山の頂が見える。九時五十分に沼津を出発。真っ青な空の下を歩き始めた。ところが見るものが何もない。旧道に沿った民家の塀がつくる影の下をただ歩く。商店がない。コンビニがない。歩道というか排水溝の蓋の上をひたすら歩く。

背後からトラックや乗用車がひっきりなしにやって来てはブオーッと通り過ぎていくが、すれ違う人も追い越す人もいない。見るものといえば富士山ばかり。以下は数少ない観察記録。

十一時五分、JR片浜駅前の西友。「葉ネギ」と「長ネギ」併存。黒はんぺん三種、雲のはんぺん（紀文製白はんぺん）一種。魚粉と青海苔を混ぜた「おでんの粉」（名古屋製）発見。「中部地区限定　ころうどん」発見。「ころ」とは「冷やし」の意味。

十一時三十三分、マルトモ今沢店。「葉ネギ」「根深」併存。黒はんぺん三種、白はんぺん（紀文製）一種。「かつおパウダー」「けずり粉」販売中。アルミ鍋うどんの薬味は青ネギ。

正午、ミニストップ沼津大塚店。そうめん青ネギ、ざるそば白ネギの青いところ。

午後零時十分、セブンイレブン沼津原店。そうめん青ネギ。うどん・そば は青白混合。

零時二十分、原駅着。かつての原宿である。だが駅前には何もない。

わずかに営業している居酒屋に入って定食を注文すると、予想をはるかに上回る絶品ランチであった。

一時二十分、原発。ひたすら歩く。

一時半、ローソン沼津原店。天ぷらそば青ネギ。他は青白混合。名古屋の寿《す》がきやのカップ麺登場。

二時十分、リカー＆フーズの店Ｓ。「葉ネギ」は店頭に「根深」は奥。

二時二十二分、富士市に入る。

二時三十五分、東田子の浦駅着。何もない。

三時半、富士市今井のスーパーＮ。「ネギ」と「ネブカ」の表示。ネギというのは葉ネギのことである。つまりここでは「ネギ」＝青ネギの意味。

三時四十分、その先のスーパーＭ。「ネギ」＝葉ネギ。「ネブカ」は白ネギ。

三時四十五分、吉原《よしわら》駅着。駅前のスーパーＯ。「ネギ」＝葉ネギ。「ネブカ」＝白ネギ。ネブカは青いところが多いものを前に並べている。

富士市に入って顕著な現象は葉ネギが単に「ネギ」と表示されていることである。これは「ネギといえば葉ネギ」という地帯に入ったことを意味している。そして白ネギである「根深」または「ネブカ」は「特別なネギ」という扱いを受けている。

商品としては白ネギもあって見た目は青白混在のようであるが、土地の人々の認識として「ネギは青いもの」であるなら、青ネギ文化圏と言っていいだろう。

ネギの境界線であると思われる箱根の東西に青白混在地帯があり、三島に下ってからここまで青ネギは優位度を高めてきた。そしてついに富士市に至って青ネギの圧倒的な強さが確認されたのである。

よってここに宣言する。「富士市から本格青ネギ地帯が始まる」。

今夜の泊まりは富士駅近くである。東海道からははずれるので吉原駅から電車で移動する。富士駅の改札を出たらすぐ目に付くスナックコーナーのラーメンは青ネギ、うどん・そばは青白混合である。

駅前のイトーヨーカドーでは「小ネギ」と「万能ネギ」が一カ所で売られ、白ネギは「長ネギ」の名で別の場所に置いてあった。女性従業員に聞いた。

「葉ネギはありませんか」。

「その小ネギがそうです」。

アルミ鍋に入った各種うどん・そばの薬味はすべて青ネギであった。青ネギの勝利は疑うべくもない。

沼津―5・9km↓原―11・7km↓吉原

三月七日　ちょっと寄り道

本日は東海道から外れて寄り道をする。富士宮に用事があったためである。午前十時すぎ、富士駅からJR身延《みのぶ》線で富士宮に向かった。富士宮は富士川左岸に沿って富士市の北にあたる。ネギの具合がどうなっているのか気にかかる。

駅についてすぐ近くのセブンイレブン富士宮中央町店に入った。冷ややっこ、そうめんは青ネギ、うどん・そばは青白混合である。

この青白混合は、白ネギの青いところまで全部刻み、白い部分と混ぜて使うのだそうである。緑が少しでも入っていないといけないらしい。

富士山本宮浅間大社に近い青果店では「葉ネギ」「わけぎ」が店頭に、白ネギは奥に置いてある。そのそばの食品スーパーでは葉ネギしか売っていない。

午後零時半、駅の南側にあるジャスコに行く。「わけぎ」「軟白ネギ（根は白いが青い部分が半分を占める）」「九条ネギ」「薬味ネギ（博多風）」「葉ネギ」という品ぞろえ。白いのがいないなあと見回すと別の売り場に「白ネギ」として売られていた。「ねぎま、炒め物にどうぞ」と書いてあり、用途が限定されているようである。

アルミ鍋入りのうどん・そば、ラーメン類には全て青ネギが添えられている。私が店で実際に食べたうどんの薬味も見事に青ネギ。富士川の手前で完全青ネギ地帯に入ったことへの確信を強めた。

三月八日　「蒲原《かんばら》ゴム」の正体

午前十時四十分、身延線の柚木《ゆのき》駅に戻って歩き始める。二十分ほどで富士川に差し掛かった。橋には歩道がついており安心して歩くことができる。

真っ青な空。清冽《せいれつ》な水。振り向けば富嶽《ふがく》。絵はがきのような風景の中を歩く。川の真ん中で富士川町になる。

しばらく行ったところに鮮魚店があった。店頭の「イルカスマシ有ります」の張り紙が目に留まった。何だろうと考えている私に店主が顔を向けて「ご主人には何をあげましょうか」と声をかけてきた。

「いや、東海道を歩いている者ですが、イルカスマシってどういうものかと思いまして」。

「ああ、これはご主人の口には合わないと思いますよ。イルカの背びれなんです」。

奥さんに目配せし、冷蔵ケースにあるスマシを見せてくれた。白い部分を黒い輪郭線が取り巻いたような形をしている。奥さんが説明する。

「イルカの背びれを薄く切って二日間水にさらした後、塩にするんです。このまま食べます」。そう言って一切れくれたのだった。

「富士川町でこれを出しているのはウチだけ。蒲原が本場です。あっちに行けばいくらでもありますよ。なかなか嚙むのが大変だから蒲原ゴムとも言われます」。そうであったか。これが噂に聞いていた蒲原ゴムか。歩きながら食べてみる。脂がのっていて薄い塩味。クジラベーコンに似た味である。

富士川駅に着いたのが十一時四十分。駅前に喫茶店がある。ここで深煎りのコーヒーを飲んで一服する。

午後一時、蒲原着。蒲原は昔の街道筋の風景を色濃く残す町である。古い家が軒を連ね、飾らない生活のにおいがする。商店の店頭に「蒲原名物　イルカ　すまし　あります」の看板が立っている。蒲原三丁目の鮮魚店の商品ケースにイルカが一皿三百円で売られている。本格的なイルカ食地域であることがわかる。

二時十五分、由比《ゆい》本陣跡に着く。目の前が由比正雪《しょうせつ》の生家とされている「正雪紺屋《しょうせつこうや》」。その裏手が由比漁港になっている。

由比駅前の食堂で遅い昼食。「桜エビ定食」を注文する。定食は桜エビのかき揚げ、釜揚げ、佃煮にご飯、味噌汁というラインアップ。かき揚げは衣をほとんど付けない素揚げに近いものだった。それを桜エビの粉を混ぜた淡いピンクの塩でいただく。さくさくとして油が軽い。釜揚げはしっとり。少々の醬油を垂らすと香りが立った。

富士市柚木付近―推定6km↓蒲原―3・9km↓由比

三月九日　サンマーメンが消えた

由比の宿を発《た》ったのは午前九時五十五分。今日もまた真っ青な空の下の旅である。ほんの少し歩くと薩埵《さった》峠への登り口がある。峠といっても箱根峠に比べれば楽なもので、風光明媚《めいび》なことから格好のハイキングコースになっている。

道は緩やかに上る。古い家並みの下でお年寄りたちが腰掛けて談笑したりしている。所々に地元でとれたかんきつ類などを売る無人の販売所がある。デコポンが三個で百円といった安さ。買いたいが荷物になるので諦《あきら》める。

街道はミカンやビワの畑に沿っている。歩いていると頭上で黄色いミカンの実が風に揺れて美しい。左は駿河《するが》湾で遠くに対岸の伊豆半島が霞んで見える。

さらに行くと道から外れる坂があり、地元の人による手書きの看板が「風光随一」と誘う。誘われるままに数十メートル上がっていった。

そこからは遠くに富士山、眼下に東名自動車道、東海道本線、国道1号が海岸を束になって走っている様を一望できる。駿河湾が銀鱗をまとったように輝いている。なんという光景であろうか。暫《しばら》く佇《たたず》んでうっとりと眺めた。

下りは急坂。だがこれも箱根に比べたらどうということはない。ぽんぽんと降りると、あっという間に興津《おきつ》に着いた。駅前のスーパーにはイルカの切り身と醬油干しにした

「たれ」を売っている。蒲原で見た「スマシ」はなく、代わって「たれ」の登場である。江尻の宿（清水）までの街道筋には清見寺《せいけんじ》や西園寺《さいおんじ》公望《きんもち》の別荘だった坐漁荘《ざぎょそう》などがあるが一瞥《いちべつ》するだけで先を急ぐ。

二時五分、清水駅着。旧清水市は合併で静岡市清水区になった。その清水駅前銀座を歩く。古いアーケードの商店街だが、他の例に漏れず人通りは少ない。駅から遠ざかるに従って寂しくなるのは仕方がないことだろうか。

年季が入ったそば屋があった。こんな店を探していたのである。二時半になって遅い昼食にする。頼んだのは「おかめそば」であった。というのも店先の食品サンプルを見たら、古い形のおかめを出すらしいとわかったからだ。こんな店は全国的にも少なくなった。

おかめは「岡目《おかめ》八目《はちもく》」という囲碁の言葉からの連想で「八目」、つまり八種類の具が入ったものと言われることが多いが、語源を調べると「具でおかめの顔を描いた」から「おかめ」というのが正しいらしい。実際、この店のおかめを上から見ればホウレンソウで髪の毛、かまぼこで目と頰、タケノコで鼻、シイタケでおちょぼ口を描いていることがわかる。

それはともかく薬味は青ネギである。そしてつゆは関東風の濃口醬油を使った黒いものであった。うどん・そばのつゆはどこかで関西風の薄口醬油に変わるはずだというので、その場所をテレビの番組などが追いかけているのを見たことがあるが、無駄である。なぜなら関東と関西の真ん中に、ムロアジの出しと溜まり醤油が根を張っている中京地区が存在するからである。

だがそれとは別にこのおかめそばは価値がある。青ネギ地帯に入っているので、関東風濃口醬油味ながら薬味だけ西日本型の青という東西混交の姿をしているのである。ネギの例を持ち出すまでもなく、食文化が変化するときには、その境界線の周辺で混在または混交が出現する。いまはうどん・そばについてそのことが言えそうである。

ついで清水駅の反対側に回り、魚市場の前にある「河岸《かし》の市」に向かった。仲卸業者がやっている鮮魚店、練り物の店、飲食店二十二店が並んでいる。その中で「イルカの味噌煮」を売っている店があった。パックに入ったイルカは何度も見たが、調理済みのものを販売している店は初めてである。二代目らしい男性が言う。

「イルカは蒲原から興津、清水までです。静岡市街でも売ってはいますが食べる人はほとんどいないでしょう。作る人が少なくなりましたからね」。

市場を歩いて確認した。イルカを売る店が三軒もある。清水では常食されている証しである。そしてやはり「たれ」を売る店が二軒。清水名物と謳う。「あぶって裂いてマヨネーズが美味しいよ」とのことであった。

さて神奈川県の二宮駅前から出現したイルカは、ここ清水で姿を消すのであろうか。

明日、府中宿（静岡市街）に入って確かめてみよう。

ネギはいよいよはっきりと青の勢力圏下に入ってきている。イルカもいる。だがサンマーメンを見なくなった。富士市では現認した。書かなかったが富士宮の皆さんに聞いたら「ここにもサンマーメンは普通にある」という。

ところが富士川を渡ってからというもの、さっぱり目にしないのである。由比、興津、清水で中華の店を覗いてみたがサンマーメンは不在であった。清水で入った店の主人や若いバイトの女性たちに「サンマーメンはありますか?」と尋ねてみた。すると「サン? サン何ですか?」とか「サンマ?」といった答えばかりで、ちんぷんかんぷんな様子であった。ホテルでフロントの男女二人にも同じ質問をした。「はあー?」であった。「サン、サン、サン……?」でもあった。

完全にサンマーメン地帯を通過したようである。よってここに宣言する。

「サンマーメンの西の境界は富士川である」。

由比―9・1㎞↓興津―4・1㎞↓江尻（清水）

三月十日　道も消えた

午前十時に清水駅前を出発。旧清水市のスーパーに立ち寄ったら、案の定イルカの切り身と「たれ」があった。加えて「カツオのへそ」すなわち心臓が売られていた。カツオはこんな小さな心臓で泳いでいるのである。旧静岡市に入ってからもスーパーでイルカを確認する。「たれ」はないが、まだイルカ地帯は続いている。

静岡市街を目指す私は不安だった。清水の観光案内所でもらったルート図を見ると二カ所で「通行できません」という表示がある。どういうことなのだろうか。行き着けるのだろうか。ともかく旧道を真っすぐ進んでいくと道がつんと線路にぶつかった。そこには「旧東海道記念碑」が建っており「かつてここに東海道が通っていたが様々な事情によりなくなった」と書いてある。そのそばに車一台が通れるくらいの狭い地下道があり、線路をくぐって迂回するらしい。地下道はときどき車が飛び出してくる危険な場所。小走りで通り抜けた。

さらに護国神社の前でまた道が消えた。歩道橋を渡って線路を潜り迂回する。どうにか道を探して府中着。

静岡市内には独特の親子丼がある。鶏肉料理の老舗が昔から出しているものだが、取材を受けない店なので具体的には書けない。ただ鶏肉を卵でとじないで鶏肉も卵もそぼろになっていることだけは明かしていいだろう。

JR静岡駅でこれをモデルにした弁当を売っているはずである。

江尻（清水）―10・5㎞↓府中（静岡）

三月十一日　休養日

日曜日なのでのんびり静岡巡りを楽しむ。昼にネギと出しつゆの関係を検証する目的もあってそば屋に入ったが、そこで注文したのがカレーうどんであった。

東日本の人々にはカレーうどんに青ネギという取り合わせがどうしても納得できないかもしれない。「ネギのシャキシャキ感こそカレーうどんの命なのに、これは何ですか？　青ネギがまるでクタクタのニラみたいじゃないですか」という意見が出るかもしれない。

しかし西日本出身者には茶色のカレーには緑も鮮やかな青ネギこそがふさわしい。

それに先だち、私はしぞーかおでんをパン屋さんで食べていた。「しぞーか」は「静岡」の現地語による発音である。

静岡のおでんは黒はんぺんや牛筋、モツなどの具に特徴があり、串に刺さっているのが普通。真っ黒な出し汁は基本的に飲まない。富士宮のやきそばと同じく、だし粉（魚粉）と青海苔を振って食べる。

市内に六カ所ある「おでん横丁」のみならず、居酒屋、食堂、駄菓子屋にはほぼ常備されており、年に一回の「おでん祭り」には何十万もの人出がある。

私が入った店はもともとおでんを出す駄菓子屋だったのがパン屋さんになったので、いまでもひとつの店に二店が同居したみたいな形になっている。食パンを袋に詰めている店主の横で、鍋から好きなおでんを取るというのはなかなかできる体験ではない。牛筋やタケノコなどが百円。あとは六十円という駄菓子屋値段であった。

私は、おでんの取材の一方でもうひとつの確認作業に追われていた。ポリタンクの色問題である。東日本は赤。西日本は青。ネットで読者に投票してもらったところ灯油を入れるポリタンクの色にも境界線があって、それがちょうど静岡辺りとの結果が出ていたからである。食文化の境界線は、ほかの生活文化の境界線と重なるのか否か。それが関心事であった。

住宅街を歩いて庭先のポリタンクの色を確認する。つまり他人の家の中をのぞきこみながら路地から路地へと歩いていく。こそ泥のロケハンにしか見えないだろうとは思ったが、ほかに方法がない。

道路から見える範囲では赤とか白とかのポリタンクが置かれていた。通りかかった中年女性を中心に聞きとりをしたところ「うちは赤」「うちは青」という「混在」を窺《うかが》わせる証言を得たのである。

折から私の様子を見に東京から同僚が来ていたので、彼にはガソリンスタンド（ＧＳ）など業務関係を中心に取材してもらった。彼はあるＧＳでは赤を、別のＧＳでは青を売っている写真を撮ってきた。中でも一人の客が赤青両方のポリタンクを持参し、灯油を入れている写真は「混在」を象徴するものであった。

観察の印象を言えば、静岡は赤を基本としながらも青、白などが混じっているということである。東京のように赤ばかりとか、大阪のように青ばかりという状況ではない。境界線のにおいが色濃く立ちこめている。

イルカの方はＪＲ静岡駅ビルの居酒屋店頭で「イルカの味噌煮あります」の張り紙を見ているので、まだイルカ地帯と言える。

三月十二日　しぞーかおでんで峠越え

ということがあって本日は静岡市役所前を午前九時半に出発した。飲食店が少ないため視線はもっぱらポリタンクに向かう。

午前十時半、安倍川を渡る。

十一時五分、丸子《まりこ》着。リビングショップで赤を売っている。

十一時十七分、丸子六丁目の民家では赤青混在。その先の民家では赤白混在。

十一時三十五分、丸子橋到着。ということは、有名なとろろ汁の丁子屋着。写真を撮るだけにする。

午後零時五十分、宇津ノ谷トンネル。そこを右に曲がって旧街道沿いの集落へ。民家がそれぞれ「向山」「丸子屋」「車屋」といった昔ながらの屋号の看板を掲げ、街道ムードが漂う。時間感覚が違っていそうな佇まいである。

昼食後、峠に入る。杉や孟宗竹《もうそうちく》が生い茂る中を行く山道で、距離は短いものの いかにも峠を越えているという実感がある旧街道である。

三時十五分、岡部宿着。民家に赤いポリタンク。しかし灯油給油車は白を積み、商店のガラス戸越しに黄色が見えるという混在ぶりである。黄色いポリタンクを現認したのは今回が初めて。現在のところポリタンクには赤、青、白、黄色がある。

今日は終日、強風に煽《あお》られた。ときには風速十メートルを超す風で、帽子をかぶるどころか真っすぐ歩くのも難しいような状況であった。日差しは強くとも風のせいで体感温度は低く、手がかじかむ。近所にインターネット環境が整ったホテルが見当たらなかったため宿泊は藤枝のホテルである。

夜になっても風がやまず、夕食は近所のうなぎ屋で取る。箱根を越えたら食べようと思っていたうなぎの晩飯がようやく実現した。うなぎを注文すると、店の女性が「うちは注文を受けてうなぎを裂きますので四、五十分みてください」と言う。なかなか本格的な店のようである。そこで私は尋ねた。

「背開きですか、腹開きですか?」。

「背開きです。そうそう、蒸していいですか? うちはかなり蒸して脂を落とすんですが、関西からのお客さんの中には蒸さないでくれとおっしゃる方もおられますので」。

「ええ、蒸してください。東京風でお願いします」。

出てきたうなぎは醬油を抑え甘みを利かしたたれで、しっかり蒸されて脂ぎったところがない。黙々と食べた。


府中(静岡)―5・6km↓丸子―7・8km↓岡部

三月十三日　ポリタンクは混戦模様

本日は岡部から藤枝を経て島田まで歩くため、朝方、泊まっていた藤枝から車で岡部に戻り歩き直すことにした。岡部を午前九時半に出て藤枝に向かう途中の横内地区では家々にかつての商売や屋号を示す看板がつるされている。「ちょうちんや」「縫子屋」「松乃茶屋」「箸屋《はし》」「伝話屋」「こめや」「萬作さん」「川漁師」「鍛冶屋《かじ》」「馬力屋」「舟鑑札」といった具合である。

それだけで往時を偲《しの》ぶよすがになる。いいアイデアといえよう。でも「伝話屋」って何だろう。

十時半に須賀神社(藤枝市水守)の大楠《おおくす》に着く。樹齢五百年、根回り十五・二メートル、高さ二十三・七メートルという大樹である。そのそばのホームセンターで確認したところ、ポリタンクは全部白であった。

十一時七分、道沿いに藤枝成田山があった。由緒あるお寺が廃寺になっていたのを明治時代に成田山が再興したのだという。境内に「ボケ除の像」があり、多くの人々に頭をなでられてツルピカになっている。私も一応なでておいた方がいいかなあとも考えたが、やめた。

十分ほど歩いたところにある地元スーパーFではイルカを売っている。イルカ地帯は思ったより広い。

十一時五十八分、瀬戸川を渡って藤枝市街へ。川の土手には桜並木が続いている。開花予想と違ってまだ咲く気配はないものの、満開のころはさぞ美しいことだろう。

道々ポリタンクを観察してきたが、静岡市内は赤を基調としつつも青や白が混在していた。西に進むに従って赤の勢いが弱まり、白と青が力を付けてきているように思える。だが結論を出すにはまだ早い。もう少し様子を見てみよう。

今日も朝から強い向かい風である。帽子を目深《まぶか》にかぶり、前傾姿勢で歩く。それでも風圧はすごく、私の最高速度時速五キロがどうしても出せない。

島田に着いたのが三時三十五分。かつては賑わったであろうアーケードの商店街は半数がシャッターである。その多さに驚いて、ホテルにチェックインせず周辺を見て回る。地方都市の中心市街地はどうしたら再生できるのだろうか。このような状況を目にするたびに考えるのだが、処方箋《しょほうせん》は簡単に書けるものではない。

夜は島田のホテルに近い居酒屋に出かけた。そこで食べたのが「カツオのへそ」、つまり心臓である。焼津から来たものといい、塩焼きでいただく。白い部分はこりこりとして白もつ風。赤いところはレバーのような食感だった。東京では簡単にはお目にかかれまい。

岡部―6・7㎞↓藤枝―8・6㎞↓島田

三月十四日　小夜の中山越え

例によって午前九時半出発。五十五分にはもう大井川の畔《たもと》についた。川越えのための施設が残る町並みがあって国指定の遺跡になっている。ここはスケッチの名所らしく、大勢の人々が画用紙を広げていた。風もなく実に気分のいい朝である。

十時二十六分、大井川を渡る。大井川橋の全長は千二十六メートル。歩いて十分余りだったが、昔の人はここを屈強な男に肩車され、蓮台《れんだい》に乗り、あるいは自分の足で渡ったのである。その大変さは橋の上から流れを見ていればわかる。

やがて大井川鐵道の新金谷《しんかなや》駅が見えてきた。駅前に小さな幟《のぼり》をはためかせているおでんの店があったので入る。商売っ気なし。コンクリートの三和土《たたき》に七輪があり、その上でおでんが煮えている。卵が五十円、あとは全部四十円。卵を入れて六品で二百五十円であった。飲み物のケースを見たら懐かしいHI-C《ハイシー》があったので百円で買う。

　この店の出し汁は鶏出しと醬油だけ。だが四十五年間、注ぎ足し注ぎ足ししたものと言い、侮れない深さがある味であった。はっきり言ってめちゃうま。

　そこから石畳の金谷坂に挑む。平成になって住民の力で復元された石畳の石は大井川の川石。丸く光っている。石畳を上って下りて「小夜の中山」に至った。ここは東海道三大難所の一つとガイドブックに書いてあったが、記述が少なく、たいしたことはなかろうと思っていた。それが大変な誤算であった。

　問答無用で急な坂が続くものだから、すぐにぜいぜいはーはー。休んでは上り、休んでは上りを繰り返した。途中、一面の茶畑を望む場所があって景色は非常に美しいのだが、なにしろ何もない。家はあっても人の姿がない。「通学路」の表示はあっても学校が見えない。自販機がない。トイレがない。食べるところもない。

　難行の末に日坂《にっさか》へ到着する。江戸時代に建てられて実際に使われていた旅籠《はたご》が何軒か残っていた。街道情緒にあふれているのは素晴らしいが、人がいないセットのような佇まいでもあった。

　後は国道に沿ったり、ちょっと脇にそれたりしながら平地を一路掛川へと向かう。昼間は比較的穏やかだったのに、夕方が近づくにつれてまたしても強い向かい風。何度も帽子を飛ばされながら無言の道中である。

峠越えですっかり消耗した体力を振り絞って、ひたすら掛川城を目指す。掛川駅に着いたころにはへとへとと。足は張って喉もからからになってしまった。

途中わずかに観察できたスーパーのはんぺんは黒いのが二、三種あり、白いのが一種類というのがスタンダード。白いのはほとんどが紀文製で、黒いのと離れたところに陳列してあることが多い。

これはネギにも言える。青いのが二、三種かたまっており、白ネギはお客さん扱いみたいに別の売り場というのが珍しくない。青ネギ地帯における白ネギの位置をうかがわせている。

大井川を過ぎると姿を消したものがある。イルカである。いつの間にか境界線を越えたらしい。

島田―3・9㎞↓金谷―6・5㎞↓日坂―7㎞↓掛川

三月十五日　東海道どまん中

午前九時四十分、掛川発。ホテルから北に行くと「東海道」の表示がある道に出た。スピードをあげて西へ西へ。今日は曇りで風がない。歩くにはいいコンディションである。

袋井宿《ふくろい》に着いたのが午後零時三十五分。目指すは「東海道どまん中茶屋」である。袋井は日本橋と京のどちらからも二十七番目の宿場で、東海道の真ん中にあたる。この茶屋は袋井市役所のすぐそばにあって、建物は市が、運営は民間のボランティアが担っている。だから無料で利用できる。

写真を撮っていると中からボランティアの女性が「お茶でもどうぞ」と声をかけてくれた。でもいまは昼飯が先である。「後から伺います」と答えてJRの袋井駅に向かう。袋井は江戸の昔からうなぎが有名なところ。ここではぜひうなぎをと思っていた。

ところが駅前にはラーメン屋と喫茶店しかない。仕方なく茶屋に戻ってきた。途中経過は省くが、結局うなぎ屋は茶屋のすぐそばにあったのだった。

そこで選んだのが二千百円のうなぎ。メニューの中では、値段がどまん中のものである。うなぎは三河産であるという。背開きで蒸しが入る。店の人は「名古屋はいろいろみたいですが、この辺ではみんなウチみたいな作り方をしています」と言った。まだうなぎは関東風を守っている。

茶屋に戻ると、いつの間にか近所の人たちが集まって、お茶をすすりながら世間話をしている。囲炉裏の前に腰掛けた私に、先ほどの女性が地元のお菓子屋さんが開発した「ふわふわ味噌まんじゅう」を二個くれた。「ふわふわ」というのは江戸の昔から袋井宿の名物だった「たまごふわふわ」からきている。カツオ出しのつゆに、よく溶いた卵を入れてメレンゲのようなふわふわ状態に仕上げたもので、地元の人たちが再現し地域おこしの材料にしている。徐々に知名度が上がってきた。

さあ、見附《みつけ》（磐田《いわた》）へ急ごう。だが途中には何もない。またしても家はあるが人がいない。店がない。ただ広い庭の家々がずーっと並んでいるばかり。

時速五キロですたすた歩き、見附宿に着いた証拠とばかりに明治八年建築という現存最古の木造学校「旧見付学校」を撮影した。

ポリタンクは目下観察中なるも、混沌として結論に至らず。もう少し時間がかかるかも。

掛川―9・5km↓袋井―5・8km↓見附

三月十六日「にかけ」って何よ?

旧東海道は見附宿の中心から南に下りJR磐田駅の少し手前で西に折れる。そこからのスタートとなる。

街道筋は相変わらずの静かな住宅街で、飲食店はほぼ皆無といっていい。だからひたすら歩く。途中に見事な彫刻がほどこされた古い常夜燈があったりするものの、わずかな松並木以外にかつての情景をうかがわせるものはない。

道はどこまでも続き、どこまでも人影がない。家、駐車中の車、プロパンガスのボンベ、ときどきお年寄り。

　こうして歩いていたらあっという間に天竜川に着き、だだっ広い歩道が付いた新天竜川橋を渡った。歩道は広くて立派なのに誰も歩いていない。生まれて初めて歩道を貸しきりで進む。

午前十一時二十四分、渡河作戦開始。

同三十五分、作戦終了。

大井川もそうだったが、この天竜川も大河である。橋の真ん中でしばらく流れを眺めていた。

　橋を渡ると浜松市。土手を下って旧街道に出たとたん、餃子の店にぶつかった。住宅街の目立たない店だが、個人タクシーの運転手さんが買いに来ている。

「この店、有名なんですか?」

「有名だよ。生餃子だけの店ね。中で焼いてくれないの」。

浜松の餃子もまた有名である。詳しくはこの後に書く。

午後零時二十二分、ＪＲ天竜川駅着。昼時だが、これといった店が見つからないまま、市街地近くまできた。と、そこに「食堂」の看板。迷わず入る。チキンライスが現役の店であった。床では石油ストーブが燃えている。

壁の品書きを見ていて「にかけ」というのが目に留まった。うどんのメニューの中にある。店の人に尋ねると「油揚げやネギが入って、素うどんのちょっと上のやつ」という説明だったが、イメージがわかない。

カツライスの昼飯を済ませ、聞いたことをそのままメモして外に出た。すると少し歩いたところの飲食店のサンプルケースに「にかけ」があった。関西でいう「きざみ」に似ているが、サンプルだけではよくわからない。

さっきの食堂の女性は「にかけというのは浜松辺りのものなのかねえ。よく遠くから来たお客さんに、それ何だって聞かれます」と言っていた。「浜松のにかけ」。覚えておこう。

二時五十五分、浜松宿に到着。本日は早じまいである。

その夜、私は市民団体「浜松餃子学会」の皆さんに会いに行った。訪ねた先は昭和二十八年に屋台から始めた老舗《しにせ》の「石松」。店に入ると小上がりで盛大に餃子を食べている二人が私に「よっ」と手をあげた。浜松餃子学会のFさんとYさんである。

二人の前には東京ではお目にかかれそうもない大きな皿いっぱいに盛られた餃子があり、その横に茶色い味噌もつがあり、ご飯と味噌汁があった。

「浜松では餃子でご飯は当たり前なんです。それに餃子にはもつですね」と言いつつ、二人は餃子をぽんぽん口に放り込んでいる。

Fさんたちが食べているのは「ぎょうざ大」（二十個）であった。この店では屋台時代からフライパンで焼くので、餃子は円形に並べられ、中心の丸いすき間にはゆでモヤシが置かれている。直径約三十センチという大物である。

「餃子を食べて、モヤシで口直ししてまた餃子です」。

なおも二人の手は休まず餃子、味噌もつ、ご飯、味噌汁と目まぐるしく動く。

私も餃子を注文した。皮はふわっとして、あんはキャベツ、ニンニク、豚肉、調味料でできている。ほのかな甘みはおそらくキャベツから出たものだろう。

たれは甘めで赤い殺意（唐辛子）を加えるのが常道。私は常道を避けて食べたが、皮の薄さとあんの優しさが相まって、嫌みのない、従って飽きの来ない一品に仕上がっている。正直に言うと、これは餃子の傑作である。

浜松にはヤマハ、スズキ、ホンダ、河合楽器などの製造業が集中している。日本の戦後復興が本格化した昭和二十年代の後半、浜松の工場群もうなりをあげて、やがてくる高度成長へと助走を始めていた。大量の労働力が安くて美味《うま》くてエネルギー源になるものを求めていた。それに応えたのが浜松駅前に並んだ屋台であった。

浜松の連隊も宇都宮と同様、旧満州（現中国東北部）に駐屯していた。戦後引き揚げてきた兵隊さんたちや民間人が餃子を持ち帰ったところも宇都宮と同じである。屋台では餃子やもつを出した。それが今日まで地元の味覚として受け継がれている。

浜松餃子学会は周辺市町村との合併プレイベントとして浜松と宇都宮の餃子対決を催したのを機に、Ｆさんらを中心として結成された。

二〇〇六年五月に市内百二十六店の餃子店を網羅したマップを作り市長に会った際、「浜松は政令市ではないので統計にのりません。ぜひ市独自で餃子の購入額調査をしてください」と訴えた。「わかった」という市長の声で調査が実現したのだが、総務省の家計調査とは手法が違うとはいえ、恐るべき数字が出たのである。

浜松市における一世帯の年間餃子購入額は一万九千円。宇都宮市の三・五倍、静岡市の六倍である。いまのところ日本で一番餃子を食べる街と言っても誰も文句がつけられまい。マップは未完成で「あと百軒は確認していますが、調査に手が回らないのです」とＦさんは笑った。

この街では家から皿を持ってきて店で焼いたものを買って帰るのは当たり前。スナックで餃子を食べるのも当たり前。給食でも当たり前。

東京にも「餃子ライス」がないでもないが、浜松では餃子をおかずにご飯を食べるというのがスタンダードらしいのである。店の内部を見渡すと、ほとんどの客が「ぎょうざ定食」を注文している。

「石松」のように円形に並べるのが主流ではなく、他の地域と同じように長方形の店が多い。どこでもモヤシがつくわけでもない。あんの中身もたれも店によってそれぞれ違う。ただサイズがどちらかというと小ぶりである。

Yさんの話だと「九州は餃子一個が十グラム以下。宇都宮が二十から二十五グラムですが、浜松は十五から二十一とか二十二グラムが平均」なのだそうである。

それにしても美味《うま》かった。

見附―16・4㎞↓浜松

三月十七日　境界線の予感

朝から好天。ただ直射日光のせいか鼻の周辺が赤むけ状態になってきた。浜松駅から少し行ったところの大衆食堂で「ぎょうざ定食」の写真メニューを見た。彼らが話していたことは本当なのである。

舞坂（阪）までは特に見るべきものはなかった。常夜燈がいくつかあったので近づいて写真を撮った。舞坂の見ものは何と言っても見事な松並木であろう。だが駅前には奇跡的に何もない。そこで電車で弁天島にうなぎを食べに行った。

入った店は地元では人気店らしい。本場の浜名湖で食べるうなぎはどんな具合であろうか。うな丼は千八百円と立派な値段。なるほどという味ではあったが、個人的には袋井のうなぎの方に分があるような気がする。

道中、スーパー数カ所に寄ってみた。西友浜松高塚店には豆味噌が六種類もあり、味噌全体に対する豆味噌比率が確実に高まっている。醬油売り場でも愛知、三重のメーカーのものが目立つ。

これまでは「そば」の看板ばかりだったのに、次第に「うどん」の文字が目立ってきた。

境界線の予感が高まっているところである。

浜松—10・8㎞↓舞坂

三月十八日　うどん文化圏に突入

日曜日だから本来なら休みだが、原稿を何本か書く必要があり、どうしても早い時間に豊橋に入りたかった。

かつて宿泊している舞坂と新居《あらい》の間は海上一里を船で行った。だがいまは海路がない。船旅の痕跡を求めてホテルから弁天島の「北雁木《きたがんげ》」に向かった。「雁木」は階段状に造られた船着き場のことで、北は大名や役人用、中が武士用、南が「渡荷場《とかば》」といって庶民用だった。現存するのは北雁木だけである。

東海道を描いた版画には、ここから浜名湖の対岸にある新居宿まで白帆を立てた船が何艘《そう》も連なって進んでいく場面がいくつも描かれている。

吹きっさらしの東海道線弁天島駅から電車に乗ると次が新居町駅。駅から西に五百メートルほど行ったところに新居の関所がある。この関所は現存する唯一のもので、当時の姿を忠実に残している。一九五五年に国の特別史跡に指定された。

そばには旅籠「紀伊国屋」も公開されている。名前の通り紀伊徳川家の御用宿だった。昭和三十年代に廃業するまで二百五十年間にわたって旅人が憩《いこ》った宿というだけに、自ずと隠しきれない風格がある。

新居町駅の前に喫茶店があったので入る。時間は午前十時半。カウンターに座ると「モーニングですか?」と聞かれた。コーヒーが飲みたいのだと言うと、すぐにコーヒーが出てきたが「おまけ」がついていた。

メニューには各種モーニングサービスが並んでいる。三百五十円の飲み物代だけでトースト、ミニサラダ、ゆで卵、ミニゼリーがつくのが一番スタンダードなモーニング。スパ・モーニングというのもある。ナポリタンにおにぎりかトースト、ゆで卵にサラダのセットである。見渡すと若い男性客の多くがスパ・モーニングと格闘している。スパ・モーニングとご飯モーニングが「名古屋モーニング」の特徴だと思うが、この店にもご飯・味噌汁・漬物のモーニングがあった。

愛知県の手前、浜名湖西岸からモーニング文化圏に入ることを発見した瞬間であった。本来ならここからU字形に海の方へと南下して白須賀《しらすか》の宿に向かうのだが、白須賀に寄っていたら原稿を書く時間がなくなってしまう。仕方なく割愛して電車で二川《ふたがわ》に行くことにした。

二川の宿から三河の国、すなわち愛知県豊橋市である。ここでは現存する二つの本陣のうちのひとつ、二川本陣を訪ねた。駅から一キロほど離れている。昭和のにおいを残す店が建ち並ぶ日曜日の旧街道はひっそりとしていた。本陣は見事なもので、隣接する旅籠「清明屋《せいめいや》」も立派だった。

その近くに豆味噌をつくっている蔵がある。浜松を過ぎた辺りからスーパーに並ぶ豆味噌の種類が増えていたが、岡崎にまで行かずとも三河に入った途端、疑いようもなく豆味噌地帯が始まった。

電車だと二川から一駅で豊橋。駅ビルの食料品売り場をのぞく。黒はんぺんを売ってはいたが、それよりはるかに存在感を放っていたのが「いわし玉」であった。黒っぽい練り製品で揚げていない。メンコみたいに平たい円形をしている。

店の幟やメニュー看板を見れば、はっきりとうどん文化圏に入ったことがわかる。それまで店の看板は「そば」または「そば・うどん」ばかりだったのに「うどん・そば」

に一変しているのである。中には「そば・きしめんもできます」とわざわざ書いている店もある。ここで宣言してもいいだろう。

「豊橋が米（白）味噌・豆（赤）味噌と、そば・うどん文化圏の境界である」。

デパートの地下食品売り場にイートインの店があって、そこでは「にかけ」がメインメニューであった。浜松で見聞きしたものとは微妙に違う。味をつけない油揚げが数切れ、カツオ節、かまぼこ一切れ、青ネギがのっている。かけ（素）うどんより具が多く、関西のきざみうどんほど油揚げが多くない。具はシンプルなものを少しずつといった感じで、豊橋ではこれがうどんの基本形らしい。


駅前の麺類を中心にした店に入った。「にかけ」を頼むとホウレンソウ、かまぼこ、カツオ節がのったうどんが出た。ネギは入らない。

「にかけ」のつゆを慎重に啜《すす》る。浜松でも感じたことだが、色が関東・関西の中間で黒っぽいが透明度が高い。清水で食べた「おかめ」のつゆに比べると、関東色がかなり抜けてきている。静岡県を西に進むに従って、徐々に淡い色になるのである。


ふと考えた。「にかけ」の定義はともかく、豊橋に入った途端、温かい麺類にカツオ節がのるようになったのではないか。脳裏に名古屋のきしめんの姿が浮かんだ。熱いつゆの上で身を捩《よ》じらすカツオ節。そうだ、温かい麺にカツオ節をトッピングする地帯に突入したに違いない。

思わぬ発見についついコップ酒が進んだのであった。

舞坂―5・9㎞↓新居―6・5㎞↓白須賀―5・7㎞↓二川―6・1㎞↓吉田（豊橋）

三月十九日　豊橋の「おまけ」

本日も豊橋泊まり。お昼を済ませ午後零時半に喫茶店に入ってコーヒーを注文した。お昼なのでモーニングサービスは終わっていると思っていたし、店の外にも何の表示もなかった。にもかかわらずトーストと東京で言う「豆かん」が姿を現したのである。「モーニングは頼んでいませんが」と私は言った。するとエプロン姿の店の女性がにっこり笑って「ついてるんです」と答えた。問答無用でつくらしい。

見れば夫らしいおじさんが、寒天を手のひらにのせてナイフで小さく切っている。寒天は自家製と思われる。

前夜、豊橋の中華料理の店に入って酒を一杯頼んだら、喫茶店みたいにお豆の小袋がついてきた。もう一杯くださいと言うと、自慢のチャーシューが二枚登場した。この辺りは強力なおまけ文化地帯である。

三月二十日　沿道の衰微を思う

八時に朝食。九時には歩き始めた。空は相変わらず申し分のない快晴。ただ今日も風が強い。川を渡るときには顔を背けても涙が出た。

途中、うどんの店で「みそ煮込みまつり」の幟《のぼり》がはためいていた。味噌煮込みうどん地帯に入ったのである。

御油《ごゆ》には特別天然記念物に指定されている長さ六百メートルの松並木が残っている。「ほほー」などと声をあげて歩いていった。

昼時になったのはいいが、周りを見渡しても食べられそうなところがない。仕方なく次の赤坂まで行くことにした。赤坂までは一里塚跡があったりして、普通の旧街道だった。だが一里塚はあっても食堂はない。うろうろしているうちに中華の店が一軒だけみつかった。選択の余地なくそこに入る。ともかく物すごい量であった。味はともかくお腹はいっぱい。先を急ごう。

ところがである。旧街道は国道1号と合流して延々と続く。右手は国道と名鉄の線路と東名自動車道。左手は工場群。民家さえない。そんな道を一時間、二時間と孤独に進む。前からは遠慮なく冷たい風が吹き付けて体温を奪う。寂しい。

岡崎市に入る地点にあるドライブインの看板を見て、初めて自分が峠を越えていることを知った。岡崎市内に入っても周りの様子は変わらない。たまにヘルメットをかぶった中学生が自転車で追い越していくだけで、人にも会わないまま藤川宿の入口に到着した。

旧街道沿いには昔から古い家が建ち並んでいる。やがて車社会がやってきたが、道は車が行き来するには余りに狭い。といって民家に立ち退いてもらい道路を拡幅するには莫大な金と膨大な手間がかかる。ならばと田畑だったところに新しく道路を作っていった。新しくて広い道路沿いに店が建ち、旧街道沿いにあった店は成り立たなくなって閉店する。

すると人通りが絶えてしまって、家はあるのに人がいないという状況が生まれる。最後まで残ったのは酒屋とたばこ屋だったが、それも自動販売機の出現によって店を開けている必要がなくなった。

これまで何度か書いてきた「家はあるのに人がいない。店もない」という風景はこうして出現したのである。本日の行程はまさにこのような沿道であった。

店がないから食べ物の観察はできない。「スーパー」の看板があるので近づいてみると「東に5キロ」などと書いてある。車がないとどうにもならないのである。

そんな中を寒風に吹かれて歩き続けていると体温が下がる。体温が下がると人間の体は水分を放出して調整しようとする。かくして店も何もないところでトイレ事件が勃発した。

目指すは藤川の駅である。ようやく着いた藤川駅は無人駅。トイレもなかった。この先のことを書く勇気を私は持ち合わせていない。

事件の後も、何食わぬ顔で岡崎へと急いだ。

吉田（豊橋）―10・2㎞↓御油―1・7㎞↓赤坂―8・8㎞↓藤川―6・6㎞↓岡崎

三月二十一日　豆味噌の町

今日は春分の日。次の目的地は池鯉鮒《ちりゅう》（知立）で比較的近い。急ぐ旅ではないので岡崎城でも見ていくことにした。

岡崎公園は団体のバスが乗り付けたりしてとても賑やかだった。空は晴れ渡り風もないぽかぽか陽気で、桜でも咲いていようものならどんな騒ぎになるやらという日和である。ぶらぶらと八丁味噌のふるさとを散策しているうちに、旧東海道に出てしまった。出てしまったからには……歩こう。

だが国道1号が旧東海道なものだからトラック、トレーラー、コンクリートミキサーといった重車両が疾走する。そのそばを歩くのは余り楽しいものではない。またしても右は車道、左は工場や倉庫ばかり。日本橋からの距離表示を見ては「もうあれから一キロきたのか」などと歩いた距離を確認するのが唯一の楽しみである。

途中にようやくあったコンビニの棚を見ると味噌は豆味噌一種があるだけ。なにしろ豆味噌の本場である。当然であろう。

そのうち東海道が国道1号から外れた。すると景色は一変し、車はまばら、人影はもっとまばらになった。途中、松並木があってほっとする。安城市に入ってすぐに「予科練の碑」があった。こんなところに旧海軍のパイロットを養成する施設があったとは知らなかった。

午後二時近くになったので昼食のために名鉄新安城駅に行く。朝が軽かったせいか私は味噌かつ定食をほぼ完食した。のんびりしていたら三時を過ぎている。

先を急いで夕方に知立着。ホテルの裏の食品スーパーをチェックすると黒はんぺんもいわし玉もなかった。黒はんぺんは浜松までしかなく、いわし玉は豊橋周辺に限られているらしい。

岡崎—14・9km→池鯉鮒

三月二十二日　コメダのシロノワール

泊まっていたホテルのすぐ裏に池鯉鮒の宿があり、スムーズな出発。またしても快晴の空の下、ぽかぽか陽気を楽しみながら歩みを進めた。午前九時四十五分に池鯉鮒を発って十時二十分には早くも刈谷市に入る。

午前十一時十五分、地元スーパーに黒はんぺんはやはりない。麺類の売り場にあるのはうどんばかり。そばは冷凍食品が一種類置いてあるに過ぎない。完全なうどん文化圏である。

道に迷った末に三河と尾張の国境、境川を渡ると、いつの間にか豊明市を歩いている。目印は左手に見える名鉄の線路。これから外れなければ大丈夫である。左右の一里塚跡が現存する「阿野一里塚」で写真を撮り、桶狭間《おけはざま》の古戦場跡で小休止し、いよいよ有松の町並みが見えてきた。「有松しぼり」で知られ、江戸の風情《ふぜい》を色濃く残す有松。ここはもう名古屋市である。

これまでも街道の古い町並みは何度も見てきたが、有松ほどまとまっているところは初めてである。しかも現役の店舗や住居として使われている。どの家にも「ありまつ」と染め抜いた色とりどりの暖簾《のれん》がかかって、そこに知恵と力のある街づくりのリーダーがいることを窺わせる。

時間は午後二時。昼食を取らなければならない。駅を挟んで町並みの反対側に回るとコメダ珈琲店があった。コメダ珈琲店は名古屋を中心に展開しているチェーン店で、コーヒー専門店であると同時に、独自の食事メニューでも知られている。私はコロッケを注文した。

コロッケは横三十センチ、縦二十五センチほどのプレートにのって登場した。三個並んだコロッケが大きい。しかも横にポテトサラダまでついている。とてもイモイモしい。これにロールパンが二個、野菜サラダである。

腹が減っていたのでコロッケ二個をぱくついたが、そこで途端に無意味な満腹感に襲われた。急ブレーキがかかったのである。三分の一を残したところで撃退された。

それでもなお食べなければならないものがある。「シロノワール」である。ふわふわのスポンジケーキの上にソフトクリームがのったもので、コメダといえばシロノワールといわれるくらい有名である。

有松に来たことで鳴海の宿到着とみなした私は熱田神宮に向かった。そこからてくてくと七里の渡しへと歩く。西に向かう古《いにしえ》の旅人は堀川の河口にあったこの渡しから船で桑名に行ったのである。いま、海路はない。

知立（池鯉鮒）—11km→鳴海—6・5km→宮（名古屋）

三月二十三日　中間まとめ

さて、本日は宮の七里の渡しから桑名の七里の渡しに行ったということにして近鉄で名古屋から桑名に向かった。ホテルでの朝ご飯にはちょっと飽きてきたところなので、何も食べないまま桑名駅に降り立ったのが午前十時半。

本当は三重に入るとうどんはどう変化するのかを調べるために、うどんを朝食代わりにするつもりだった。ところが時間が悪い。まだどの店も開店前である。そこで調査対象を喫茶店のモーニングサービスに切り替えた。すでに書いた通り、中京地区的モーニングサービスの東の境界と思われるところが静岡県西端の新居町（現湖西市）。では西の境界はどこかを知りたいのである。

桑名の駅ビルには二軒の喫茶店があり、どちらもモーニングサービスがある。そのうちの一軒で出たのはトースト半分にゆで卵。それにモーニング専用の豆菓子である。専用の豆菓子があるということは、依然としてモーニング常習地帯と言えるであろう。これを食べて、全然物足りないまま桑名側の七里の渡しに向かった。

熱田神宮に近い宮の渡しから船に乗った旅人は、ここ桑名の渡しに着く。上がったところが桑名の宿で、本陣だった建物は料亭になっていた。桑名は東海道の宿場であると同時に、伊勢神宮の参詣道が始まるところでもある。だから渡しには伊勢神宮の一の鳥居が建っている。

桑名の旧東海道は右に折れ左に折れて西に進む。角々の案内標柱がなければ確実に道に迷う。午後零時三十三分、どうにか町屋川にたどり着いた。川を渡るにはそばの町屋橋を行かなければならない。幸い橋には立派な歩道が付いていて安心して渡ることができた。

町屋川を過ぎると桑名市を抜けて朝日町になる。

四日市市街から西に行ったところに近鉄とJRの駅がある。近鉄富田駅前は賑やかだった。駅前の角にお好み焼きの店がある。その店のテーブルに座って壁のメニューを見る。するとうどんがある。うどんは現在最もホットな調査対象である。見逃すわけにはいかないだろう。

「きつねうどん」を注文した。アルミのスプーンがついてきたのはさておいて、つゆは完全に関西風の金色系半透明である。うどんはふわふわ。きつねは甘い。にもかかわらず、桑名も四日市も味噌煮込みうどん文化圏にある。味噌煮込みという中京文化と関西風うどんという関西文化が重なっているのである。

そうこうしているうちに三時を過ぎた。このまま四日市の宿まで歩いていたら遅くなる。富田駅できっぷを買った。四日市まで二キロほどの行程を残しての電車利用は後ろめたいがやむを得ない。

こうして電車で四日市に入ったのが四時四十分。駅ビルに近鉄百貨店がある。食品売り場を歩いてみた。うなぎを売っている。見た目が東京のそれと少し違うので聞いてみた。

「背開きで蒸しが入りますか？」

ベテランらしい女性が答える。

「この辺りは背開きですが、蒸しは入りません。蒸さないところは関西風ですね」。

背開きなのに蒸さない。東西の文化がせめぎ合っている。

ここでこれまでのおさらいをしておこう。

サンマーメンは大田区中部から富士川まで。神奈川のJR二宮駅付近から現れたイルカは静岡県島田市で確認したのを最後に大井川を渡ると見なくなった。

黒はんぺんは浜名湖を過ぎるとほとんど見かけなくなる。静岡県内に特有の食べ物と言えそうである。

うどんは豊橋から急速に力を持つ。三河以西がうどん文化圏であろう。うどんに最低限のトッピングをした「にかけ」は浜松から出現するが、豊橋ではカツオ節がのってくる。つまり名古屋のきしめんがそうであるように、温かい麺にカツオ節という文化の広がりが確認されるのである。

桑名も四日市も豆（赤）味噌文化圏にあり、味噌煮込みうどん地帯である。にもかかわらず、関西風のうどんも併存する。この先、どこで味噌煮込みうどんは消滅するのであろうか。

そして、うなぎのかば焼きは一般に豊橋が東西の境界と言われているが、実見した限りでは浜松から上方風の店が見られるようになった。さらに三重では「背開きなのに蒸さない」というように東西の文化が混じり合った地域もある。

その夜、四日市で「とんてき」を食べた。四日市にしかない豚肉のソテーなのだが、量の多さで知られている。私は晩飯としていただいた。昼飯が軽かったので、エネルギーの補給をしようと思ったのである。

量はそれほどでもなく、とても軟らかかった。値段も六百九十円と高くはない。酒の肴にもいいけれど、やはり味が濃いからご飯の友だろうか。

桑名―12・5km↓四日市

三月二十四日　文化混交地帯を行く

今日から東海道を外れて津と伊勢に行く。その前に四日市駅周辺を回っていて気になるうどんを複数の店で見つけた。「花かけうどん」という。幸い開店前に店主から話を聞くことができた。「花かけうどん」とは「花かつおをたっぷりのせたうどん」のことなのだそうである。

ともかく豊橋周辺の「にかけ」に続いて、四日市にも「花かけうどん」というカツオ節をトッピングする温かい麺が存在するのである。これは中京圏に固有の文化であろう。

その店主は「関西風なんです」と言っていたが、関西ではまず見かけない。モーニング文化も桑名に比べると希薄になっている。メニューを見ればモーニングサービスの内容が書いてあり、東京の喫茶店とそう変わらない。ゆで卵を出す店がぐっと減り、中にはモーニングなしの喫茶店もあった。

印象からすると「いやでもモーニング」の文化は桑名まででではないだろうか。

しかるべき時間になったので電車で津に入った。津といえばうなぎを見なければならない。すでに書いたように四日市の某うなぎ専門店では「背開きで蒸さない」という東西文化の混交が見られたが、果たして津はどうであろうか。

駅に降り立つと、いきなりうな丼のメニュー写真が目に留まった。この店のものは頭がついたままなので、一目で腹開きとわかる。しかも蒸していない。完全に関西風である。

そこで雨の中を歩き回って人気店を見つけ入ってみた。私が頼んだのは「上うな丼」(千三百六十五円)。うなぎを一口大に切り、重ねて盛りつけている。食べると蒸したうなぎのふわふわ感はなく、もっちりとした食感である。一口で蒸していないことがわかる。

念のため一切れを小皿にとって裏返してみた。背中の青いところが残っているということは腹開きである。背開きならお腹の白い部分があるはずである。店の人に確認するとやはり「腹開きで蒸さない」ということであった。

大阪のうなぎは、このように切って出していただろうか。切らない店と切る店があったように思うが、少なくとも名古屋の「ひつまぶし」は切る。

どうも津のうなぎは東京の影響を脱して関西風になりながら、名古屋の影響を残しているような気がしてならない。

名古屋のにおいといえば味噌である。店で出る味噌汁の多くは赤だし。デパ地下をのぞいても豆味噌が八種類もある。とはいいながら三河以西で見た圧倒的な強さはなく、米味噌の方が強い。

コーヒーを飲みに入った店が偶然パスタの店だった。座ったカウンターから厨房が見える。店主がゆで置きのパスタをたっぷりの油を引いたフライパンに入れる。菜箸でゆっくり動かして全体に熱を加え、パスタが温まったら油を捨てて皿に盛る。

別の小さなフライパンで炒めた具をのせて、ソースを掛け回す。そう、そのソースというのがとろみのついたソースなのである。

ここは完全に「あんかけスパ」の店であった。それ以外のスパメニューはない。どのメニューにもとろとろソースを使っている。あんかけスパというのは名古屋名物。甘いあんがかかっているのではなく、各種パスタソースに片栗粉でとろみをつけている。

「コートレット（カツレツ）」とか「インディアン（カレー）」といった呼び名にも特徴が

ある。

四日市も津も名古屋の味の影響を受けつつ、どこかが関西風であり、といって完全に他文化に染まっているというわけではない。

ひとつには近鉄の影響が考えられる。駅には大阪の劇場のポスターがあり、大阪系の店も進出している。他方で近鉄を使って名古屋に出る人も多い。鉄道が関西と名古屋双方の文化を運び、三重で重なっているのではないだろうか。

その夜、ホテル近くの居酒屋で「天まき」を食べた。太くて長いのり巻きの中身がエビフライである。名古屋の「天むす」と似ているような、そうでもないような食べ物であった。ご飯は寿司飯ではなく普通のご飯である。

四日市↓津（東海道外なので電車で行く）

三月二十五日　お伊勢さんと天まき

ホテルの朝食で出た味噌汁は赤だしではなく米味噌であった。

津から電車を乗り継いで近鉄伊勢市駅へ。伊勢市駅前から外宮《げくう》へと歩く。入り口に立つと鬱蒼《うっそう》たる林が見え、どこか荘厳な気分に……ならなくちゃいけないのだろうが、なにしろ日曜日とあって人が多い。正月の明治神宮みたいな賑《にぎ》わいである。人の流れについて奥へと進む。

無事にお参りを済ませて内宮《ないくう》へ。内宮への入り口が「おはらい町」。参拝の前におはらいをしたところから付いた名前らしいが、平成の参拝客はおはらいどころか、飲み食いに忙しい。いつの時代の建物なのか、旧東海道に残る古い町並みが現役復帰したような趣である。郵便局も銀行も飛脚や両替商の時代に戻っている。

賑わいに心が騒いだが、静かに参道を進んで五十鈴《いすず》川を横目に見ながら正宮《しょうぐう》へと向かった。ちゃんと作法通りに参拝を済ませ、おはらい町へと引き返す。後は遊興の限りを尽くすだけである。道路を埋める人々を見ていると、ここは日本最大の宗教施設であるばかりではなく、巨大なテーマパークであることがわかる。飲む、食べる、買うという遊びの要素が過剰なほどに集まっている。現代人でもこんなに楽しそうなのだから、昔の人はどれほど胸をときめかせただろうか。

おかげ横丁はおはらい町をもうひとつ新たに造ったような一角で、ここも大変な混み合いだったが、おかげ横丁を抜けてバス停の方に行った。というのも「伊勢うどん」の看板を掲げる店はどこも行列ができており、一人客は入りにくい。そこで静かそうな方角へと逃れたのだった。

勘は当たってバス停のすぐ隣に、ひっそりと「伊勢うどん」の暖簾をはためかせている店があった。引き戸を開けるとカウンターだけの店に客の姿はない。年配の女性と孫娘らしい女の子が店を守っていた。壁の張り紙から、四百円の伊勢うどんだけを置いている店だと知れた。

座った途端、小学校三、四年らしい女の子が黙ってお茶を注いでくれる。そして祖母の方が鍋にうどんの玉を入れて準備に取りかかった。

女性の話を聞いていると語尾に「なー」が付く。「おかげ横丁ができてから急に賑やかになってなー」という具合である。どこかに関西のにおいがする。

やがて伊勢うどんが出てきた。一口啜《すす》って懐かしくなった。このふわふわのうどんは子どものころに食べた久留米《くるめ》のうどんに似ている。

出しというのか、たれは色の割に塩辛くなく、むしろ甘い。「かつお節となー、昆布で取った出しですよ。昆布をよー煮るから出しにとろみが出てなー」。

確かに出しからは濃厚な昆布の香りが立っている。昆布出しというところも関西風か。

伊勢市駅近くのホテルに戻って、前のスーパーをのぞいてきた。総菜売り場に「天まき」があった。津で食べたのは中身がエビフライだったが、こちらはエビ天。これと天むすの関係については知らないけれど、どちらにしても親戚筋ではあろう。

三重の天まき。覚えておこう。

津↓伊勢市↓伊勢神宮（東海道外のため電車で移動）

三月二十六日　混交と変容

伊勢から四日市に戻り再び東海道を歩くため、六時半に起きて八時十四分宇治山田発の近鉄特急に乗った。九時半、四日市発。少し歩いたところに丹羽《にわ》文雄の生家を示す石の標柱が建っていた。あの方はここの出であったか。

十一時二十三分、内部川を渡る。内部と書いて「うつべ」。この川の先に「杖衝坂《つえつきざか》」がある。その杖衝坂は登ってみると箱根越えや小夜の中山越えを経験した身には、思ったほどではなかった。というのも道はコンクリート。滑り止めの凸凹がつけてあり靴がしっかり地面をとらえる。だが土の道であったころは難儀したことであろう。芭蕉も馬から落ちたらしく「歩行《かち》ならば杖つき坂を落馬かな」の句碑があった。

五分ほどで坂を登り切り采女《うねめ》へと出る。国道1号と合流したところで車がひっきりなしに走っている。ちょうど喫茶店兼食堂が一軒あったので入る。

メニューを見ると「焼きそば定食」「焼きうどん定食」がある。ばりばりの関西メニューである。まだ四日市市内でありながら、もう関西文化圏に入ったのだろうか。そう思って確認のために焼きうどん定食を注文した。

出てきた焼きうどんはソース味を想像していたのに現物は色白の醬油味。しかも名古屋のナポリタンのような鉄板皿に盛られて登場した。

食べ進んでいくと、驚くべきことにうどんの下から目玉焼きが現れたのである。名古屋の鉄板スパは薄焼き卵を敷くが、この店では目玉焼き。鉄板と卵は同じなのに、その形態が微妙に違うのである。食文化が伝播《でんぱ》する過程における変容であろうか。

味噌汁は赤だしである。焼きうどん定食という極めて関西的なメニューの中に、中京的なるものがかぶさっている。文化の混交の一例でもあろう。

実は昨夜、宇治山田駅前の居酒屋に入った折にも混交を実感することがあった。私はメニューのおでんの中に「こぶ（昆布）」があるのを見つけ「呼び名からして関西風だなあ」と思ったのである。そしておでんを注文してみたら、普通のおでんのそばに豆味噌が添えられていたのだった。店の人に聞くと「この辺はだいたいこれ」と言う。ついでに書くと、泊まっていたホテルのそばのスーパーで見たところ味噌は六割が米（白）、四割が豆（赤）であった。

鈴鹿市に入ってすぐにスーパーがあった。やはり味噌は白六、赤四の比率であった。道を挟んだところに大きな「とんてき」の看板が目に付いた。四日市のとんてきは鈴鹿市にも勢力を伸ばしている。

午後二時ごろに石薬師の宿に着いた。石薬師は歌人、佐佐木信綱の生地であり生家が残っている。その隣が記念館。ちょうど休館日であった。

石薬師寺を撮影し、時計をにらみながら庄野の宿に急ぐ。加佐登《かさど》の駅辺りが目的地である。暫《しばら》く国道1号を歩き、自転車に乗った春休みの子どもたちが集団で出てきたところを曲がったら駅だった。

そこから電車で亀山に来た。毎日ホテルからパソコンでその日の旅のリポートを日本経済新聞のホームページに連載しているので、夕方にはパソコンに向かっていなければならない。場合によってはやむを得ず電車に乗ることもある。

ところで鈴鹿市内からこっち、味噌煮込みうどんの看板を見ない。とても気になる。

四日市―10・7㎞↓石薬師―2・7㎞↓庄野―（電車）↓亀山

三月二十七日　驚愕の関宿《せきじゆく》

午前九時四十分、ホテルから亀山城に向かう。遺構はほとんど残っていないが、櫓《やぐら》は見事な姿を誇っていた。亀山の街道沿いの家々は、それぞれがかつての屋号を書いた木札をさげており、順番に見ていくと当時の町並みがおぼろげに浮かんでくる。なかなかいい趣向である。関の宿に至る道は鈴鹿川に沿っている。桜並木もあり、ここでも満開のころの美しさを思う。

関宿には東西一・八キロにわたって約二百軒の町屋が残っている。多くが江戸から明治にかけての建物で、重要伝統的建造物群保存地区に指定されている。そのことは事前に知っていたが、現場を見ると想像以上のすばらしい町並みである。

電柱が取り除かれ、車や新しい看板がなければ江戸時代そのものの光景といえる。馬をつないだ金属の環が壁に残り、腰掛けたり荷物を置いたりする折り畳み式の「ばったり」もある。漆喰で塗り込めた二階の格子窓のデザインが一軒一軒違っていて美しい。連子《れんじ》格子の醸し出すリズムが道行く人の足元を軽くする。

芸妓置き屋だったところが食品店になり、高札場が郵便局になっている。古い家をそのまま使っていて、そこから醸し出される生活感が既存の観光地にない味わいを生んでいる。わざとらしさも「どうだ」といった威圧感もない。開け放った格子戸の向こうから日常の会話が聞こえてくるのである。

関の宿をゆっくり見て回ってJR関駅に向かった。隣が新しくできた道の駅で、昼飯はそこで取った。「天まき」がここにもあり、店の女性は「この辺でもよく食べますよ」と言った。天まきを一本買い、かき揚げうどんをいただく。

この界隈にはホテルがないので宿は前夜と同じ亀山である。電車で亀山に戻り夕食に出た。居酒屋で注文したのは「とんてき」。本場の四日市で食べたとんてきは、噂《うわさ》ほど大量ではなく醤油味が勝っていた。しかし、その店で鉄板の上でジュージュー音を立てて登場したものは分厚い豚肉が二枚である。下に細く刻んだキャベツ。少しピリリとくるようなニンニクがきいたソース味であった。

鈴鹿でもとんてき専門店の看板を目撃した。ということは四日市から旧東海道沿いに亀山まではとんてき文化圏ということになる。

亀山―5・8km↓関

三月二十八日　鈴鹿越え

今朝は七時に起きた。ホテルの朝食があんまりなのでコンビニで買ったパンやおにぎりで済ました。関宿までは車。そこから歩き直しである。

昨日ゆっくり見た関の町並みをもう一度見ながら歩いていく。美しい関宿の西の追い分けを過ぎると道は国道1号に合流したり離れたりしながら続いている。

やがて坂下《さかのした》の宿。鈴鹿馬子唄《まごうた》発祥の地で、鈴鹿馬子唄会館があった。そこから峠越えに向かう。

片山神社のそばから急な坂道が伸びていた。そこをやっこらやっこら登っていく。箱根越えの経験がある私にはそれほどの急坂ではなかった。しかもあっけないほど短かった。

「えっ？　ここが峠？」

そんなはずはなかった。国道1号と合流した道はまだまだ登っている。だらだら坂を上がっていくと、道の反対側に別の登り口が見える。車がとぎれた一瞬を突いて道路を渡り、木立に覆われた小道にとりつく。

この坂も思ったほどではなかった。頭の上が明るくなったところが峠で、道ばたに伊勢と近江の境界を示す標柱が立っている。こうして何ということもなく鈴鹿峠を越えたのだった。

後は緩やかな下り坂。ただ1号線と重なる部分が多く、後ろから前から大型トラックが唸りをあげて走っていく。これぱかりは何度経験しても決して気持ちのいいものではない。

午後一時に山中一里塚に着いた。昼食は二キロほど先にある「道の駅 あいの土山」で取る。道の駅の食堂にはうどんとそばしかなかった。そこで食べたのが豪華「えび天いなりうどん&山菜ご飯」であった。関西風のうどんが好きな私は「おお、このお出しの美味いこと」などと言いながら、おつゆも全部胃袋に収めたのである。

道の駅の裏からもう土山の宿。てくてく歩いて散策した。

関―6・5km↓坂下―9・7km↓土山

三月二十九日　風景まで変わった

今朝は土山の宿から西へと向かう。土山はお茶どころ。街道沿いに紅殻格子《べんがら》の立派な旧家があると思ったらお茶屋さんだったりする。旧東海道は雨を吸う軟らかな舗装がしてあって歩きやすい。

鈴鹿峠を越えてから気が付いたことだが、風景というか情景が変わった。竹林のせいである。竹が多い九州で育った私は、竹がある風景が懐かしい。

言葉も明らかに関西のそれである。昨夜泊まったホテルで「朝食は何時ですか」と聞くと女性従業員は「ひち時からです」と答える。大阪では質屋の看板が「ひち」である。うどんのつゆが完全な関西風になったことは昨日書いた。鈴鹿峠の手前までスーパーの味噌売り場の四割を占めていた豆味噌は姿を消し、出てくる味噌汁は安定して米味噌である。味噌煮込みうどんも完全になくなった。

味噌煮込みうどんの境界は味噌そのものの境界と一致する。それは鈴鹿峠である。ということは関西と中京の境界もそうであると言っていいだろう。

桑名、四日市、津と名古屋から離れるにしたがって、文化の混交は続きながらも関西食が強まってきた。そして鈴鹿峠を境に劇的に変化するのである。食べ物も言葉も景色も。

水口《みなくち》の宿でお昼どきになった。私はロードサイドに「餃子の王将」を見つけた瞬間、「あそこだ」と叫んでいた。このチェーンは東京にもあるが関西に来たからには名古屋のコメダのように入らなければいけない気になる店なのであった。

私は焼きそばとチャーハンの小のセットを注文した。チャーハンのネギも見事に青ネギである。東日本にお住まいの方は想像できるであろうか。

昼食後、横田の渡しまで車で移動した。今日は行程が長いから見所が少ないところは車で通過しないと夕方までにホテルへ入れない。

横田の渡し跡には大きな常夜燈が残っている。それを見て、そばの横田橋を渡る。渡るともう甲賀市を出て湖南市である。

ここから石部の宿を目指す。甲西《こうせい》駅に着いた時点で制限時間いっぱいとなり、石部宿に到着したことにしてホテルに直行した。

原稿を送り終えて夕食。ホテルちかくに近江牛専門の精肉店があり、その隣が直営の焼き肉・しゃぶしゃぶ・すき焼き店になっている。暖簾《のれん》をくぐると一番奥のテーブルが空いていた。

確かに牛肉は部位に関係なく、とろけるような柔らかさである。たれも甘すぎず肉の味を殺さない。たれを少しご飯にかけて食べたら、実にいい塩梅《あんばい》であった。

土山―10・5km↓水口―13・7km↓石部

三月三十日　琵琶湖に達す

午前九時五十五分、石部宿からの出発。朝のうちは晴れて汗ばむ陽気だったのが、歩いているうちに雲と風が出てきた。

道は名神高速をくぐった辺りからJR草津線と並行する。鈴鹿峠の向こうを走っていた関西本線が一時間に一本で、しかも一両だけだったのに比べ、草津線は一時間に二本で三両とか四両の編成である。大都市圏が近づいていることを実感する。

が、沿道の景色を眺めれば民家の軒先に桜がほころび始め、竹林を背景にして麦の若葉が春風にそよいでいる。行き交う車に注意しながら、無言のまましばらく風景に見入っていた。

いつの間にか栗東《りっとう》市に入っていた。それまでの旧街道がどこもひっそりとしていたのに比べ、往来は激しい。人影も多い。そのとき、異様に立派な建物が目に入ってきた。街道筋で大変な人気を誇った腹薬「和中散《わちゅうさん》本舗」の遺構である。徳川家康が服用して著効があったという薬で、東海道名物のひとつであった。見学はできなかったが庭は小堀遠州作。建物自体が重要文化財である。建物には所有者である子孫の表札が掲げられている。

そこからはおなじみの旧街道の町並み。伝統的な日本家屋が全国にこれほどたくさん残っていることを、歩き始めるまで知らなかった。新築や改築中の家をたくさん見てきたが、どれも昔ながらの構造と意匠を守っている。そんな技術を継承している大工さんが数多くいることも改めて認識したのだった。

しばらく行くと、目川《めがわ》の立場（たてば＝休憩所）跡に出た。田楽と菜飯で知られたところで、名をはせた三軒の店の跡があった。菜飯田楽《なめしでんがく》といえば豊橋が有名で、いまも当時の味を受け継いでいる店がある。だが目川には残念ながら店は残っていない。

そこから新幹線の鉄橋をくぐり、国道1号を渡るともう草津の宿。草津は東海道と中山道が分かれる大きな宿場町であった。すぐのところに琵琶湖が湖面を広げている。京は間近である。

ついにここまで来たかという思いがこみ上げる。持ってきた三足の遠距離ウオーキング用靴下にはすべて大きな穴が開き、補修する暇もなく歩き続けてきた。あと二日。

草津の宿に着いたのが午後零時五十八分。ゆっくりと街中を見て回るうちに、あることに気が付いた。店頭に置かれた食品サンプルを見る限り、草津の「きつねうどん」が私の知っているものと違うのである。

大阪でも東京でも「きつね」というと甘く煮た油揚げがのっているのに、ここでは揚げが刻んである。ということは甘く煮たものではないようである。つまり大阪の「きざみうどん」と同じではないのか。これは宿題として取っておこう。

その夜、草津駅に近い居酒屋に入った。おでんを注文するとみごとに関西風であった。

牛筋が柔らかい。豆腐には青ネギにおぼろ（とろろ昆布）である。

琵琶湖名物、本モロコが入ったというので塩焼きにしていただいた。卵を抱えていて、その香ばしさは本シシャモと双璧であろう。

ぬたもまた青ネギをふんだんに使ったもので、白ネギのしゃきしゃき感とは別次元の、比較しても仕方がない味わいである。

石部―11・7㎞↓草津

三月三十一日　京まであと一歩

睡眠七時間で午前六時起床。身支度を調え、朝食も済ませて近くの草津宿本陣に出かけた。江戸時代の本陣がそっくりそのまま残っていて国指定史跡になっている。大名が座った上段の間、めったに見ることができない大名用の雪隠《せっちん》（トイレ）、風呂場なども子細に見学できた。

忠臣蔵の浅野内匠頭《たくみのかみ》が泊まった直後に吉良上野介《きらこうずけのすけ》が泊まっていたことを記した当時の宿帳が展示されていた。

予報では午後から天気が崩れるという。ゆっくり歩いていては雨にたたられるかもしれない。そこで電車に乗って瀬田駅に行った。晴れているうちに瀬田の唐橋の写真を撮りたい。瀬田駅を降りて国道1号を渡るとすぐに旧東海道である。右に折れて歩き始める。街道筋は見慣れた旧家が続く風景ではあるが、さすがに車の往来が多い。大津が近づくに従って、旧街道というより古都の風情がまさってくる。これまでにはあまり見なかった大店《おおだな》や町家が増えてきたのである。

一時間以上歩いたので喫茶店で休憩した。ピンクの公衆電話が現役であった。椅子のクッションが裂けて中のスポンジが丸見えである。エアコンがなくて石油ストーブが活躍していた。メニューの一番上が「焼きうどん定食」。その次が「焼きそば定食」。三番目が「ピラフ定食」であった。

そこを出て進んでいくと角に「たにし飴」と「でっちようかん」を商う店があった。「たにし飴」ってどんな味なのであろうか。

角を曲がると瀬田の唐橋は目の前であった。バスや自家用車がひっきりなしに走っていて、その美しい姿が隠れている。

道を間違えてしまい、思いもかけず京阪電車の駅に出た。ちょうど二両編成の電車が来たので膳所《ぜぜ》まで乗る。膳所で降りて人が歩いていく方向についていくと「パルコ」なんぞがある。えらい街中に来たものである。だがそこは琵琶湖のすぐそばであった。そのまま琵琶湖まで歩いていった。ともかく琵琶湖に出た。大津宿に到着したことにしよう。

ホテルはJR大津駅のそばであった。駅前にアーケードの商店街はあるが、飲食店は少ない。それでも歩いていると、小アユの天ぷらを安く出す居酒屋にぶつかった。そばが自慢らしい。

駅前のそば屋が掲げる写真メニューでは、ざるそばのつけ汁にウズラの卵が添えられている。この居酒屋の場合もウズラの卵添えなのであろうか。

関西ではそばのつけ汁に卵が加わることが多いというが、そのことをこの目で確認してみるのもいいかもしれない。そう思ってカウンターに座った。

いままで書かなかったが、私は東京スタイルの「甲類焼酎をウーロン茶で割るウーロンハイ」がどの辺りまで存在するのかを調べるために、ウーロンハイを毎晩注文してきた。

というのも、西日本では居酒屋のメニューにウーロンハイがない場合が少なくないし、あっても乙類(本格)焼酎を使う店が圧倒的であるように思っていたからである。体験的な結論を言えば、鈴鹿峠を越えた途端に東京スタイルのウーロンハイがなくなった。大津のこの店のメニューにも酎ハイや果実系の焼酎カクテルはあってもウーロンハイはない。

ためしに「焼酎のウーロン茶割り」と注文すると、店の男性は「どの焼酎がいいですか?」とカウンターに並んだ高級乙類焼酎を指さす。このように甲類焼酎のウーロン茶割りは東日本に優勢な飲み物である。

そこにざるそばが登場した。予想した通り、つけ汁にはウズラの卵が添えられている。大阪の露天神社《つゆの》（お初天神）のそばにある「瓢亭《ひょうてい》」に行くと、決まってつけ汁が沸騰寸前の「あつもり」を注文するが、必ず卵がついてくる。東日本の方は関西に行って卵つきざるそばが登場しても驚かないでいただきたい。

これは「うどんすき」を考案した大阪の「美々卯《みみう》」の初代が始めたものだという。つけ汁に添えたウズラの卵が評判を呼び、他店にも広がった。

それから、夕方までに街中で観察したところによれば、大津でも油揚げを刻んでのせた「きつねうどん」を何度も見かけた。草津とまったく同じ状況である。京都はどうなっているのだろうか。

いよいよ明日は最終コースを歩く。正午には三条大橋に到着の予定である。

草津―14・3㎞↓大津

四月一日　旅の終わりに

さて本日、つまり二〇〇七年四月一日は私にとって記念すべき日である。日本橋を発って三十五日目にして京・三条大橋に達し、歩き旅に幕を下ろす。

出発予定の午前九時になった。京に向かう前に、もう一度琵琶湖を見ておきたい。そこで東海道から外れて京阪浜大津駅（当時）前の大津港まで歩いていった。といっても道路に軌道が走る部分は旧東海道である。ちょうど江戸に向かって戻っている形になった。

大津港には二隻の遊覧船が乗船客を待っていた。ひっきりなしに案内のアナウンスが流れている。湖面は穏やかで波のない海のように見える。

そんな情景をカメラに収めて浜大津から京阪電車に乗って追分に向かった。追分までは車が多すぎて、歩くには危険だからである。追分から旧東海道は国道1号を離れて大津、京都の街中を三条大橋へと続いている。

さすがに大都会である。狭い道を車が激しく往来し、信号のない交差点では車同士がかろうじてすれ違う。

御陵《みささぎ》駅にかかる手前に、駅名のもとになった天智天皇の陵があった。木立に挟まれた道が奥まで延びていて、美しい一点透視の風景をつくっている。

道はいつの間にか緩い上りになっていく。東山を越えているらしい。やがて下りになったかと思ったら蹴上《けあげ》であった。浄水場がまるでホテルのような優雅な姿を見せ、そばで本物の高級ホテルがいくつかの国旗を掲げてそびえている。

沿道の桜は木によって三分咲きかと見えれば満開と、それぞれの意志で花を咲かせていた。

天候が怪しいと言いながら日曜のこと。ウオーキングや観桜の人々で道は埋まり、江戸からはるばる京に上った古《いにしえ》の人々は、いかに都の賑わいに心を躍らせたかと思ってみる。

小雨の中をひたすら歩くうちに、三条大橋が見えてきた。橋の西詰めに大勢の見知った顔がある。出迎えにきてくれたのか。ほどなく旅が終わるという感慨に浸る余裕もなく、私は待ってくれている人々に向かって歩く。

三十人近い人々の笑顔に接して、心が温かな靄《もや》に包まれていた。「ただいま到着しました」と言ったのか「ありがとうございます」と言ったのかさえ覚えていない。わいわい言いながら手渡された缶ビールを飲んだ。だが取材は終わっていない。

私たちは近くの食堂に行った。そこには私が食べたくてならなかった「たぬきうどん」があった。油揚げと青ネギのあんかけにおろし生姜がのっている。東京や大阪のたぬきうどんとは似ても似つかぬ、京都特有のものである。

ここでまとめてみよう。まず東京では甘く煮た油揚げがのれば「きつねうどん」「きつねそば」と呼ぶ。天かす（揚げ玉）がのると「たぬきうどん」「たぬきそば」となる。

しかし大阪では甘い油揚げがのったうどんが「きつね」であり、それがそばになると「たぬき」と言う。天かすは基本的に無料なので「素うどん」である。

それに京都が加われば事態は錯綜《さくそう》する。京も草津、大津と同様に、煮ないで刻んだけの油揚げをのせたものが「きつね」であり、大阪風の甘い油揚げがのれば「甘きつね」と呼んで区別するのである。京と滋賀の「きつね」は大阪で「きざみ」。そしていま書いたように京の「たぬき」は油揚げとネギのあんかけである。

複雑なので一度聞いたくらいではわからないが、ところ変わればうどん・そばの呼び方さえもが、かくも違うのである。

旧東海道を踏破してみて気づいたのは、今日のように道路や鉄道が四通八達しても川、湖、峠といった自然の障害が食文化の境界線になっていることであった。おそらく人が基本的に徒歩によってしか移動しなかった時代に形成された境界線であろう。それが二十一世紀になってもなおはっきりと残っているのが不思議でならない。

中山道や西海道《さいかい》を歩けば、また別の境界線がいくつも走っているはずである。いつの日か、そんなルートを歩いてみたいと願っている。

大津―11・7km↓三条大橋

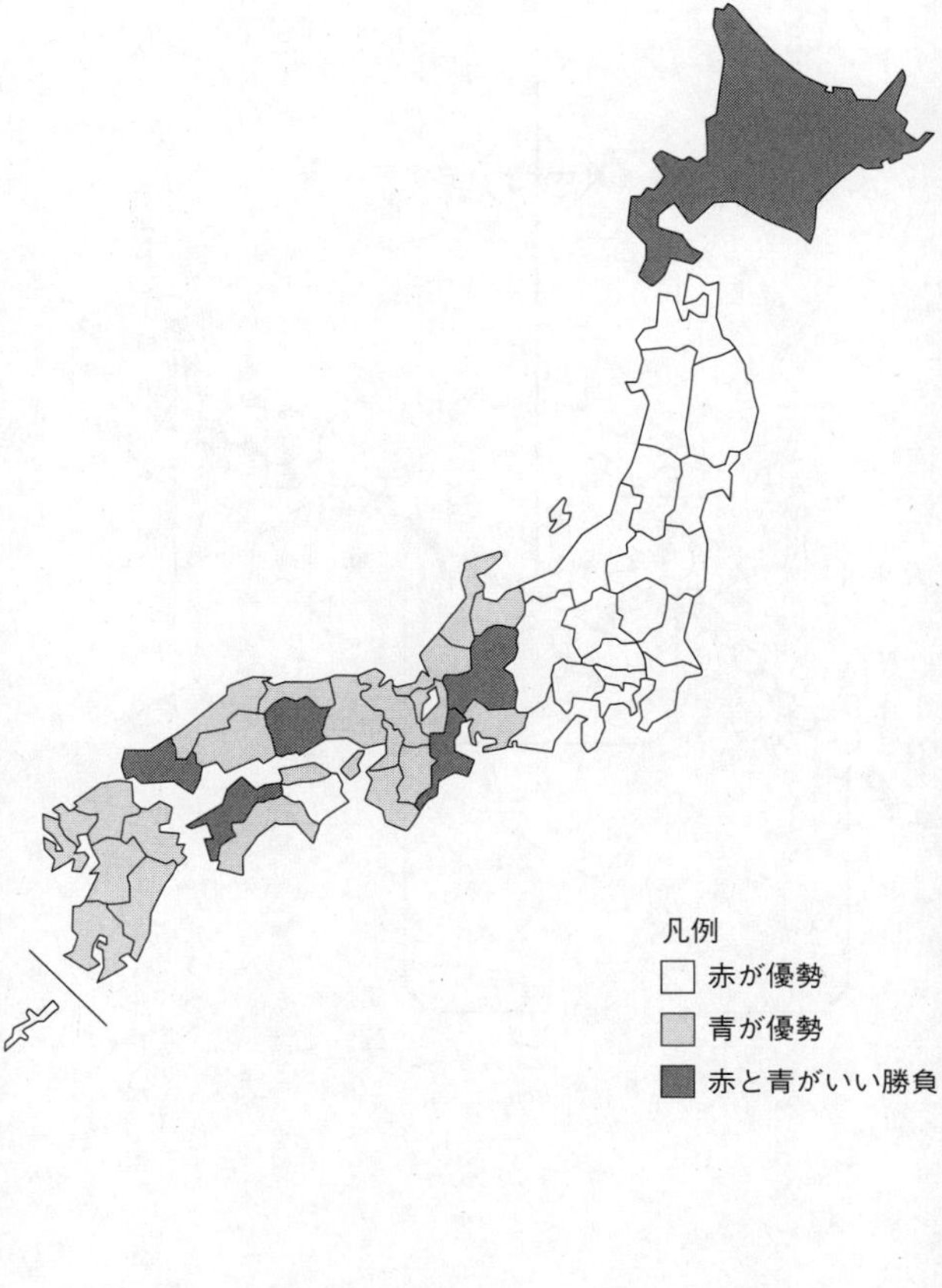

灯油を入れるポリタンクの色は？

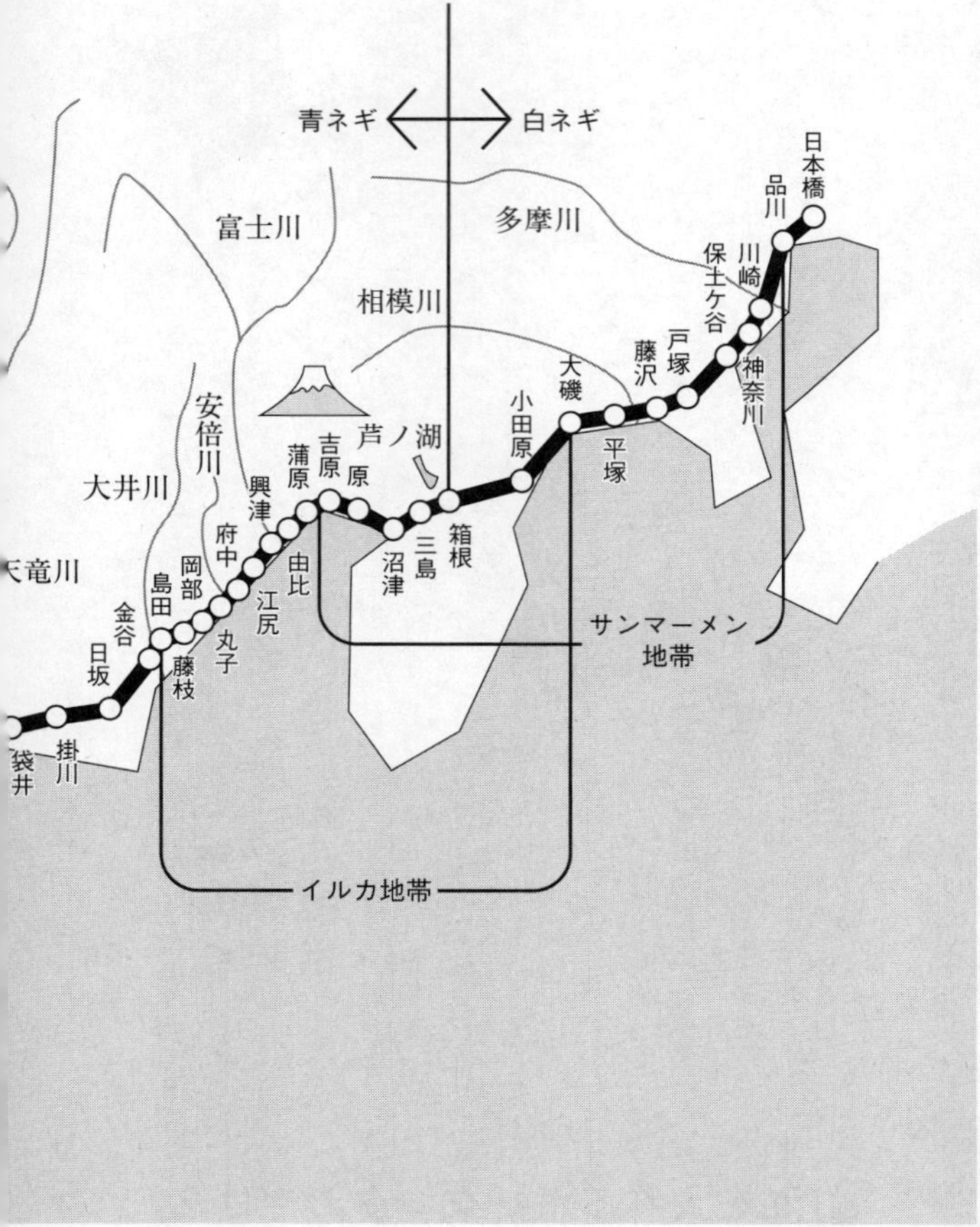
青ネギ
白ネギ
日本橋
品川
川崎
保土ケ谷
神奈川
戸塚
藤沢
平塚
大磯
小田原
箱根
三島
沼津
原
吉原
蒲原
興津
由比
江尻
府中
丸子
岡部
藤枝
島田
金谷
日坂
掛川
袋井
多摩川
富士川
相模川
芦ノ湖
安倍川
大井川
天竜川
サンマーメン地帯
イルカ地帯

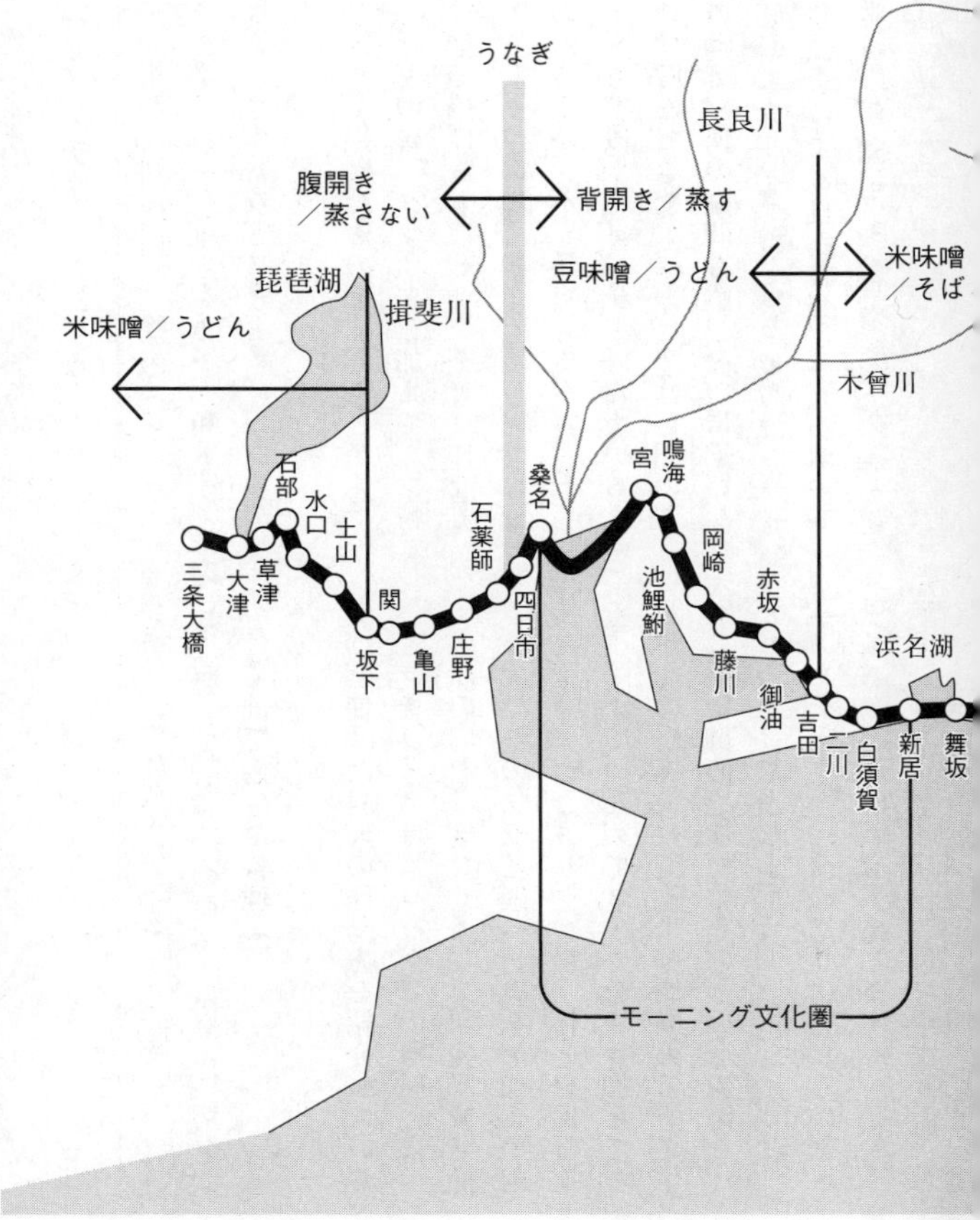
うなぎ
腹開き
／蒸さない
背開き／蒸す
長良川
豆味噌／うどん
米味噌
／そば
琵琶湖
揖斐川
米味噌／うどん
木曾川
三条大橋
大津
草津
石部
水口
土山
坂下
関
亀山
庄野
石薬師
四日市
桑名
宮
鳴海
池鯉鮒
岡崎
藤川
赤坂
御油
吉田
二川
白須賀
新居
舞坂
浜名湖
モーニング文化圏

コラム　メンチ？　ミンチ？

ミンチ　細かく刻んだ肉。挽肉（ひきにく）。メンチ。（『広辞苑』第七版）
メンチ　→ミンチ。――・カツ（和製語）挽肉に玉葱（たまねぎ）の微塵（みじん）切りなどを加えて小判形などにまとめ、パン粉の衣をつけて油で揚げた料理（同）

肉を細かく挽いたものをミンチとかミンチ肉と呼ぶのに、タマネギを加えてパン粉をつけ油で揚げるとなぜメンチカツになるのだろうか。油の熱で「ミ」が「メ」に変わるのだろうか。不思議である。

もっとも普段からメンチと呼んでいる人、あるいは呼んできた人にとっては自明のことであって、何の疑問も感じないに違いない。感じてよ。

村井弦斎による日露戦争（一九〇四～五年）当時の新聞小説『食道楽《くいどうらく》』が「メンチ」を使った料理の作り方を紹介している。

「メンチライスはコロッケーの原料のように半斤の肉を一度フライして肉挽《にくひき》器械で挽きます。そのフライ鍋へバターを加えて刻んだ玉葱一つとメリケン粉一杯とを黒くなるまでよくいためてスープを一合加えてそれへ今の肉を入れて三十分間弱火《とろび》で煮ます。別に柔い御飯を炊いてその上へ今の肉を汁ともにかけて出します」。

「メンチトースは前の通りに煮たものをトースパンへ沢山載せて出します」。

「メンチボールは一度フライして挽いた肉へ裏漉しにしたジャガ芋を四分肉六分の割で混ぜて塩味をつけて玉子の黄身一つ入れてよく捏《こ》ねて六つ位の饅頭形に丸めてバターでよくフライして出します」。

この通りにこしらえたら、一体どんな味の、どんな形状の食べ物になるか、ちょっと想像が及ばない。ともかくここにはメンチカツは登場しない。最後のメンチボールが前段階とも読めないことはないが、刻んだタマネギではなく裏ごししたジャガイモだし、パン粉も入っていない。

コロッケについては比較的よくわかっている。

一八七二（明治五）年に刊行された『西洋料理指南』と『西洋料理通』に初めて「コロッケ」というメニューが登場する。ジャガイモをすって細かく刻んだ牛肉と混ぜ、衣をつけて牛脂で煮る、というものだった。

一九〇三（同三六）年の『家庭料理法』で紹介されているコロッケはジャガイモをつぶすのだが、ひき肉やタマネギは入っていない。

いずれにしても当時の一般家庭には洋食を作るための道具はないのが普通であり、ましてひき肉をこしらえるための器械、つまりmincer（ミンサー）などあろうはずがない。だから『家庭料理法』はひき肉を加えないコロッケを紹介していると考えていい。

しかし時代が下って街の精肉店にミンサーが普及するにつれ、庶民は気軽にひき肉を手にすることができるようになった。肉を刻む手間が省けるだけではなく、箸で食べられるというのが最大の魅力だったと私は考えている。ではそれはいつごろだったろうか。

益田太郎冠者が作詞・作曲し浅草オペラ「カフェーの夜」で歌われた「コロッケーの唄」が大ヒットしたのは一九一七（大正六）年のことだった。

「ワイフ貰《もら》って嬉《うれ》しかったが　いつも出てくるおかずがコロッケー」。

つまりそのころにはコロッケが家庭料理として定着していたことを示している。

そしてメ（ミ）ンチカツは、このコロッケをもとにひき肉を主役に替えて誕生したのではないだろうか。

村井弦斎は日露戦争当時、すでにメンチという表記を用いているが、関西ではいまもミンチカツである。精肉店の値段表でもミンチカツ、看板もミンチカツであってメンチではない。読者投票の結果も大阪、兵庫、京都、奈良、福井、和歌山、鳥取、香川では半数以上の人が「ミンチカツ」と答えた。だがメンチ優勢は揺るがないので、広辞苑がメンチ表記を優先したのは正しい。

第十五章　糸魚川—静岡構造線を行く

これまで読者からの投票（ＶＯＴＥ）によって様々な食文化地図を作ってきたが、東西日本を分けるプレート（岩板）境界である糸魚川‐静岡構造線を挟んで顕著な違いを見せる文化が少なくないことが判明した。

そこで二〇〇七年二月末から三十五日をかけて旧東海道を歩いて検証したところ、薬味のネギは構造線の東で白ネギと青ネギが分かれ、うどん・そばの文化圏はその西側で劇的に変わった。しかしこれは太平洋側のことであって、日本海側ではどうなのかが不明のままであった。

いずれは日本海側も取材したい、構造線の上の状況を知りたいと念じていたところ、二〇〇九年十月一日から十七泊十八日にわたって糸魚川‐静岡構造線をたどる旅が実現したのである。

実際に現地に赴いてみると、ルート上には様々な境界線とおぼしき現象があった。予想外の展開もあった。はるか昔の流通ルートである「街道」や「道」がもたらした文化の刻印が鮮やかに残る現場も目にした。

以下はその記録である。ただあくまで私が観察した「線」の上の話であって、面で見るとまた別のことが言えるかもしれない。その点をご承知おきくださると幸いである。

一日目　長岡―柏崎《かしわざき》　ネギは青白混合、たれカツ丼の西の境界は長岡？

旅の初日。まず東京から上越新幹線で長岡に出た。糸魚川の東にある都市にはどんな食文化が存在するのか。指標はネギ、カツ丼、醤油などである。

長岡駅に着いたとき、ちょうど昼どきであった。新幹線の中でパソコンを開き駅ビルに「フレンド」の店舗があることを確認していた。フレンドというのは新潟市の「三日月」と並んで、ソース焼きそばに様々なパスタソースをかけた、いわゆる新潟の「イタリアン」のチェーン店である。三日月と違うのはもともと餃子の店から始まったために、いまでも餃子が売りになっていること。

駅ビルに入るとその店はすぐに見つかった。テイクアウト専門店である。長岡では「イタリアン」を持ち帰って食べるのが普通らしい。

一方、私は手始めに駅構内の食品売り場のネギを観察する。基本は白ネギ。そばに「葉ネギ」がある。葉ネギは青ネギながら九州のネギのように細くはない。東海道を歩いて白ネギ、青ネギの境界線と思われる箱根に至った折、御殿場で遭遇し、箱根を下りて青ネギ地帯が始まる三島から富士市にかけてひんぱんに目にしたものと同じであった。駅と道路を挟んだコンビニ「SAVE　ON」に入る。チンして食べるタイプの麺類には青ネギと白ネギをまぜたものが添えられている。焼きそばには青ネギ。ざるそばには白ネギである。青と白が混在した印象が強い。

とメモして隣のイトーヨーカドー七階に上る。「小千谷《おぢや》そば」と書いた店の食品サンプルを見れば、カツ丼が新潟特有の醤油だれカツ丼である。一口カツを甘辛い醤油だれにくぐらせてご飯にのせたもの。卵でとじない。

これと「ふのり」をつなぎにつかった「へぎそば」のセットを注文した。へぎそばの薬味は白ネギ。

食後、地下一階食品売り場の野菜コーナーへ。白ネギ売り場の前にいた女性たちに聞くと「青いところは固いから白い部分しか使いません」と中年女性。隣にいた若い女性も「そうですよ、白いところだけです」。

そうなのかと思っている私に背後から声がかかった。

「いま聞いていたんですけど、ぜいたくですよ。青いところからは出しが出るし、私は全部使います」と別の中年女性。意見が分かれた。

この売り場には白ネギ一種、青ネギは「こねぎ」が一種あるだけであった。

ここから転戦したのが地元スーパーの「原信」であった。入口に葉を落とした白ネギが積んである。奥の売り場には万能ネギ、小ネギの青組に混じって葉と根が半々ほどの長ネギがあった。売り場担当者は「青いところは刻んで薬味にするんです」と言った。ここでもやはり青白混在のにおいが濃厚である。

途中の青果直売所にも青い部分と白い部分が半々のネギがあった。店の人は同じく

「青白両方使います」と教えてくれた。

こんなやりとりがあって駅に戻る途中、長岡の某店から生まれた「洋風カツ丼」の写真看板を発見した。皿にご飯、トンカツがのりデミグラスソースがかかっている。添え物は刻みキャベツ。

新潟のカツ丼の分布を要約すれば、新潟市を中心とする醬油だれカツ丼は長岡にまで勢力を張っているが、そこには従来の卵とじカツ丼と強固な洋風カツ丼陣営が根を下ろしている。従って醬油だれカツ丼の西の境界は長岡と言える半面、長岡自体は洋風カツ丼都市である。そして醬油だれカツ丼、洋風カツ丼とも卵でとじるタイプではない。

時間が来たので三両編成の直江津《なおえつ》行き普通電車に乗った。車窓からは刈り取りが済んだ田んぼとススキの群生が見える。午後四時二十二分、柏崎着。本日はここで泊まる。

すぐにアーケード商店街の中にあるイトーヨーカドーに行く。白ネギ、小ネギ各一種。特筆すべきことはない。

そこからさらに市役所方面に歩き、真新しい商店街の端っこに立つスーパー「良食生活館」を訪ねた。葉を落とした「長ネギ」、小ネギ、葉ネギに加え、青白半々の「長ネギ」が二十本一束で売られている。

本日、何度も見た青白半々のネギは東京で一度も目にしたことがない。強い印象となって残った。

惣菜売り場に移動してみると「長岡洋風カツ丼」が売られていた。ほかのカツ丼の姿はない。ここに来るまでに飲食店のサンプルケースを観察し続けたのだが、やはり長岡まであった醬油だれカツ丼が消えていた。かわりにあるのは卵でとじたものばかり。そしてネギは境界線の近くに特有の「両方ある」地帯の可能性を感じるのである。

二日目　柏崎―直江津―糸魚川―魚津《うおづ》　北陸の甘い醬油は直江津から

柏崎を発って北陸本線で直江津に向かう。

直江津に着くと急に雲が出てきた。空を見上げつつ伝統的なアーケードである雪除けの「雁木《がんぎ》」の下を歩いてイトーヨーカドーに行く。

ここでの発見は、キクラゲ入りと昆布で巻いた蒲鉾が出現したことであった。双方とも富山名産として知られるものだが、新潟県でも富山に近いここ上越市には存在するのである。ともに上越市産であった。

醬油売り場をのぞく。地元産の醬油に「うま口」があった。成分表示には砂糖と甘味料が含まれている。北陸の甘い醬油地帯が始まったのだろうか。

雨の直江津を後にして糸魚川へ。駅前の食堂で昼食にする。テーブルの醬油をなめてみると甘い。店の女性に聞いたら「富山の甘い醬油です」とのことであった。

注文したラーメンは醤油味で平打ちの麺を使っている。ネギはかなり青い。再び店の女性に尋ねる。

「この辺では青ネギが多いですか？」

「青ネギを使いますけど、うちのはこれ」

と言って、冷蔵庫から取り出したのは、いわゆる白ネギであった。

「上の青いところも刻んで、白い部分と混ぜるんです。ですから青くみえるのかな」

ネギに関しては混在あるいは混合の状態が続いているようである。

昼食を済ませて駅に近いスーパー「ナルス」に行く。店に入ってすぐのところに「糸魚川っ娘」という名のネギがあった。これが青2対白1の割合になっており、青白混合用としか思えないもの。

別の場所には東京風の青いところを切り落とした白ネギもあり、小ネギ、葉ネギもある。

練り物の売り場にはキクラゲ入り蒲鉾一種、昆布巻き蒲鉾二種、表面が赤くて丸いものも加わっている。この種の蒲鉾は板付きではない。

さらに醤油を見る。地元産の醤油「マルエス」は砂糖、甘味料入り。「あまくち」もあった。

さらに魚津に移動。ここはもう富山県である。ホテルに荷物を置いて徒歩で「大阪屋

ショップ　魚津釈迦堂店」に入った。雨は上がっている。

ネギは白ネギ、九州産の細い青ネギ二種、軟白ネギという顔ぶれ。東京のスーパーと変わらない。

惣菜売り場で下校途中の高校生が何かをパックに詰めている。おおー、コロッケかよ。富山市は家計調査でコロッケの購入額が常にトップクラスの町だが、ここ魚津でも相当に食べるらしい。その証拠に「昔のコロッケ　五個百円」という驚異的な値段である。

地元の醤油を探すと、黒部市産の「ヤマデン」がある。「甘口」には砂糖、みりん、甘味料。上市町《かみいち》の「あなん谷《たん》」にも砂糖、甘味料。富山の醤油は九州ほどではないかもしれないが、間違いなく甘い。

蒲鉾はもう完全に富山のそれである。板付きではない蒲鉾がずらり。表面が赤くて断面に「の」の字を描いたもの。その色がマリンブルーのもの。小判型。昆布巻き。よもぎを練りこんだものと多種多様である。板付きの影は薄い。

そして乾物コーナーには昆布が二十一種類も置いてある。北前船の寄港地には昆布の文化が残っているが、その影響であろうか。中には羅臼《らうす》昆布二百グラム千二百八十円という高級品も並んでいる。

となると「あれ」があるはずである。

鮮魚売り場に行ったら、やはりあった。富山市は昆布の購入額でも常にトップクラスにあるが、大阪が出しに、沖縄が煮物に使うのに比べ、富山の場合は圧倒的に「刺身の昆布締め」に使われる。この店では「さす」という名前で売られ、中の刺身はサワラ、カジキ、イカであった。「さす」は富山で「カジキ」のことだが、この店では昆布締めの代名詞にしているらしい。糸魚川では見かけなかったから、富山特有の食べ物といえよう。

ここまでで北陸の甘い醬油地帯の外縁が見えてきた。すなわち新潟県上越市（直江津）である。ネギは混合地帯が続いている。

カツ丼は長岡を出てから完全に卵でとじるタイプ。稲荷寿司は東日本タイプの俵型しか見ない。

三日目　魚津―（富山）―高岡　板付き蒲鉾が消滅

本来は、魚津から富山を経て高岡に行くはずであったが、急遽予定を変更して直接高岡に向かった。

前日に入った魚津の喫茶店で読んだ地元紙に、明日から高岡でB級グルメのイベントが開かれると書いてあったからである。まちおこしとは関係ない地元の集客イベントながら、一応見ておこう。

いざ魚津駅で切符を買おうとして少し驚いた。午前中の各駅停車はすべて富山止まり。その先に行くには三十分以上待って富山で特急に乗り換えなければならない。直通運転している電車がないのである。北陸本線ですらこの状況。完全車社会の地方都市における鉄道の経営の厳しさを改めて肌で知る。それはともかく、電車でえっちらおっちら高岡に向かった。乗ってしまえばすぐに着く。

駅に降り立つと、イベントはもう始まっていた。駅前の空間にテントがいくつか並び、人が群がっている。それはある有名なご当地グルメのテントであった。しかし一見して具材と調理法が決定的に違っている。

しかもその料理名は商標登録されているのに、無断使用である。これでは高岡の人々が本物とは似ても似つかぬものを本物と信じてしまっても仕方がないであろう。

要するに主催者がろくに調べもせず、業者を招いたのがいけなかった。後日、この業者が新聞、テレビで問題になりニセモノ騒ぎに発展した。

ご当地グルメはまちおこしの新たな手段として注目されている。だがそれを金もうけのために利用しようとすれば問題が起きても不思議ではない。

気を取り直して取材を始めることにした。金沢に本店がある大和《だいわ》百貨店がここ高岡にもあったので食品売り場を見て回った。

ネギは長ネギ二種、軟白ネギ一種に万能ネギ一種。驚いたのは蒲鉾である。板付きのものが見当たらず、すべていわゆる富山の蒲鉾。赤いのや昆布で巻いたものが所狭しと並んでいる。蒲鉾の専門店には大小様々な鯛の形をした蒲鉾がある。ロールケーキみたいな円筒形のものも並んでいる。売り場の女性の話だと、祝い用の大きな飾り蒲鉾は、近所におすそ分けするし、残ったものは煮たり焼いたりして食べ尽くすのだそうである。「すき焼きにも入れます」とのことであった。

赤と黄色と白の小さなハート型蒲鉾が袋に入って売られていた。「ミニハート」六個入り三百七十八円。「結婚式で出席者にチョコ代わりに配ったり、バレンタインのときにプレゼントしたりすると受けます」。富山では蒲鉾がチョコの代役を果たしている。凄いことである。

お昼は高岡駅構内の立ち食いうどんの店。書き忘れていたが新潟側から富山県の魚津に入った途端、店の看板が「そば・うどん」から「うどん・そば」に変わった。新潟・富山の県境あたりが、そばとうどん文化圏の境界線ではないかと思った。

高岡は完全にうどん文化圏であるらしく、駅のお土産売り場には氷見《ひみ》うどんが必ずある。そばは売っていない。

で、その立ち食いうどんは私好みのべろべろうどんであったのが嬉しかった。つゆは醤油が甘いせいか、相当の甘口である。天玉うどんを食べたのだが、天ぷらは東京のかき揚げと違って、カップ麺に入っているような固いもの。西日本、とくに九州のそれに似ている。

薬味のネギは完全な青。店々の食品サンプルを見る限り、和洋中華とも青ネギを使っているから、高岡は青ネギ地帯と断定してよかろう。

一緒に注文したおにぎりは、とろろ昆布をまぶしたタイプで、中に梅干が入っていた。前夜、魚津の居酒屋でこしらえてもらったおにぎりも、刻み海苔をまぶしてあった。思い返せば、大阪のうどん店でもとろろ昆布で巻いたおにぎりを見ている。西日本の文化であろう。

高岡駅のこの店には「チャンポン」があった。そばとうどんがひとつ丼に一緒に入っている。「大盛りのみ」とあって、そば一玉、うどん一玉を用いている。

兵庫県姫路市のお好み焼きの店で「チャンポン」とあれば、それは焼きそばと焼きうどんのミックスである。岡山県備前市も同様。

そばとうどんを一緒くたに調理した「チャンポン」は意外とあちこちにある。九州人としては複雑な心境ではあるが。

そこからイオンに向かった。三十分ほど歩いて到着したイオンは、当たり前だが巨大なショッピングセンターであった。シャッターが目立つ駅前の商店街とは比較にならない賑やかさ。

一階にあるジャスコの食品売り場を回る。いきなり石川県かほく市の「まつや」が販売している「とり野菜みそ」が目に飛び込んできた。ああ、北陸だものね。

ネギは「白ネギ」と「長白ネギ」があったが、見た目では違いがわからなかった。離れたところに「薬味ネギ」という名で小ネギが置いてあった。高岡で薬味に使うのは青ネギであることを示しているのだろうか。

蒲鉾は板付きでないカラフルなもののオンパレード。想像の通りである。

醤油はどうか。金沢ヤマト醤油、富山県射水《いみず》の「なかろく」、高岡のヤマゲンといった地元メーカーの商品を手に取ると、すべて砂糖と甘味料が入っている。北陸の醤油は甘いことを再確認する。

昆布売り場には羅臼も含めて出し用昆布が二十種以上。とろろ昆布とおぼろ昆布も合わせて十五種類を数えた。とろろで包んだおにぎりを思い出す。

さてここで発見をした。高岡駅の地下にある寿司屋の食品サンプルで確認した稲荷寿司は三角であった。大和百貨店に入っている「京樽」には三角と俵型の両方があった。そしてここジャスコでも三角と俵型が共存しているのである。

しかもジャスコにはPB商品の「TOPVALU　味付け三角いなりあげ　関西風」が大量に積んである。

魚津のスーパーで見た稲荷は俵型であった。つまり富山県内に東の俵型、西の三角の境界があるということか。いまは県都の富山市を素通りしているので、はっきりしたことは言えないが、明日富山市に泊まるのでじっくり観察してみよう。境界線が見つかるかもしれない。

四日目　高岡―富山　三角稲荷は富山から。青ネギの優位歴然

朝食を済ませ、高岡から北陸本線の特急に乗って富山へ。富山駅の土産品売り場にも氷見うどんと大門《おおかど》そうめんはあるが、そばはない。

荷物を預けるためにホテルのフロントに寄り、すぐそばの大和百貨店に行く。北陸では大和が有名。大和は富山最大の繁華街、総曲輪《そうがわ》に店を構えている。

大和の地下一階食品売り場を歩く。白ネギ一種、小ネギ一種。しかしレストランのサンプルケースに並ぶラーメン、そば、天ぷらの薬味はすべて青ネギである。

稲荷を置く店が二店あり、どちらも三角。俵型はない。

蒲鉾のコーナーには大小様々な飾り蒲鉾が彩りも賑やかに並んでいる。鯛はもちろん鶴、亀、海老といった縁起物を赤や青、緑、黄色などで描いた蒲鉾に目を奪われる。そうした各種蒲鉾を詰め合わせた「祝いセット」があって、めでたい折の贈答に用いられていることがわかる。「七五三のお祝いに」というプレートもあった。「なるほど」と納得する一方で「ええー」とも思う。

探してみたが、板付きの蒲鉾は発見できなかった。蒲鉾に関して富山は突出した文化を持っている。

鮮魚売り場に魚の昆布巻きがあった。「さす　天然モノ」とある。つまり、天然もののカジキである。

ついで向かったのは西町のスーパー「ピアゴ」。白ネギ一種、小ネギ一種、新ネギという名の葉ネギ一種。しかしながら刻んでパックした薬味用のネギは二種とも青ネギである。

ここでも板付き蒲鉾はなし。ラーメンにしろうどん・そばにしろ麺類に入る蒲鉾は決まったように赤い「の」の字の「赤巻き」という蒲鉾である。

お昼の時間になったので麺類の店で天ぷらうどんを食べた。やはりべろべろうどんで、私向き。薬味のネギはかすかに白が混じった青である。新潟でも青白混合だったが、用いているネギは太く白ネギの葉の部分を混ぜたものだった。しかし富山に入ってからは同じ混合でも細いネギを使っている場面に遭遇する頻度が高くなった。関西に近づいているという実感がわく。

これまでのまとめ。

▽北陸の甘い醬油の東端は新潟県糸魚川市。

▽魚津市辺りでうどん文化とそば文化が衝突し、西に向かうに従ってうどんが強くな

る。

▽西日本型の三角稲荷は富山市から西に広がっている。

▽新潟県西部から続いていたネギの青白混合は富山市で青の優勢が確立し、ネギも細いものを使うようになる。

▽板付きでない蒲鉾は新潟の直江津辺りまで広がり、富山県内に入った途端に練り製品売り場を占拠、富山市内で種類、意匠とも頂点に達する。

五日目（富山―糸魚川―）南小谷《みなみおたり》―白馬　ソースカツ丼、虫さん、馬肉が登場

富山市から特急で糸魚川に戻り大糸線に乗る。大糸線の一両だけのディーゼル車は長野県の南小谷どまり。終点まで一時間ほどである。

線路は姫川に沿っている。この姫川こそ地表から確認できる糸魚川‐静岡構造線である。糸魚川と松本を結ぶ千国《ちくに》街道、すなわち「塩の道」も、途中までこの川にすがるように続いている。

車窓から見る風景は感動的であった。川の両岸から山がそびえているが、その西側は一億年以上前にできた岩石、東側は二千万年未満の新しい岩石でできているという。まさに南西日本と東北日本を包丁で切ったような大断層である。いま私はその断層のほぼ

直上を走っている。

ディーゼル車はトンネルを抜けたかと思えばまたトンネルに入る。そして徐々に高度を上げていく。地形上、川沿いを南北に行くしかない。東西の交通は山に阻まれる。文化もまた、その交流を遮断されてきた。

南小谷の駅に降りた。温泉があるので観光客の姿も見える。登山の服装をしたグループもいる。駅前に食堂が看板を出していた。「カツ丼、ソースカツ丼、味噌カツ、手打ちそば、醬油ラーメン」の文字が見える。この旅で初めて目にした「ソースカツ丼」に留意してJAが経営するスーパーに向かった。

白ネギ一種のほかに「わけぎ」という名で小ネギがあった。豆腐がでかい。すぐ近くの店が作っているもので一個八百グラム。東京で売っている豆腐の優に二個分はある。小さいもので四百五十グラム。

昆布は一種類だけ。富山県内で一店に二十種以上の昆布を並べるスーパーをいくつも見てきた後だけに、なんとも不思議な気がする。

冷凍食品のケースに「ソースかつどん」があった。これにも留意する。

長野に入ったので、麵類は圧倒的にそばである。地元の小谷そば生産組合がつくったそば粉を売っている。

というより、粉類を非常に多く扱っている。すいとん粉、おやきミックス、米粉（団子、草もち、もち取り用）、それに「手打ちうどん、おやき、天ぷら、すいとん、団子」と用途を書いた小麦粉の二キロ入りが二種あった。こうした粉を使って様々な食べ物を自宅でこしらえる文化圏に突入したことを知る。団子の類に欠かせないクルミを粉末にしたものと砕いたものも売っていた。

少し歩いて地元産品を直売している「名産館」に入った。大きなナメコ、栗、マコモダケなどを並べている。山岳文化を感じる。

ここは手打ちそばを食べさせる。打つのは地元の女性たち。六百五十円のざるそばを頼んだ。二八のコシのあるそばで、実に美味《うま》い。ナスの煮物も美味い。漬物も美味い。

この辺りでは「おやき」ではなく「ちゃのこ」と言う。皮にそば粉、小麦粉、馬鈴薯を使う。中に豚肉、野沢菜、切干大根、おから、ナス、カボチャ、辛味噌などが入る。

南小谷で二時間以上を過ごし特急に乗る。一日にたった一本の特急で、行き先は新宿である。十五分ほどで白馬に着いた。駅前の食堂にソースカツ丼がある。別の食堂にはソースカツ重、また別の食堂にも「ソースカツ丼（シーズンオフのみ）」の表示。

観光案内所の女性は「昔からソースカツ丼を食べてきたわけではありません」と話していたが、ここまで店のメニューにあれば、この辺りはもはやソースカツ丼地帯と言えるのではないか。

駅に近いＡ－ＣＯＯＰ「ハピア」をのぞく。各種の粉が置いてあり、やはり自宅で団子やそば、おやきなどをつくっていることを裏付けている。そして漬物用酒粕（三・五キロ）が積まれている。漬物も自家製造する家庭がいまも健在であることを物語る。ネギは白ネギ一種、小ネギ一種。駅前の食堂の人に尋ねると「そばの薬味ネギは長ネギの白いところと青いところを混ぜてつかう」とのことであった。

スーパーの惣菜売り場にイナゴの佃煮が二種類あった。精肉売り場には馬刺しが二種。本格的な昆虫食と馬肉食地帯に入ったらしい。稲荷寿司は俵型に戻っている。

和田野の森のホテルに入り、フロントにいたオーナーシェフに昆虫食について聞く。「イナゴはシーズンオフのスキー場のゲレンデで飼っている牛の周りにたかるんです。好きな人は家で食べる分だけ捕りに行きます。シーズンは秋ですね。ザザムシはいません。蜂の子は、やはり好きな人がジバチの巣を捕りに行きます」。

糸魚川－静岡構造線の上に来て、西日本の三角稲荷が姿を消したようだ。ということはやはり東西文化の境界線は構造線の西側にあるのだろう。

そして糸魚川から南下して初めてソースカツ丼、自家製の粉モノ文化、昆虫食、馬肉食にぶつかった。東西ではなく南北にも食の境界線はある。そのことを体感できただけでも、この旅を始めてよかったと思う。

六日目　白馬―大町―穂高　ソースカツ丼の老舗《しにせ》に遭遇　甘い醬油は大町まで？　地蜂せんべいを食べちゃった

白馬村では和田野の森にあるホテルに泊まった。タクシーで駅に向かう途中、前日にオーナーから聞いていた「ゲレンデで牛を飼っている」風景に出くわす。イナゴはこんなところで捕れるらしい。

白馬駅から大糸線で信濃大町へ。大町の駅に降り立つと、目の前に長い長いアーケード商店街が延びていた。人通りは途絶えていたが、往時の賑わいはいかばかりであったろうか。

歩いていると個人経営らしいこぢんまりした食料品店があった。たくあん、つけ菜、野沢菜などの漬物材料が並んでいる、中に「サッカリン」もあった。数えてみると九種類。ここも自家製漬物地帯である。

飯田産の蚕のサナギの佃煮があった。商品名は「絹の味」。イナゴの佃煮も二種。店番をしている女性によれば「ネギは白いところに青いところを混ぜます。きれいだから」。

居酒屋の店頭に置かれたメニューブックを見る。郷土料理として「いなごの甘露煮　360円」「蜂の子　630円」「馬刺し　780円」。

持ち帰り弁当店のサンプルケースに「ソースカツ丼」がある。

地元の物産を集めた「いーずら」に入った。醤油を見ると「ヤマジュウ」と「松川村黒豆生産組合」の黒豆醤油とも砂糖、甘味料入り。少し甘そうである。隅の棚に蜂の子の缶詰があった。隣の「地蜂醤油煮」の缶詰は在庫切れ。昆虫食が盛んらしい。

と思ってレジに近いお菓子売り場を眺めていた私は、思わず陳列品に手を伸ばしていた。「地蜂せんべい」であった。蜂を粉末にして粉に混ぜたというものではなく、クロスズメバチの姿もそのままにせんべいになっているのであった。地元の蜂捕り名人が捕まえた蜂を使っているという。五百円を支払って買い求める。

レジで、親切に説明してくれる女性に「これを食べて具合が悪くなったという話はないですか」と聞いたら「ないです。でも蜂アレルギーの人は食べない方がいいと袋に書いてあります」と言った。蜂アレルギーってあるの？

地蜂せんべいをバッグに詰めて駅に戻る途中、「昭和軒」に遭遇した。表の看板に「当店名代のかつ丼に用いますソースは独特の調味によるもので、昭和初期開業以来の名物品でございます」と書いてある。昭和初期？　こりゃ相当古い。駒ヶ根《こまね》ソースカツ丼の元祖の店がやはり「昭和の初め」と言っているから、ほぼ同時期ということになる。中に入ると奥に漫画の棚があったりして大衆食堂の雰囲気。しかしメニューにはカツ丼、カツライス、カツカレーなどしかなくカツ専門店である。ここでは駒ヶ根同様、カツ丼と言うだけでソースカツ丼が登場する。もちろん私はそのカツ丼である。

店内は半分の入りで、あまり待つこともなく物件が登場した。丼を覆う円形のカツ。その下に刻みキャベツ。ソースがご飯にもかかっている。サクサクとした歯ざわりのカツを噛めば、甘めのソースから酸味の利いた香りが立つ。思わず完食。青白が混ざったネギを散らした味噌汁も飲み干した。税込み八百四十円。

食べている途中、持ち帰りの客がいた。大町では知らぬ人がいないような有名店と思われる。そうか、小谷村でソースカツ丼を発見してからここまでソースの匂いが絶えなかったのは、この店が発信地であったのか。恐らく、周辺の他店が昭和軒の影響を受けたか、客の注文に応じてきたかしつつ、大町周辺にソースカツ丼が広がったのではないかと想像する。つまり駒ヶ根とは別系統のソースカツ丼文化圏が存在するということである。

ではそれはどこまで続くのか。松本まで広がっているのか。長野市はどうか。これからの観察テーマが増えた。

駅のそばのスーパー「デリシア大町駅前店」(当時)に行く。「山菜あく抜き」「竹の子あく抜き」といったものから、こうじ漬けの素、粕漬けの素、からし漬けの素、つけものたまり(醬油)、野沢菜をあっさり漬ける素もある。これらは「漬物材料」のコーナーに並んでいるのだが、その棚がでかい。

地元の醬油を見る。「紫峰」に水あめとみりん、「あずみ野讃歌」に砂糖、みりん、甘味料、「マルショウ本づくり」に砂糖と甘味料が入っている。大町も甘い醬油地帯なのであろうか。

虫さんはイナゴ、蜂の子、蚕のサナギの三兄弟そろい踏み。

そして稲荷寿司は全面的に俵型である。

地元産のアルミ鍋に入った麵類、チンするタイプの麵類にはすべてネギが青白混合状態で入っていた。

こんなことを確認して駅に戻った。小さな公園のベンチで「地蜂せんべい」の袋を開けた。食べるのである。

こういうことは深く考えてはいけない。私はただ目をつむり鼻をつまみ耳をふさいだだけで、クロスズメバチの姿がはっきりくっきりわかるせんべいを口に運んだ。

なーんだ、普通のせんべいではないかと思った途端、かすかな苦味が舌を刺激した。このとき頭の中で蜂を食べたことを認識したのであった。その次の瞬間、何かが歯に挟まった。舌で探ると粉ではない固形物であった。ということは、これが蜂？　むせた。

再び大糸線に乗り穂高へ。駅舎は木造瓦葺である。駅前の居酒屋の看板に「馬刺し」。

精肉店に「馬さし」の大看板。裏に回るとこちらが入口で、精肉店と焼肉屋を兼ねた店だった。メニューに馬刺し、馬レバー刺、馬肉チョリソ、馬の肉味噌、馬ロース、馬カルビ、馬霜降りロース、馬タンとあり、生で食べる刺身類には穂高名物のワサビがたっぷりと添えられている。馬カルビの焼肉を見るのは福岡県久留米《くるめ》市以来である。相当の馬肉食地帯であることをうかがわせる。

食堂に「元祖　ソースかつ丼」の幟《のぼり》。個人商店に「いなごの佃煮」。

ホテルに荷物を置いてスーパー「ユー・パレット」へ。冷凍ケースに「馬切り落とし」「馬モツ」「馬肉スジ」「馬刺」が並ぶ。これまで見た中で最強の品揃えである。この中で「馬モツ」が気になった。飯田辺りに行くと「おたぐり」といって馬の腸を醬油や味噌で煮た郷土料理があるが、穂高ではどういう風に調理するのであろうか。

当然のこととして「いなごの甘露煮」がある。

弁当コーナーには卵でとじたカツ丼の隣にソースカツ丼とソースえびフライ重。大町のソースカツ丼の威光は穂高まで届いている。

「漬物材料」コーナーが大変なことになっている。ペットボトル入りが二十三種、袋入りが四十種である。家庭で様々な漬物が漬けられている。

粉も白玉粉、よもぎ粉、そば粉、すいとんの粉と盛りだくさん。

ところが店頭の醬油は「テンヨ（甲府）」「マルヰ醬油（中野市）」とも甘味料が入って

いない。というか甘い醬油を置いていない。

ひょっとして甘い醬油地帯は大町まで？　小谷から続いていた甘い醬油が北陸の影響を受けたものと仮定した場合、その力は穂高の前で尽きたということであろうか。

大町で古いソースカツ丼の店に遭遇したのが本日第一の収穫。地元の人々には当たり前のことかもしれないが、私には発見であった。長野には駒ヶ根と大町というソースカツ丼の二大拠点がある。二眼レフなのである。

七日目　穂高―松本　塩丸イカに塩の道を思う　松本は半ソースカツ丼地帯？

穂高から松本に向かった。松本駅の改札内にある土産品売り場にさっそくイナゴの佃煮、馬肉の燻製二種。改札を出たところのコンビニ兼土産品店にも蜂の子の瓶詰め二種がある。

松本市は大きな城下町で、駅からほど近いところに国宝の松本城がある。遠くから見ると意外な小ささに驚くが、そばに寄れば真っ黒な天守が空に向かってそびえ、威風堂々。美しい城である。

だがお城見物を後回しにして駅からイトーヨーカドーに行った。早速、イナゴ二種を発見する。

ここで佐久《さく》の「鯉のうま煮」に初遭遇。鯉は山形県の内陸部でも広く食べられている。古来、海から遠い所の蛋白源であった。

甲府の「ほうとう」を松本に入って初めて見る。

干物の売り場に白い「塩丸イカ」があった。実は穂高のスーパーで特売しているのを見ていたが、説明がなにもなかったので特に記録していなかった。しかしいま、イカの袋に書かれた文章を読んで納得した。このイカは糸魚川から始まる塩の道を通って日本海の塩蔵イカが運ばれてきていた時代の名残であるという。塩を抜いて煮たり焼いたりして食べる。

冷凍・冷蔵流通技術がなかった時代、鯖街道の鯖と同様、保存のために塩蔵されたイカが山を越えて運ばれてきた。そうして食べられてきた塩丸イカが、生イカが簡単に手に入る現在でも食卓に上っていることに感動すら覚える。

ここでまた巨大な油揚げを見つけた。東京で売っている油揚げの一・五倍、もしかしたら二倍はあろうかという大物。実は大町にもこのサイズの「大揚」というものがあった。どちらも中がスカスカではなく、みっしりとしている。煮物向きと思われる。

生の馬肉はなかったが、馬肉の燻製と真空パックの馬刺しはある。

醬油は安曇野《あずみの》の「マルタしょうゆ」に甘みなし。松本の「信濃むらさき」に砂糖と甘味料。どうも信州の醬油は甘いのか甘くないのかはっきりしない。

粉類と漬物材料は相変わらず種類、量とも豊富で、依然として自家製の粉モノ・漬物地帯である。簡便になってきたとはいえ、これほど自宅で漬物が漬けられ、おやきや団子がこしらえられているとは思っていなかった。

弁当売り場にソースカツ丼がなかったので「ひょっとしたらソースカツ丼は松本で途絶え、大町はむしろ飛び地ではないか」という考えが浮かんだ。

確認するためにはとにかく現場に足を運ぶしかない。ということで今度はショッピングセンター「カタクラモール」（当時）内のジャスコを見てみることにした。

テナントの精肉店に真空パックの馬刺し一種。これは国産で百グラム五百八十円。そばで売られていた豪州産ステーキ肉が三枚五百円だったのと比べれば、相当の高級品である。

たれに漬かって袋に入ったジンギスカン用羊肉が何種類か並べてある。昔からジンギスカンで知られる信州新町《しんしゆうしん》から来たものだった。

ここでも漬物材料、粉類多数。

弁当売り場に卵とじカツ丼はあるが、ソースカツ丼はない。やはり大町どまりのものだったのだろうか。

ふとショッピングセンターに飲食店が入っていないということがあるだろうかと思った。聞いてみると三階に何軒かの店があるという。上がってみたらそば屋のサンプルの中にソースカツ丼があった。

しかしこれまで一軒しか発見していない。これで松本もソースカツ丼地帯と言うには材料不足である。歩こう。もう少し歩こう。

途中、お城をちょっとだけ見て駅に向かった。駅が近づくに従って飲食店が増えていく。パチンコ店の向かいの歩道に看板が見える。近づくとこう書いてあった。「元祖松本名物　馬さし　特製ソースかつ丼」。あったー。

精肉店が経営する食堂で年輪を感じさせる店構えである。入口の両脇にサンプルケースがあり「ソースかつ丼」の年季の入ったサンプルがある。そばに「馬すき焼き」。右側のケースが「特製ソースかつ丼」のサンプルで、見ればソースカツ丼を卵でとじてある。卵の分が特製なのであろうか。卵とじ型のソースカツ丼を見るのは会津若松に次いで二度目である。

残念ながら「準備中」の札が下がっていたから食べることはできなかったが、少なくとも老舗の食堂にあるのであるから、松本もソースカツ丼に染まっていると言えないだろうか。

結局、昼食は駅そばにした。天玉そばと稲荷寿司を頼む。天ぷらはほぼ衣だけの懐かしいタイプ。稲荷寿司は文句なしの俵型である。

ネギが入った容器をのぞくと白を基調にしながらも明らかに青が混じっている。店の女性は「青い部分も刻んで入れてます」と言った。

ついでに女性に聞いてみた。「松本ではソースカツ丼をよく食べるんですか？」「ああ、ご飯に刻みキャベツを敷いてソース味のカツをのせたやつね。あんまり食べないですよ。煮カツ丼ばっかりね」。

この言葉にもかかわらず、私は確信した。松本は濃淡を別にしてソースカツ丼地帯に属している。なぜなら「煮カツ丼」という呼び名自体が、ソースカツ丼地帯特有の卵とじカツ丼を指す言葉だからである。「上カツ丼」と言うところもある。

ホテルでチェックインするときフロントの若い男性に尋ねてみた。「ソースカツ丼を食べますか？」「食べますよ。トンカツ専門店に行けばどこにでもあります。卵のやつよりソースの方が多いかもしれません。少なくとも私はソースカツ丼で育ちました」。

そば屋や食堂系では卵でとじた「煮カツ丼」が主流であるかもしれないが、反対にトンカツ専門店ではソースカツ丼が主流ではないかと想像する。ならばそば屋でカツ丼を食べてきた市民は「松本は卵とじカツ丼地帯」と思うだろう。トンカツ専門店に通って育った市民は「ソースカツ丼がメーン」と信じているかもしれない。ともかく南小谷（小谷村）から白馬村、大町市、穂高（安曇野市）と続いて松本にもソースカツ丼が根付いていた。駒ヶ根を中心とする南信もそうである。残る長野市辺りや東信がソース派なら長野県は全国屈指のソースカツ丼県ということになる。

明日、長野市に行く予定になっている。調べるぞ。

八日目　松本—長野　台風に直撃される　忍び寄る「ジンギスカン」の影

本日、台風が長野を通過中である。目が覚めたら電車が止まっていた。正午まで県内のJRは全面的に運転見合わせという。「昼までなら」と思い、歩いて十五分ほどのところにあるスーパー銭湯で時間待ちすることにした。

行ってみたら銭湯の隣はショッピングセンターで「ツルヤ」という地元のスーパーもある。広い売り場を回ると馬刺しを売っている。馬の佃煮、あぶり焼き、炭火焼、燻製という品揃えである。

信州ハムと信州新町産の「ジンギスカン」も並んでいた。長野県におけるジンギスカンの存在感は意外なほど強く、これもまた二眼レフ構造であることを後に知る。

ここに来る前、松本駅にある観光案内所で「ぶり街道」のポスターを見つけ、そのパンフレットをもらっていた。ブリ街道については第十三章「鮭とブリ」で触れたように、江戸時代から昭和初期まで富山湾で獲れたブリを塩にして富山—高山—松本へと二百キロの山道を運んでいた。高山ではこれを越中ブリと呼び、高山から来るブリを松本では飛驒ブリと言った。パンフには「松本や伊那・飯田など信州の中・南部にとってぶりは正月の縁起魚。とりわけ飛騨ぶりは米1俵に値する高級品で、「ぶりは飛騨の国で獲れるもの」と思い込む人もいるほど定着していました。一般家庭では、年の暮れに色々な勘定を済ませて、ぶり1尾が買えたら良い年であったと喜んだそうです」とある。

観光案内所にいた二人の若い女性に聞いたところ二人とも「はい、こっちの年取り魚はブリです」と答えてくれた。ならばスーパーではどうかと思って探してみるとブリの切り身各種が鮮魚売り場に並び、寿司の売り場にはます寿司がある。松本に近づくにつれ、お土産品店や売店で富山のブリ寿司やます寿司が目立つようになったのを訝《いぶか》っていたが、ブリ街道の記憶が残っていると考えれば納得できる。

塩の道の記憶が「塩丸イカ」であり、ブリ街道の記憶が年取り魚。どちらの街道も使命を終えて久しいのに、人々の生活にはっきりと刻印されている。それがわかったことが本日の収穫。

昼になったので改札に行ってみる。すると運転状況は何も変わっていない。そこで長野への高速バスに乗る。うとうとしていたら一時間半で長野に着いた。しかしもう午後四時。取材の時間がない。地図を頼りにイトーヨーカドーへと向かう。途中、ラーメン主体の食堂のメニューに「ソースカツ丼」を発見。別の飲食店にもソースカツ丼。といって卵とじ型がないかというとそうではなく、むしろ卵とじの方が多い。ソースカツ丼は劣勢である。

長野市の年取り魚はブリではなく鮭のはずなのに、イトーヨーカドーでは丸々一匹のブリが展示されていた。切り身も各種並ぶ。イナゴ、馬肉、漬物材料、粉モノはこれまで見てきたのとほぼ同じ風景である。つまり長野市も自宅で漬物をつけ、おやきや団子をこしらえる文化。

続いて「もんぜんぷら座」のスーパー「TOMATO食品館」。ヨーカドーと違っていたのはイナゴのほかに「絹の味」という既視感がある蚕のサナギの佃煮があったこと。馬肉の売り場に「馬脂注入馬肉（カナダ産）」があったことである。この馬肉はいわゆる人工霜降りであろう。

せっかく長野に来て善光寺さんにお参りしないわけにはいくまい。もう暗くなりかけてはいるが、お寺へと続く一本道を急ぐ。その途中、トンカツとそばの店があった。隣のシンプルケースがある。「カツ丼」とだけ書いたものが実はソースカツ丼であった。サ「ヒレカツ丼」も同様。長野市のソースカツ丼は比率では少数派であっても根は深そうである。

一応、長野市辺りも「ちょこっとソースカツ丼地帯」と言っていいだろう。

九日目　長野―塩尻　塩尻で信州ワインをタダ飲みする

台風が去った長野市は最低気温九度。朝から晴れてはいるが、日陰に入ると肌寒い。秋は深まっている。

本日は塩尻に泊まる。塩尻の駅に降り立ってみると、構内に喫茶店とそばを出す店があり、何軒かの店が入ったビルがひとつ見えるだけ。そのビルをのぞいてみたら食堂があり、ソースカツ丼を置いている。だがここで昼食を我慢して歩く。途中に持ち帰り弁当の店があり、やはりソースカツ丼がメニューに入っている。

広い道をたどって行くうちに商店街に出た。中心にイトーヨーカドーが入るビルがあった。ここが塩尻の中心らしい。市街地再開発が決まっていてショッピングビルの建設が進んでいる。商店街で食べるところはないかと探したが、残念ながら見つからず、イトーヨーカドーに入った。

テナントの精肉店に馬のロース、鞍《くら》の下、タテガミ（脂肪）と豊富な品揃え。惣菜店には鯉のうま煮がバットに並べて売られている。

佃煮のコーナーにイナゴ、サナギ。信州に来て変わらぬ光景である。漬物材料の豊富さも同様。粕漬け用の酒粕を五キロ単位で売っているのにも見慣れた。

結局、昼食は駅に近いホテルの中華レストランで取ることにした。ここまで来て中華とは芸がないがやむを得ない。

食べながら次の行動を考えた。塩尻市内には九カ所のワイナリーがあって、いくつかで無料の試飲ができるという。そう、塩尻こそ信州ワインの地なのである。ワインを飲むべし。

ワイナリー地区へのバスがない時間だったのでタクシーで「井筒《いづつ》ワイン」の工場に行った。メルロとか何とかかのワインを小さな使い捨てグラスで飲んでみる。どれもこれもブドウの香りが豊かである。多少、遠慮しながら試飲した。

工場の女性に礼を言って、向かいの「五一《ごいち》わいん」に転戦する。陳列されたワインのボトルにブドウの種類と値段が書かれているが、安いのか高いのか、いいのかそうでもないのか全然分からない。壁に田崎真也《しんや》さんの色紙があり、字の上手さが私とどっこいどっこいであることだけはしっかり分かった。

外に出て歩き始めるとブドウ畑にはさまれた小道が一点透視で伸びている。そこを歩いてみれば、まだたわわな実が下がる畑や収穫が終わった畑が交互に並んでいて美しい。写真を取りながら進む。

この辺りはレタスなどが採れることから地元では「サラダ街道」と名づけているのだが、サラダを売る店が軒を連ねているわけではない。それでも地元素材を使ったカレーやパスタを食べさせる店をみつけた。店は「準備中」ながら、デッキに地元農家が持ち寄ったブドウや野菜を並べる直売所があり、人が集まっていた。

安い。巨峰が詰まった二キロの箱が千四百円。生産者の名前も書いてある。巨峰の横にはナイヤガラもあり、これが一房五十円。二房で百円なのである。私は適当に詰めてもらって東京の自宅に送った。

歩いているとブドウ畑に混じってリンゴ畑も目に付いた。松本では果物の香りを感じることはなかったが、特急で十分走っただけで風景がまったく違う。「信州の田園」というイメージそのままなのである。

明日は「ソースカツ丼の駒ヶ根」に寄って飯田に向かうことになっている。だが予定を変更して寄り道先を伊那市にする。

というのも今朝、長野のホテルで読んだ地元紙に「伊那ソースかつ丼会は十月十日をソースかつ丼の日と決め、十日は加盟二十店で百円引きのキャンペーンをやる」という記事が出ていた。ソースかつ丼会なら駒ヶ根だろうと思っていたら、伊那にもそんな会があったんだ。

しかもどうして十月十日がソースかつ丼の日かというと、カツをあげるときに「ジュージュー」と音がするからだという。なるほどね。

大糸線の南小谷から始まったソースカツ丼は大町に源を発するらしいことがわかった。松本でも人によってはソウルフードである。長野に行っても劣勢ながら根強く生きており、ここ塩尻でも当たり前に食べられている。

その勢力は伊那から駒ヶ根と続き、飯田線が尽きる豊橋に至るどこかで味噌カツの壁にぶつかって消滅するのであろう。その境界を知りたいが、今回の旅の目的とは違う。

それにしても長野県がこれほどソースカツ丼まみれであるとは想像の外であった。福井、会津あたりのそれに比べるとはるかに密度、範囲とも目を見張るものがある。

長野は日本一のソースカツ丼県なのか。

十日目　塩尻―伊那―飯田　ローメンとソースカツ丼を同時に食す　鯉の切り身を売っているぞ

ホテルで朝食を済ませると、すぐに塩尻から岡谷に出て、飯田線の各駅停車で伊那市に向かった。三連休の初日とあって三両編成の電車はそこそこの込み具合。鉄ちゃんらしいグループや独り旅の姿もちらほら見える。

伊那市駅まで両脇に山が迫る車窓の風景をぼんやり眺めていた。止まる駅のほとんどが無人駅らしく、停車と同時に車掌がホームを駆けていき、降りる客から乗車券を回収する。

伊那市の駅前商店街はシャッターこそ目立つものの、まだ壊滅的というほどではなく、車も人も行きかっている。情報収集を兼ねて、改札口の前の喫茶店に入った。伊那市で生まれ育ったという元山男のマスターは、まるで観光案内所の人みたいにいろいろなことを教えてくれる。なぜかパンフレットも次々に登場する。

マスターの話から、本日は商工会館で商工祭が開かれ、ローメンとソースカツ丼の店が出ることがわかった。しかも歩いて行ける距離という。そこなら目的通り二つのものを同時に食べることができそうである。

青い幟《のぼり》が何本もはためく商工祭の会場は賑わっていた。なるほどローメンとソースカツ丼のワゴン車やテントが並んでいる。

狭い会場ながら中学生のロボコン競技会、環境展、エコカーの展示、プロレスの興行まである。屋内会場では地元産品の特売。蜂の子もイナゴも格安で売られていた。無料のコーヒーを飲んで、ローメンを買いに行った。中華麺を蒸しておき調理するときにゆで、特製の甘めのソースで焼く。具はキャベツとマトンである。鉄板で調理しているのを見ると焼きそばと区別がつかないが、食べれば歴然と味が違う。ソースといいながら醬油の趣があるし、マトンの特徴的な味が立っている。

ソースカツ丼は想像通りのものであった。思ったように肉が厚い。ソースは甘め。それがカツの下のキャベツとご飯に染み込んでいる。

そこからA－COOPが近かったので店内を巡回する。テナントの鮮魚店にあったのが「活鯉切り身」。これまでさんざん「鯉のうま煮」は見てきたが、生は初めて。自宅で煮るらしい。鯉こくにもするのであろう。鯉は養殖である。

駅前に戻って精肉店の看板に思わずカメラを向けた。縦型の看板は上から「馬 牛 豚 鶏」の順番になっている。「この辺りでは馬こそ肉」と言っているように見える。

飯田行き電車の時間が迫ってきたので駅の改札に行った。売店でザザムシ、イナゴ、蜂の子の三点セットを売っている。写真を撮っていたら売店の女性が話しかけてきた。

「この間、田んぼにイナゴを捕りに行っただにー。ペットボトルいっぱい捕っただにー」。

「ザザムシも捕るんですか？」

「あれは寒いときのものだから、私らは捕れません」。

ザザムシは天竜川で捕れる。容器にそう書いてある。

伊那のローメン発祥の店には飯田からの帰りに寄ることになる。

伊那市から飯田市までは各駅停車で一時間半の旅。私たちは長野県南部を愛知県に向かってひた走る。飯田が近づくとリンゴや柿を植えた果樹園が目立ってくる。土曜の午後の伊那谷は秋晴れの下で稲穂を黄金に輝かせ、車窓の左右にそびえる山々が緑の光を車内に送り込む。鉄ちゃんらしい二人の男性が運転席の後ろにへばり付いて、前方の景色に見入っている。気持ちはわかる。

飯田はリンゴの町だった。駅舎の屋根はリンゴの赤。リンゴを描いたステンドグラスに彩られている。駅から少し歩くとリンゴ並木の遊歩道が整備されている。道端に真っ赤な実をつけたリンゴの木が立ち並んで、それは美しい。

市役所の一部が入ったビルが「りんご庁舎」。一階がスーパーになっている。そこで「おたぐり」を発見した。馬の腸を味噌煮にしたもので、アルゼンチン産の表示がある。

ホテルに行く途中、駅前に食堂があった。「ソースかつ丼」二種がメニューにある。「うま煮かつ」というのはカツ丼の肉を馬肉に替えて卵でとじたものであろうか。

そのメニューの写真を撮ってさらに進むとスーパーのユニーがあった。「ロースカツ弁当（特製ソース）」はカツを切ってソースをまぶしてある。ソースカツ丼弁当と言っていい。「ソーストンカツ」は揚げたカツに最初から粘り気のあるソースを絡《から》めたもの。

その隣に「味噌串カツ」もあって中京が近いことをうかがわせる。ユニーのそばに中日新聞飯田支局。

鯉うま煮にジンギスカン。それに塩の道の名残「塩丸イカ」もまだある。

ホテルのそばの「お食事処」の看板に「ソースかつ丼・ローメン」の文字が見える。ソースカツ丼の駒ヶ根から三十五キロ。だいぶ希薄になってきたとはいえ、まだまだソースカツ丼地帯が続く。この先には行けないが、長野県内はぎりぎりまでソースカツ丼が生息しているような気がする。

夕方、飯田市役所の竹前雅夫さんと秦野高彦さんがホテルに見えた。東京を発つ前に、飯田のことを教えてくださるようお願いしていたのである。

「では飯田の食文化を体験していただきます」。

そう言って案内されたのは、食堂という名の居酒屋兼郷土料理の店であった。料理が出るまで話をうかがう。

「飯田線が全通したのは昭和十二年ですが、それまでお伊勢さんにお参りするときは峠を越えて南木曾《なぎそ》まで行き、そこから中央本線に乗って名古屋経由で向かったそうです。ここは天竜川の中流域ですが、かつては帆掛け舟が行きかっていました。しかし佐久間《さくま》ダムなどができてなくなりました。農家には防火用水をかねた池が必ずあって、鯉を飼っていました。お祝い事があると鯉を一日水にさらしてにおいを抜き、さばいたものです」。

「蚕のサナギをヒビと言います。子どものころは「ヒビ一個で卵三個分の栄養がある」と親は話していました。たくさん食べると「鼻血が出るぞ」としかられたものです。京都の学生時代、実家から蜂の子を送ってもらい、炊き込みご飯にして友人に食べさせたら「虫が入っている」と大騒ぎになりました」。

笑っていると最初の一品が登場した。ザザムシであった。トビケラなど水生昆虫の幼虫で、川の石の裏に巣を作る。澄んだ水にしかいないので水質調査の指標にもなっているという。私も子どものころ、これを餌にして魚を釣った記憶がある。いま魚ではなく人間が食べようとしている。

エイヤーという無言の気合とともに一匹を箸に取り、口に放り込む。むしゃむしゃ。ほほー、こういう味なのか。少し歯ごたえがあって、わずかな苦味がする。あとは醤油と甘み、山椒の香りである。世間には申し訳ないが、美味《うま》い。

続いて蜂の子。見た目は蛆虫《うじむし》なので心理的な抵抗があるが「ハエじゃないんだ蜂なんだ」と呪文を唱えて食べてみる。プチプチ感があるものの、それ自体の味がどんなものかよくわからない。食べようと思えば誰でも食べられるのではないか。

「おたぐり」が出てきた。馬の腸の味噌煮。野菜やコンニャクなどは入っていない。本体のみ。薬味は刻みネギである。

一番小さいのをつまむ。おーし、食べられるぞ。いわゆるもつ煮込みと思えばそれだけのこと。黙って出されても、モツ煮込みを食べる人なら平気であろう。

私が馬の腸の味噌煮を食べるのは二度目である。最初は北海道の歌志内《うたしない》においてであった。あちらはかつて炭鉱で働く人々の栄養源、酒の席に欠かせないものだった。「なんこ」と呼び、コンニャクが加わる。

「市役所では年の暮れに専門店から大量のおたぐりを買ってきて、仕事納めをするんです」と竹前さんは言う。「農耕は牛でした。それに街道の物流が現役であったころは馬で荷を運んでいましたから、馬肉やもつの供給源になっていたのではないでしょうか」。

ここで出しのことを尋ねてみた。飯田は海から遠い。かつお節や昆布は高価なものであったろう。では何で出しを取っていたのか。

「煮干しです」という返事だった。太平洋側から天竜川の水運や街道を通じて運ばれてきたらしい。

そこにおでんが登場した。

「そうそう、こちらのおでんはネギだれで食べるんですよ」。

醬油系のたれに刻んだ白ネギがたっぷり入っている。瓶詰めの商品も売っている。

明日は山間部を訪ねる予定を組んである。虫さんの大歓迎を受けないか心配。

十一日目　飯田の山間部に行く「ぶたじん」て知ってる?

午前八時半、飯田市役所の竹前さん、秦野さんの案内で最初に向かったのは飯田城址にある飯田市美術博物館。学芸係長の櫻井弘人さんと会った。飯田および南信濃の食文化について教えていただく。

「まずヒビ（蚕のサナギ）についてです。当地の養蚕は江戸後期から明治、大正、昭和と続いて今日に至ります。現在も数十軒の養蚕農家があります。もともとイナゴや蜂の子を食べる習慣があったわけですから、ヒビにも抵抗がなかったと思われます。大正期に全国の昆虫食について調べた記録が残っていまして、それによると昆虫を食べていたのは長野県だけではありませんでした。ただ長野県が最も種類が多かったそうです。ため池を干すとメダカ、モロコ、ドジョウ、タニシ、ゲンゴロウなどが取れますが、喬木《たかぎ》村ではゲンゴロウも食べていました」。

「ヒビは春が美味《うま》いと言われていました。蚕が柔らかい桑の新芽を食べるからだそうです。もっと美味しいとされていたのが成虫のガ。蚕の種（卵）を取る農家でないと成虫まで育てないので、誰でも食べられたわけではありません。家畜以外の蛋白源が少なかったんでしょうね」。

それから最近飯田に進出したという名古屋のコメダ珈琲店で、公民館長にして郷土料理の本をまとめた平田睦美さんに会った。

「夫が同級生と「赤蜂会」というのを作っていて、毎年秋になると武装して捕りに行きます。捕れたら蜂の子ご飯を炊きますよ」。

昔から味噌汁の出しは煮干しだった。捨てずに全部食べ、イナゴや蜂の子は佃煮にして保存し、野菜中心のおかず。海のものは塩丸イカに塩サンマ。大豆やササゲといった豆類を食べ、三食とも味噌汁がついた。そして様々な漬物が食卓に上った。

麺類はどうか。竹前さんも秦野さんも「飯田はうどん」と言う。「そばは木曾。伊那も高遠そばが有名ですが、うちらは昔からうどんです」。ということは伊那から飯田に至るどこかに、そばとうどんの境界線があることになる。駒ヶ根辺りであろうか。

車で細い道をくねくねと上がって遠山郷の下栗《しもぐり》地区に着いた。「日本のチロル」と呼ばれ、標高はほぼ千メートル。山の急斜面に張り付いた集落で、車がなければ完全に孤立するであろう。道から見下ろすと隣家の屋根が真下に見え、見上げれば別の隣家が落ちてきそうな位置で建っている。民宿「みやした」を経営する野牧権さん夫妻から囲炉裏端で話を聞いた。

「この辺はかつて焼畑で、そば、粟、きびなどを作っていました。麦、大豆、小豆もありましたね。ご飯は麦が主で米が少し入る程度。漬物と芋、ニンジンなんかの煮物がおかずです。魚は商人が町から馬にのせて運んでくる塩サンマくらいです。それも正月にしか口に入りません。塩サンマでも時間がたつと古くなりますから、そばで包んで囲炉裏の灰に埋めて焼いたのが「そば団子」です」。

言いながら野牧さんは火箸で灰を探る。ジャガイモのように見えるのが、灰をかぶったそば団子だった。手で割ってみると中からサンマが出てきた。本日は塩サンマではなく生のサンマである。灰を払わずに食べてみる。熱で少し固まったそばがきと蒸し焼きにしたサンマの味が一緒に広がる。

ここでは塩サンマが年取り魚であった。わずかな塩サンマを最後まで大事に大事に食べたであろう情景が、いやでも浮かんでくる。

「町に出るときは馬の背に小豆、こんにゃく、(和紙の原料の)こうぞ、繭《まゆ》を積んで、午前中いっぱいかけて峠まで行きました。昼ごはんを食べて峠を下り、夕方着きます。日用品や米、砂糖、お菓子などと交換して帰ります。戦後しばらくまで物々交換の時代が続きました」。

「鶏、羊、ウサギ、ヤギを飼っていて、卵や乳が手に入りました。みんな食用です。山の中なのでシカ、クマ、イノシシも食べました。雑煮やうどんの出しはアユ、カジカといった川魚を干したものです」。

「富山の薬売り（家庭配置薬業者）は歩いて来ました。体の丈夫な男が先に荷物を運んできますから、薬売りは手ぶらです。盆暮れに洋品屋が馬で来ました。その人たちがうちに泊まっていったので、三十年ほど前に民宿の看板をあげました」。

「馬を食べるなんてとんでもありません。死ぬとお墓に埋めましたよ。ヒビ、イナゴ、ザザムシなんか食べられません」。

信州南部の山間部では平地の馬肉食は存在せず、入手困難な昆虫も食べる習慣がなかった。

話を聞いていて、どれほど不便な生活だったろうと思った。しかし夫妻は「あのころ食べたあれは本当に美味しかった」「いやあれも美味《うま》かった。また食べてみたい」と口々に言う。生活条件が違う者が、自分の環境から他人の生活をあれこれ言うことはできないし、与えられた環境での美味、幸せもまたある。教わることの多い時間であった。

東京に戻って『聞き書 長野の食事』（農文協）をひもとくと木曾の年取り魚について、「さんまを食べる家が多い。旦那衆ではぶりを、また、さんまと鮭を使う家もある」と書いている。木曾でもやはり太平洋側から運ばれた塩サンマが大晦日から元旦の祝い膳を飾ったことがうかがわれる。

下栗を出て飯田に帰る途中、遠山谷に広がる旧南信濃村を通った。太平洋側の塩「南塩」を運んだ秋葉街道和田宿が商店街となって残っている。ここは「ジンギス」の町である。元々、クマやシカといった「山肉」を扱っていた店が売り出したジンギスカンがはじまり。羊肉を特製のたれに漬け込んだもので、単に「ジンギス」と称した。長野でジンギスカンといえば信州新町の羊肉のそれが知られている。対して遠山のジンギスは羊だけではなくあらゆる肉を使う。豚肉だと「ぶたじん（豚ジン）」、鶏肉なら「とりじん（鶏ジン）」である。

発祥の店「スズキヤ」は商店街の中にある。そこに行こうとしたら道端の空き地で盛大にジンギスを焼いている一団に出くわした。地域の運動会の打ち上げであるらしい。公民館長を筆頭に男ばかりが鉄板に各種ジンギスや野菜を広げて、ビールや缶チューハイの乱れ飲み。もうもうと煙が上がる。

竹前さん、秦野さんの知り合いの顔があったので、車を止めて挨拶に行くと「さあ飲め、さあ食え」。空けてもらった席に座って仲間に加わる。ちょうどぶたじんととんちゃん（豚のモツ）が焼けていた。十和田のバラ焼きの向こうを張れそうな豪快かつ野趣あふれる食べ物である。ビールが進むわ。

隣に座っていた若者が「うちらは一週間に一回は家で焼肉です。ジンギスです」と大きな声で言う。竹前さんが「飯田でジンギスというと、この遠山のジンギスを指します」と補足する。そうか、そんなに肉を食べるのか。

スズキヤは運動会のため臨時休業中。店先に「南信州焼肉新聞」というのがあったので、もらって車の中で読む。

「人口一万人当たりの焼肉店の数は長野県が全国平均の一・七軒。ところが飯田市は全国平均の二・七倍に当たる四・六軒を数え、大阪市の三・六軒を上回る」と書いてある。街中を歩いていて焼肉の看板が多いとは思っていたが、それほどだったとは。

飯田で最も古い店は昭和二十八年か二十九年の開店で、周辺で綿羊が飼われていたため、マトンと豚のモツが売り物であったという。近くの伊那のローメンがマトンを使う。通底するものを感じる。しかもこの辺りは信州最大の畜産地帯でもある。すなわち豚。となれば駒ヶ根のソースカツ丼とも無縁ではあるまい。

ここで旅の途中の私に、こんなメールが読者から届いた。

「小生が松本に赴任して最初に驚いたのが、川原でのバーベキュー大会で、羊の肉が大量に出されたことです。肉の割合としては羊四〇％、牛四〇％、鶏二〇％という感じだったでしょうか。信州は有数のジンギス地帯ですが、バーベキューにも羊がメインで使用されます」(かわらやとたんさん)。

信州人の肉好きがしのばれる。そしてジンギスカン王国である。

一日であまりに多くのことを学んだので、覚えきれない。後でゆっくり整理しようということにして、夜はみんなでうなぎの店に繰り出した。

そこで主人に尋ねると「背開きで蒸しません」と言う。背開きが東日本型で、蒸さないところは西日本型である。ああ、東西文化が入り乱れている。

十二日目　飯田—駒ヶ根—伊那—岡谷《おかや》　机君《デスク》、命懸けで馬食に走る　昼食にカツ丼とローメン2杯！

朝食を済ませると、前夜合流したデスクの車で飯田を発った。駒ヶ根は車だとあっという間に着く。駅の駐車場に車を置いて歩いてみた。駅前、路地裏に「ソースかつ丼」の幟がはためいている。

駅の周辺はさびしかったが車を飛ばして駒ヶ根高原から駒ヶ岳のロープウエイ乗り場に来ると様相が一変した。三連休の最終日ということもあろうが、駐車場は満杯。次々にやってくる観光バスから大勢の観光客が降りてくる。山上の千畳敷カール辺りを見に来たのであろうか。

私とデスクの関心は別のところにある。店の看板に「ここまで来たらソースかつ丼で～す」とあるように、ソースカツ丼に心を奪われている。駒ヶ根ソースかつ丼会が「かつ丼」と表記しているのでここではそれに従うが、一般名詞としては「カツ丼」を使用する。

それにしてもまあ、「ソースかつ丼」の幟の林立していることよ。しすぎるくらい林立している。これでは誰でもソースカツ丼を食べないと安心して帰れないくらいの気分になる。

行列している店がある。飯田で聞いていた「ガロ」である。まだ開店まで三十分余。しかし二十人以上が店の開くのをじっと待っているのである。

私たちはその向かいにある老舗《しにせ》「明治亭」の支店に入った。私はホテルで朝食をたっぷりとっていたのでお腹は空いていない。デスクは「パンを食べただけ」ということで、鯨飲馬食の馬食の方はスタンバイしているという。

注文を取りに来た若い女性に「かつ丼　ご飯少な目」を頼む。デスクはこれから伊那に寄ってローメンを食らう意欲満々であったので、セーブした方がよいと考えたからだった。

テラス席の下を流れるせせらぎの音を聴きながら待つほどもなく物件が登場した。その姿を目にした瞬間、手がカメラに伸びる。なんだ、このカツのでかさは。ご飯を覆い尽くす二段重ねのカツ。東京のカツの二枚分。「食えるものなら食ってみろ」的な面構《つらがま》えである。しかしデスクは分厚いカツにかぶりつきかぶりつき、あっという間に平らげてしまった。

「ご飯少なめにしておいてよかったです。普通サイズだったら、ローメンの入る余地が残らなかったかもしれません」。そりゃそうだろう。

ソースカツ丼を一応押さえたので、車を走らせ伊那北駅に向かう。駅前に「来々軒」があるはずである。

あった。店は普通の中華料理店の趣き。というか昔懐かしいタイプの駅前中華の店であった。しかし中に入ると伊那のローメンの代表店の一つらしく、壁に張り紙がある。

「ローメンの味付　ソース3〜4周　ごま油3〜4周　お好みで七味・酢を掛け召上がってください」。

ローメンにはスープが入ったつゆそばタイプと、入らない焼きそばタイプがある。この店のものは後者であった。

やがてデスクの前にローメン登場。デスクはおもむろにソースをかけ回し始める。ぐるぐるぐるの三周半。続いてごま油をぐるぐるぐるの三周半。食べながら実況する。

「はい、ごま油の味が立っています」。そうだと思う。

次に七味を山ほど、酢を山ほどかける。

「味が引き立ちました」。

私は上目遣いに聞いた。

「ひょっとして酢が好き？」

「大好きです」。

私は昭和の味がするカレーライスを食べ終えて、何か言いたげなデスクに確かめた。

「ひょっとしてスープタイプのローメンも食べたいとか思ってる？」

「食べたいです。いますぐなら食べられます」。

ソースカツ丼を平らげ、ローメンを食らい、まだ食べるというのか。うちの子でなくてよかった。

そこで向かったのが、近くにあるローメン発祥の店「萬里《ばんり》」である。線路際の店の角に「ローメン誕生の地」記念碑が建っている。デスクだけが店内に入り、私は近所をぶらぶらすることにした。

伊那はローメンとソースカツ丼に覆い尽くされていた。飲食店のほとんどがどちらか一方か両方を置いている。恐るべき密度である。やがてデスクが刀折れ矢尽きた姿で店から出てきた。額に脂汗が光る。

「来々軒とは全く別の食べ物でした。ウスターソースと酢をかけることを前提とした味で、僕はそれにごま油、大量のおろしニンニクを入れました」。

「で美味しかった?」

「マトンがですね……マトンが。マトンが好きでない人は辛いかも」。

運転席に戻ったデスクが激しくため息をつく。

「気持ち悪いです」。

そこからさらに北上して岡谷へ。ホテルの前で東京に戻るデスクと別れ、私は単独行動に移った。駅前のビルに入居している飲食店でソースカツ丼メニュー三点を確認した。ローソンの弁当にソースカツ丼。スーパーの「さえき食品館」の弁当コーナーでも確認する。ここもソースカツ丼ががんばっている。

さえき食品館にも塩丸イカ、信州新町系のジンギスカン、おたぐり用らしいボイルしただけの「馬もつ」、馬刺し、イナゴがいた。

駅裏の西友で塩丸イカ、ジンギスカンを見たが、ここには虫さんとお馬さんはいなかった。

ともかく延々とソースカツ丼、ジンギスカン、塩丸イカが続く。それと「ビタミンちくわ」というものが長野県内を席巻《せっけん》していることを知る。いつのころからかスーパーで見かけながら、それほど気にしていなかったのだが、どこに行ってもある。これは特殊長野的物件なのだろうか。違うな。メーカーが石川県のスギヨだもん。

岡谷は「うなぎの町」のはずだが、夜の街は暗く専門店が見つからない。郊外に分散しているのだろうか。

十三日目　岡谷―下・上諏訪―茅野《ちの》　ビタミンちくわ健在　上諏訪でソースカツ丼消える

『聞き書　長野の食事』をめくっていたら付録の「月報」が挟まっていた。この本の初版が出版された昭和六十一年十二月のものであろうが、その中に三橋淳氏（農林水産省林業試験場＝当時）が「世界に冠たる長野の昆虫食」という一文を寄せている。

「昆虫が食べられているのは日本だけかというと、どうしてどうして、世界各地に食虫習俗があり、どの国、どの民族も、多かれ少なかれ昆虫を食べていた、あるいは食べている、といえるのである。その中でも日本は種類の豊富さについては群を抜いている」。

「日本は種類の豊富さについては群を抜いている」というところに驚いたが、信州の虫さん好きは人類に普遍的なことであって、特殊なことではない事実を確認したい。

本日は岡谷から電車で一駅の下諏訪に移動した。諏訪大社下社秋宮を参拝して周辺を歩く。川魚専門店でうなぎを売っている。飯田の専門店で「背開きで蒸さない」と言っていたので、ここもそうかと思って尋ねてみた。

「背開きですか？」

「いえ、うちは腹開きですけど」。

「じゃあ、蒸さない？」

「蒸しません。関西と同じです」。

また難しいことになってきた。混在がはなはだしい。

それはともかく川魚の店はお土産屋も兼ねているらしく、鯉のうま煮、塩丸イカ、サナギ、蜂の子も売っている。

近くの食堂の「ポークかつ丼」というのが、サンプルで見る限り、どう考えてもソースカツ丼である。

御田町《みた》の商店街にある食料品店にもイナゴ、ビタミンちくわがある。お土産ではなく、日常の食べ物を置く地元の店にイナゴがあるということは、やはり常食しているのであろう。

西友にもビタミンちくわ二種、塩丸イカ三種、信州新町系のジンギスカンもあるが、虫さんはいない。弁当売り場に「ソースカツ重」。

駅前の惣菜専門店にイナゴ。隣の食料品店にもイナゴ。

下諏訪でも漬物材料は極めて豊富である。東京では決して見かけないサイズの油揚げも健在で豆腐も大きい。

ここから上諏訪まで諏訪湖の景色を楽しみながら歩くことにする。時は秋。天気は快晴。無風。暑くも寒くもない。

三連休直後の観光地は静寂に包まれている。それはいいのだが、飲食店が何軒も「臨時休業」の紙を張っており、取材ができないのがきつい。仕方がないのでただ歩く。距離にして四～五キロだろうか。上諏訪の繁華街に着いた。取り敢《あ》えず上諏訪駅に行って地元の「まるみつ百貨店」（当時）に入る。地下一階の食品売り場のテナントらしい精肉店に馬刺しがあり、さくら鍋用のスライス肉を売っている。精肉売り場にも馬の燻製が鎮座し、馬肉食文化は果てることがない。イナゴもまだある。

個人経営と思われる食品スーパーはビタミンちくわと塩丸イカを扱っており、こちらもまだ健在である。

ところがである。重大な変化が予告もなく出現した。ソースカツ丼をほとんど見ないのである。百貨店の弁当売り場は「煮カツ丼」のみだし、いくつかの食堂を調べたがサンプルにもメニューにもない。

そこで駅の観光案内所の女性に聞いた。答えて言う。

「ソースカツ丼はここの名産ではありません。ないですね」。

ない？　下諏訪にあって上諏訪にない？

狐につままれたような気分になってホテルへとタクシーを走らせた。運転手さんに質問する。

「上諏訪ではソースカツ丼は食べないのでしょうか？」

「ソースカツ丼は駒ヶ根辺りじゃよく食べるよ。上諏訪ではねえ、食べないです」。

ホテルは茅野《ちの》にある。フロントで中年の女性が仕事をしている。レストランのメニュー写真に載っているカツ丼は、やはり卵とじ型。

「茅野のカツ丼はソースカツ丼ですか？」

「ソースカツ丼ていうのは……いや、こちらのカツ丼はうちのレストランにあるようなものですよ。そりゃ家ではソース味のも作りますが、店で食べるとなるとソースはないかな」。

下諏訪と上諏訪の間に険しい山も深い谷もなかった、ただ平坦《へいたん》な道が湖岸にそって続いていた。それなのにソースカツ丼が消えてしまった。

十四日目　茅野―小淵沢《こぶちざわ》　うなぎの中間地帯を考える　県境を越えたらいろんなものが消滅した

果たしてソースカツ丼は上諏訪の地でついに消えたのであろうか。目下の最大の問題はそれである。「だから何なんだ」と言われようと、解明しなければ気がすまない。

日付が変わったら、茅野のホテルのフロントには昨日とは別の女性がいた。マスクをしているが私の勘では、私と同世代である。

「茅野ではソースカツ丼を食べますか？」

「伊那の方のソースカツ丼が有名になったから、売れるだろうと思って出す店が増えているのかもしれません。でも私が上諏訪の高校に通っていた当時、ソースカツ丼なんかなかったですよ。いまもこの辺りにはないと思います」。

この意見は傾聴に値する。いわばブームにのって提供店が周辺にどんどん増殖していく。観光客が来るようなところで「名物」として出し始める。そして気が付けばソースカツ丼地帯の様相を呈する。

では本来のソースカツ丼地帯と新規のそれとをどう見極めるのか。少なくとも十年以上前から出す店があったことを基準に考えたらどうであろうか。

大町一帯は合格である。駒ヶ根・伊那を擁する地域は本場。松本もいけるだろう。長野市にも善光寺参道に有資格と思われる店があった。岡谷も集積度において無視できないものがある。下諏訪駅前にも一軒、該当しそうな店が存在する。

しかし上諏訪から茅野に至る一帯ではソースカツ丼を見かけても駅のカフェで「新登場！」であり、コンビニに日替わりで並ぶ程度である。年季を感じさせる食堂のメニューには入っていない。しかも古い住人は口を揃えて「ない」とか「なかった」と話している。

こうした事情を勘案すると長野のソースカツ丼は諏訪地方の東半分で欠落していると言えよう。私がたどった行程にあっては「上諏訪で消えた」のである。

もうひとつが「うなぎ」問題。飯田の専門店で「背開きで蒸さない」という話を聞いた。

今朝、私とデスクは茅野駅前を歩いていて川魚専門店に出くわした。運悪く「本日休業」であったが、ちょうど店の主人が出てきたのでつかまえた。

「うなぎの調理法は？」

「うちは腹開きで蒸さないんです。名古屋と一緒。うなぎも（愛知県の）一色《いっしき》から仕入れているしね」。

東京から転送されてきた「ご隠居プーさん」からのメールには「拙者の近所、諏訪を通るのは何時？　背開きで蒸さない鰻を食してくださいね。諏訪湖の美味。出来ればソースカツ丼やぶっこみ、お切り込みも。まーそんなに無理か？　キスでも召し上がれ」とあった。

ということは諏訪では「背開きで蒸さない」うなぎがスタンダードなのであろうか。ところが下諏訪の川魚専門店では「腹開きで蒸さない」のである。いずれにしても東西の混交である。または重複である。

旧東海道を歩いたとき「背開きで蒸さない」という話を聞いたのは四日市であった。津では関東風と関西風が混在していた。あのとき私は旧東海道沿いにおける境界線は浜松・浜名湖辺りではないかと書いた。日本地図に諏訪から飯田を抜けて四日市、津へと線を引き、線の幅を浜名湖まで広げると、中間地帯が描けないだろうか。

断定するには材料が不足しているけれど、そこに東西うなぎ文化を隔てる南北のベルト地帯があるような気がしてならないのである。

ただ、名古屋は基本的に関西と同じく腹開きで蒸さない。関西と違うのは焼くとき頭とひれを取ること。焼くとき、みりんを使うこと。

であるから中間地帯を描いたとしても名古屋だけが独立した島のように浮き上がっていることになる。難しいのである。

長野県を離れるにあたって、それ以外の項目について少しまとめたい。

▽塩丸イカは松本を中心にほぼ全県に存在し、これが糸魚川からの塩の道によって運ばれていた時代の記憶を濃厚に残している。県内外のメーカーが作っているが、概して生イカより高いのに売れている。

▽ビタミンちくわは石川県のスギヨの商品に書かれた説明によると同社が嚆矢《こうし》であり、

発売は昭和二十年代。能登半島で獲れる油鮫の肉を使ったためにビタミンAに富むことから、この名になった。

しかし実際には愛知県のメーカー製や紀文のものもあって、山間部も含めて普及している。海の魚介類とほぼ無縁に生活してきた静岡県との県境に近い山奥でも、昔からこのビタミンちくわはご馳走であったという。

▽ジンギスカンは全県で食べられている。地域的には信州新町系の羊肉ジンギスカンが多数派だが、飯田・下伊那では遠山のジンギスが圧倒的に強い。

▽年取り魚は「ブリ街道」の残像が松本以南に刻まれている。しかし茅野では興味深いことがあった。茅野駅の観光案内所にいた六人に聞いてみたところ、鮭派とブリ派に分かれた。ブリ派は岡谷や諏訪在住者、鮭派は茅野の「山裏」と呼ばれる山間部に近いところの出身者であった。つまりブリは長野県が山梨県の北端にぶつかろうとする茅野辺りで途切れているようなのである。

下諏訪で諏訪大社下社秋宮に参詣した。諏訪大社といえば「鹿食免《かじきめん》」のことを思う。諏訪市博物館のHPの中にある「なんでも諏訪百科」は「獣の肉を食べても、けがれもさわりもないという免罪符のような効果があるとされた御符です。諏訪神社上社の神事では鹿の肉を食べたので、参拝者はこれを土産としました」と簡潔に記す。

食肉禁忌の時代が長く続いた中で、なぜ敢えて獣肉を神事に用い、それを食べることを許したのか。天武天皇の殺生禁断令で食べることが禁じられたのは牛、馬、犬、猿、鶏であって、鹿は含まれていない。しかし日本人は肉食一般を忌避するようになった。そのことを踏まえて常識的に考えれば、神社が率先して肉食をすることによって人々の罪悪感を払い、宗教的な禁忌より命をつなぐことを優先したのであろう。あるいは肉食を追認する意味があったのかもしれない。

明治以前に肉食を公認していたところは信濃だけではない。彦根藩と米沢藩もそうであり、どちらも「薬食い」であった。秋田の鉱山でも坑内で働く人々が馬肉をコンニャクとともに食べることを「薬」として容認していた。しかし鹿食免はもっと広範に肉食を認めたもののように見える。

海のない土地で人々は何に蛋白源を求めたのか。大豆が採れるところでは、盛岡のように豆腐という形で植物性蛋白質を摂取できたろうが、そんな条件がない山間の地では下伊那がそうであったように「山肉」に頼るしかなかったと思われる。その延長線上に鹿食免がある。

しかし獣肉は猟師でなければ容易に入手できない。であれば日常的には身近な昆虫に蛋白源を求めるのは自然である。感想の域を出ないが、旅先の宿でそんなことを考えた。

茅野での観察を続ける。

スーパー「ビッグ1」茅野横内店。イナゴあり。ビタミンちくわあり。塩丸イカあり。弁当にソースカツ丼。信州新町系ジンギスカンあり。すき焼き用馬ロースあり。馬刺し多数。馬のもつ煮あり。

西友茅野横内店。ビタミンちくわ二種。塩丸イカ三種。信州新町系ジンギスカン三種。馬刺しあり。カツ丼が「ロースカツ丼」のみ。ソースはなし。

茅野駅前の惣菜店。ソースカツ丼なし。

こうして私は次の宿泊地である山梨県の小淵沢へと向かった。三両編成の普通電車は次第に高度を上げながら進む。信濃境駅の手前でトンネルをくぐり、深い谷を渡った。いかにもかつての国境が近い印象である。田園が広がり、民家は少ない。この駅まで長野県。やがて電車は峠を越したかのように下り始め、小淵沢に着いた。

駅の売店で聞く。

「イナゴはありませんか？」

「ありませんよ。山梨県ですから」。

立ち食いそばの店に「肉（さくら肉）うどん・そば」。一人で切り盛りする女性は「馬は食べますよ」と言う。

観光案内所で地図をもらいがてら、てきぱきとした感じの女性に聞いてみる。

「ソースカツ丼はありますか？」

「こちらのカツ丼は、ただのカツ丼と煮カツ丼の二種類があります。カツ丼と言ったらご飯に刻んだキャベツがのってその上にトンカツね。好みでソースとか醤油をかけます。煮カツ丼は卵でとじたもの。でもカツ丼というと煮カツ丼が出ることもあるから店で確かめてください」。

思い出した。山梨に来た観光客が食堂で「カツ丼」を注文すると、ただのトンカツが丼にのって出てくるので、ときどき悶着《もんちゃく》が起きるという話を聞いたことがある。ソースカツ丼があるかどうかという次元ではなく、県境を越えたらカツ丼自体の位相が激変している。駅前のそば屋で「カツ丼はありますか」と尋ねたら「煮カツ丼ならあります」という答えが返ってきた。明日は甲府に行くので山梨の煮カツ丼ではないカツ丼を探して報告しよう。

駅からもホテルからもスーパーは遠かった。しかも一軒しかない。二十分以上歩いてスーパー「やまと」（当時）にたどり着いた。

馬刺しはなかったが「馬もつ」はあった。駅そばの「さくら肉」を勘案すれば、まだ馬肉食地帯が続いていると考えていいだろう。

イナゴの佃煮もあった。しかしこれにだけPOPが付いていて「従業員休憩室に常備おいしいですよ」と書かれていて、目下売り込み中の印象。駅の売店の女性は「食べない」と言っていたし。

漬物材料の豊富さと粉の多様さは長野と変わらない。

しかし山梨に入った途端、店頭から忽然《こつぜん》と消えたものがいくつかある。

塩丸イカ消滅。ジンギスカン消滅。ビタミンちくわ消滅。鯉のうま煮消滅。

十五日目　小淵沢—甲府　甲州風カツ丼を食べる　「鳥もつ煮」も食べる

昨日は小淵沢で年取り魚の取材をする時間がなかった。そこで朝のうちにこれに取り掛かった。

小淵沢駅前の北杜《ほくと》市小淵沢支所の窓口にいた三人に尋ねた。一人は即座に「ブリです」と言ったものの、一人は首をかしげ、もう一人は黙っている。面倒なことを聞いたのがいけなかったのだろうか。

近くの銀行支店から出てきた若い行員に尋ねた。

「どうなんでしょうね。山梨県民は魚に弱いですから」。

スポーツ用品店の六十代と思われる女性。

「ブリとか鮭とかいろいろあると思うけど、うちは大型の目刺しです。尾頭付きね。隣の魚屋に年末になると箱入りで並びます」。

その鮮魚店は休みか開店前で取材できず。

観光案内所には前日と違って六十代らしい男性がいた。

「この辺は決まっていないです。お田植えのときに身欠きニシンを食べたりはしますけど」。

ついでにいくつかのことについて尋ねた。

「イナゴ、蜂の子は昔、捕りに行ったことがあります。いまでも蜂の子を捕りに行っている人はいますね。馬？　そこの肉屋に売っています。鯉のうま煮は佐久とか信州のもので、こちらにはありません」。

ブリは山梨県との県境に近い長野県茅野市において鮭にぶつかる形で消滅した。それが高原を越えて山梨県に入った途端、「決まった年取り魚はない」地帯になった。やはりブリはついに県境をまたぐことができなかったのである。

小淵沢を後にして甲府に入った。コーヒー専門店で休みながら私と同年代らしいマスターと話す。常連客の女性も加わった。

「年取り魚ですか。決まりはないですね。甲府は魚に弱いですから」。小淵沢の銀行員と全く同じ言葉だった。

「蜂を捕りに行く人はいますが、家庭の食卓に上ることはありません。鯉も食べませんねえ。えっ？　ビタミンなんですって？　ビタミンちくわ？　知らないなあ。シオマル？　シオイカ？　塩丸イカですか。初めて聞きます」。

地元百貨店の岡島に行く。地下一階の食品売り場には煮貝が並ぶ。往時、静岡県と結ぶ往還を通じて運ばれてきた鮑《あわび》の醤油煮が甲府の名物になっていまに残る。鮑はチリ産が中心だが、それでも一個数千円の高級品。主として贈答に用いられている。干した「うば貝（ホッキ貝）」もある。昔は酒の肴やおやつ代わりにしゃぶったものというが、いまは出しを取る高級な食材の位置。

歩いてスーパーの「イッツモア」にたどり着く。惣菜売り場にトンカツがある。最初からソースをまだらにかけて白ゴマを散らしたもの、ソースだけのもの、なにもかけないものの三種類が並んでいる。長野県でソースにくぐらせたソースカツ丼を見続けた目からすると、ソース味にしたいのかしたくないのかと聞いてみたい気持ちになる。

ここにも鮑の煮貝があった。チリ産で二個五千円、三個七千円。

よく見るとそばには貝類がどっさり置いてある。「やわらか煮貝」は鮑ではなくケツブ貝を醤油煮したもの。ツブ貝、ハマグリ、シジミ、アサリと種類は極めて豊富である。いずれも醤油煮であることを考えれば、鮑の煮貝を本家としながら、値段が手ごろな貝類を手当たり次第に醤油煮にした印象である。いずれも三百グラム七百九十八円であった。

馬刺しは健在。そして漬物材料も粉類も長野同様豊富な品揃え。

昼ごはんは駅前のトンカツ専門店「力《りき》」でとる。私は「(甲州風) かつライス丼」(八百円) を注文した。この「かつライス丼」こそ、小淵沢の観光案内所で聞いていた山梨のカツ丼の一形態である。

もっとも簡便なものはご飯の上に刻みキャベツを置いてカツをのせただけのもの。カツに味はついていない。ソースまたは醬油を好みでかけて食べる。いま私の目の前にあるのは少しばかり豪華なもので、ポテトサラダも加わっている。カツは揚げたままでなにもしていない。つまりカツライスの皿の中身を、ご飯の上に移動させたのである。

隣の客が食べている「鳥もつ丼」は昭和二十五年ごろに市内のそば屋で考案された酒の肴「鳥もつ煮」を丼の具にしたものである。鶏レバー、砂ずり、きんかん (内卵) を同量の砂糖と醬油で甘辛く照り煮したもの。ただの煮物ではない主張のある食べ物になっている。

その夜、「甲府とりもつ煮でみなさまの縁をとりもつ隊」の主要メンバー三人と居酒屋に行った。鳥もつ煮を使って甲府でまちおこしをしているグループである。隊員全員が若手市役所職員のボランティアというのが特徴で、昼間は公務員、夕方以降の隊員の仕事は市民としてこなしている。

とりもつ隊は二〇一〇年に厚木で開かれたB－1グランプリでゴールド・グランプリを獲得することになるが、この時点ではまだ知名度は低かった。

三人から興味深いことを教えてもらった。

「魚に弱い」という甲府市民の中で、不動の人気を保ち続けている魚がある。キハダマグロである。飲み屋で「ブツ」とあったらキハダマグロのぶつ切りのこと。三人は生ビールを前に、当然のように鳥もつ煮とブツを注文した。

キハダマグロが好まれるのは、マグロの中で最も脂が少なく、静岡方面から時間をかけて運ばれてきても色が変わらないからという。クロマグロやバチマグロの切り身は、テーブルに出てきてしばらく放っておくと黒く変色するが、なるほどキハダマグロのブツは長い時間手をつけなくても切ったばかりのような色を保っている。

「甲府の卸売市場に三十匹のマグロが並んだとすると、そのうち二十五匹はキハダマグロです。それくらい甲府市民はこのマグロを食べます」。

そして彼らは言っていた。

「甲府市民はアサリが好きですよ」。

長野では日本海側から塩とともに運ばれていたブリや塩丸イカがいまも食卓に健在である。同じように太平洋側から塩と一緒にやってきた海の幸「煮貝」が甲州の名物であり続け、その延長線上で貝類が特異な地位を占めている。流通というより交易といった方がいいような時代の残像が、信州にも甲州にも刻まれているのである。

そして年取り魚についての彼らの意見は一致した。

「甲州には特定の年取り魚というものはありません」。

私は長い間、日本の年取り魚はおおむねブリか鮭であろうと思っていた。しかし今回の旅で、その浅はかさを知った。どちらも手に入らなかった地域のことを考えていなかったのである。塩サンマという所があり、目刺しという人がいて、年取り魚はないという地域が存在する。そのことをこの目で学んだ。

薬味のネギは白が基本。青いところが少し混じる程度。

十六日目　甲府―身延《みのぶ》―富士宮　身延でネギ激変

甲府駅の観光案内所で身延線沿線のパンフレットをもらった。どうしたらいいのだろう。富士宮まで飲食店やスーパーが集まる地点がない。パンフに出てくるのは温泉とトレッキングのコースばかりで、しかも○○駅から車で一時間とか十キロとかいう表示ばかりである。少し期待できそうなのは身延山久遠《くおん》寺がある身延駅周辺だけらしい。

「仕方がない。身延に行こう」。

身延線の車窓から見える景色は絶景の連続と言ってよい。民家が少なく、ほとんどが無人駅。ほどなく身延駅に着いた。

駅前のタクシー・観光案内所でスーパーはないかと聞いてみたら「そういうのはない

んだよねー」と言われた。しかし久遠寺への参詣道の始まりにして、身延山への登山道の始まりである。商店街と言える町並みが少しある。

スーパーがないならその辺の店や通行人が頼りである。まず駅正面の「お食事処」のメニュー写真で見えるネギは「青」。生徒を引率中の小学校の女性教諭は「年取り魚？身延に嫁いできましたが、こちらの義母は新巻鮭を整えます。魚屋さんにも年末に箱入りで並びますよ。薬味のネギは青いですね。でも白いところも混ぜるかな」。

食料品店で店番をしていた六十代の主人。

「鮭もブリもあるけど、鮭が多いかな。新巻鮭が並びますよ。薬味のネギは白いね。青いところは捨てちゃう。葉ネギ？　使わない。そうそう、雑煮に白ネギを入れて煮るね。斜め切りにしたやつ」。この店の店頭に「馬刺し」の張り紙がある。まだ馬は走っている。

七十代と思《おぼ》しき電器店主。

「年取り魚は決まってないです。特にないよ。ネギは東京ネギとは違うこっちのネギ。青と白が半々だから混ざるよ」。

ビジネスホテル兼居酒屋の主人。

「正月は鮭だね。新巻鮭。ネギは青白が混じるというか、葉を少し入れる」。

甲府から富士川に沿って南下した身延町で年取り魚が復活した。逆に言うと山梨県の北部は年取り魚空白地帯、身延以南は鮭なのか。

　コンビニという名の個人商店に並ぶ麺類のネギは全て青であった。町の人々の中には「ネギは白」と言う人は確かにいる。しかし青ネギしか売っていない店もある。年取り魚同様、身延で色に変化があったと考えるべきであろう。

　昼時になったので身延駅の待合所で立ち食いそばを食べた。ネギの色を見るためである。そして出てきたそばに山盛りになっているネギは、見事な青ネギであった。

　富山の青ネギ文化と接する糸魚川周辺で始まった青白混合は、糸魚川－静岡構造線上の松本まで続き、その南の伊那谷でほぼ白ネギばかりになった。松本から離れて諏訪方面に来るとやはり白が圧倒し、山梨県に入っても甲府まではその状態であった。

　だが身延で劇的に青に変わったのである。この先の富士宮が青ネギ地帯であることは過去の取材で検証済みだし、太平洋に面した富士市から西に本格的な青ネギ文化が広がるのも見ている。

　山梨県身延町こそ、ネギの色と年取り魚の南北の境界であろう。

　取材を終えて駅に戻ると、さっきの小学校の先生がいた。同僚と三人で子どもたちを引率している。

「この辺にイルカはいますか？」

「学校給食で出たことが……あれはクジラか」。

「サンマーメンを知っていますか?」

「サンマメン? サンマですか?」

サンマーメンというのは横浜中華街でうまれた「モヤシあんかけラーメン」のこと。身延線沿線の富士宮にはサンマーメンがある。イルカはいたっけかな?

十七日目　富士宮　ここがサンマーメンの北西限!


富士宮では駅前のジャスコ(当時)に行く。この町には何度も来ているし、取材もしているが、念のためである。ネギのコーナーにわけぎ、葉ネギ、青ネギ。白ネギは別コーナーのニラの隣である。馬刺しは真空パックのものがあったが、探さないと目に付かない。イルカなし。イナゴもいない。

PB商品の「味付け　関東風いなりあげ」がある。無論、俵型である。

街中の食堂や中華の店には当たり前のごとくサンマーメンがある。サンマーメンは市の西を流れる富士川を渡ると消滅する。北の身延町にはない。ということは富士宮がサンマーメンの北西限ということになる。富士宮に行かれたら、焼きそばとともに北西限のサンマーメンを食べることをお薦めする。飲み屋で自慢できることであろう。

富士宮やきそば学会の渡辺英彦会長に会った。

「富士宮の年取り魚は何ですか？」

「決まってませんよ、この辺は」。

うーん、決まっていないのか。身延で鮭になったのではなかったか。甲府と同じか。再び考える。年取り魚って何だろう。ブリと鮭が二大巨頭であることは間違いないにしても、両者が手に入らないところ、あるいは昔から親しまれた別の魚があるところでは、当たり前だが、ブリでも鮭でもないものが登場する。または年取り魚そのものに拘《こう》泥《でい》しない。ただそれだけではないのか。

山間部で塩サンマや目刺しが年神を迎える膳にのり、秋田ではハタハタ。沖縄では魚ですらなく「豚正月」である。

富士宮は駿河《するが》湾が近く、様々な魚が手に入った。無理をして北海道や新潟から鮭を、北陸や九州からブリを手に入れる必要がなかったということであろう。書けば簡単なことだが、自分の足と目で確かめてみると納得感が違う。

旅をしてよかったとしみじみ思いながら、その夜は渡辺さんと酒を酌み交わした。

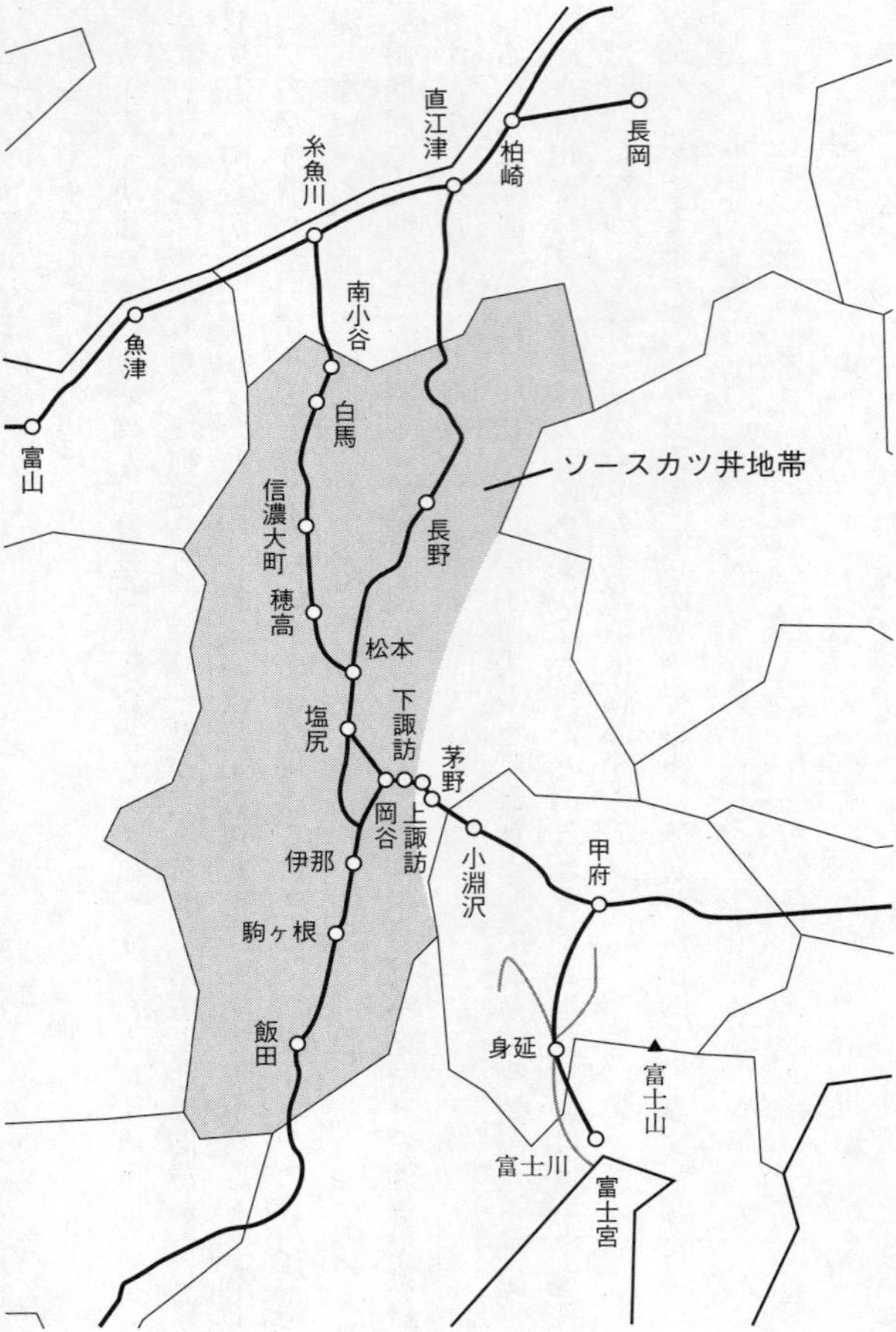
直江津
柏崎
長岡
糸魚川
南小谷
魚津
富山
白馬
ソースカツ丼地帯
信濃大町
長野
穂高
松本
塩尻
下諏訪
茅野
岡谷
上諏訪
伊那
小淵沢
甲府
駒ヶ根
飯田
身延
富士山
富士川
富士宮

解説　ソースで終わる恋もある

小宮山雄飛

中学生の頃、下北沢に住む同級生の家によく遊びに行っていた。その友人には綺麗な高校生のお姉さんがいて、僕はこっそりそのお姉さんに恋心を抱いていて、実は友人と遊ぶことよりもお姉さんに会えることを楽しみに彼の家にちょくちょく遊びに行ってました。ある日、いつも通りその友人の家で友人そっちのけでお姉さんとお喋りしていたら、いつの間にかけっこうな時間になってしまい、おばさんから「雄飛ちゃん、夕食食べていったら？」と誘われました。

中学生の頃って、まだ友達の家で夕食を食べるという機会もそんなになく、まして好きなお姉さんの家（正確には友人の家）というかなりスペシャルなシチュエーション、僕はすっかり舞い上がりました。しかもその日の夕食は焼肉。わりかしお金持ちだったその家の食卓には、いかにも高級そうなカルビやロースが、ホットプレートを囲むように並べられていました。すっかりテンションが上がる中、友人が「僕が大根おろすよ」

と大根をおろし始めました。お母さんがホットプレートに油をひき、まずはスライスしたにんにくを焼き、程よく焦げたあたりで鉄板から一旦お皿へと取り出しました。これは鉄板焼き屋さんでプロがステーキを焼く際のやり方！　家での焼肉でここまでするなんて、さすが憧れのお姉さんの家、と感激しました。そしていよいよ肉を投入、一枚一枚丁寧に鉄板に並べられ、裏返すたびにジュージューと美味しそうな音と匂いが部屋に溢れます。なんという至福の時間、肉が焼かれると共にお姉さんへの僕の情熱もますます燃えていきました。

しかし、次の瞬間思わぬことが起こりました。「焼き上がったわよ」というお母さんの合図のもと「はい！」とお姉さんから手渡されたものを見て、僕は「え？」と言葉を失ってしまったのです。

肉がほどよく焼き上がり、さあ食べようという段階でお姉さんが僕に手渡したもの、それは、中濃ソースだったのです。

「え？」僕は混乱しました、このソースは一体何に使うために渡されているのか。付け合わせにキャベツの千切りでもあるのかと、周りを見渡しましたがそんなものは見当たりません。焼肉の他にコロッケなんかの揚げ物もあったっけ？　と卓上を探すも、そこにあるのはホットプレートの上で、あとは食べられるのを待つ焼肉のみ。いくら探してもそれ以外の可能性を見つけられません。そうです、憧れのお姉さんから渡された中濃ソースは、焼肉につけるために渡されたのです。

しかし状況を完全には理解できていない僕、おそるおそる「えーっと、このソースは、その—、や……焼肉用ですよねー？」と尋ねると、「そうだよ」なんの戸惑いもなく答えるお姉さん。「早くソースかして！」僕に渡されたソースを横から奪い自分の皿に注ぐ友人。「いっただきまーす！」ソースを注いだが早いか、鉄板から肉を取り、皿の上のソースにつけて美味しそうに食べる友人。ここへ来てさすがに僕も事態を全て把握しました、「あー、このお家、焼肉を中濃ソースで食べるのね……」。

しかし頭では理解したものの、どうしてもソースに手が伸びません。焼肉を中濃ソースで食べるという習慣は、僕の中には全く無いのです。合う合わないとかそういうことではありません、自分の中に「無い」行為をするにはものすごく勇気がいるのです。例えば刺身をケチャップで食べろと言われて「はいそうですか」と簡単に試せるでしょうか？　あるいは喫茶店に入って「うちの店では珈琲には砂糖とミルクではなく、塩とお酢なんです」なんて言われて「そうなんですねー」と素直に塩とお酢を入れることができるでしょうか？

もしかしたら、今の僕だったら「家によって食べ方って違うんですねー」なんてすんなりソースで焼肉を試しているかもしれません。でも中学生だった僕には、どうしてもその壁を乗り越えることができなかったのです。といって「焼肉のタレないですか？」

なんて聞くこともできません（というか焼肉のタレがあれば最初から出してるでしょうし）。せめて「ポン酢あります？」くらいのことが聞ければよかったのですが、憧れのお姉さんの食べ方を否定してるようで、どうにも言葉が出ない。そこでなんとか相手を傷つけず、自分も納得できる着地点はないかと中学生の僕が考えぬいて発した言葉が「あのー、お醤油あります？」でした。

お醤油だったら絶対あるし、焼肉をソースで食べることへのそこまでの否定にもならないんじゃないかと。「お宅はソース派ですか？　うちは醤油派なんですよ」なんて感じで、軽いお家ルールの違いみたいにできるんじゃないかと。

僕のここまでの苦悩も知らず、醤油を頼まれたお姉さんは「へー、雄飛んとこって焼肉を醤油で食べるんだ。変わってるねー」と笑いながら醤油を渡してくれました。いや、僕だって普通だったら焼肉をただの醤油につけて食べたりしないですよ……。実際、ただ醤油をつけただけの焼肉は、塩っぱいばかりで実に味気のないもので、その塩っ辛さとともに、甘かった僕のお姉さんへの恋心もいつの間にか冷めていったのでした（ソースで終わる恋もあるんだなと、中学生にして学びました）。

すっかり自分の話が長くなってしまいましたが、これは野瀬泰申さんの『決定版　天ぷらにソースをかけますか？』の解説です。実は『天ぷらにソースをかけますか？』は僕の愛読書だったので、今回解説のお話を頂いて即答で「やらせてください！」とお返事させてもらいました。こうして改めて考えてみると中学時代の「焼肉にソース事件」以来、ソース問題というのは僕の中で一つのトラウマになっていたのかもしれません。そのトラウマと向き合い、克服するために僕は今回の解説のお仕事を受けさせてもらったのかもしれないです（いや、単に大好きな本だったからですが）。それにしても、焼肉にソースだけでもカルチャーショックだった中学生の僕が、もしあの日の夕食が天ぷらで、そしてお姉さんが手渡したのがやはりソースだったら……一体どうなっていたでしょう。

いやいや、なにも天ぷらにソースや焼肉にソースを否定してる訳ではないんです。ただ、先ほども書いたように、人は誰しも自分の中に「無い」ものを見せられた時、ドギマギし、ソワソワし、受け入れるべきか悩み、葛藤し、歩み寄ろうとし、やっぱり距離をおき、最悪の場合は一つの甘い恋すら終わってしまう訳です（それが僕のパターンです）。だからこそ本書は、単なる地域による食文化の違いの研究書ではなく、読む人の根源を揺るがすような面白さがあるんじゃないでしょうか。みんな読みながら「それはないよ！」とか「おいおい、常識だろ！」とか「ショック！　俺の方が少数派だったんだ……」なんて、エピソード毎に一喜一憂してしまうのです。

ちなみに本書の楽しみ方として僕がオススメしたいのは、友人が一〇人くらい集まった飲み会での公開調査。

「天ぷらにソースつけて食べてた人、手を上げて！」とか「冷やし中華にマヨネーズつける人、手を上げて！」とかやってみてください。面白いくらいに意見は分かれ、それまでは仲良かった者同士が突如「昔からお前のそういう所だけは認められなかった！」などと本音を露わにし、場はざわつき、止まらぬ怒号、「そんなやつの隣に座りたくない」と突如席替え開始、通路を挟んで二つのテーブルが睨み合い状態に。しかし次の質問になると「いや、それはない」とまたしても民族大移動、「ソースについては一悶着あったけど、味噌汁についてはお前は前々から分かるやつだと思ってた」などと突然の和解。さらには「じゃあ全員分納豆注文するから、各自本当に美味しいと思う食べ方で食べてみよう」と突然の実施調査スタート。「砂糖ください」「卵の黄身だけください」「挽き割りにしてください」などとわがままを言い始める人が現れ、しまいには「なんで勝手にかつおぶしかけてくるんだ！」と店員にからみ始める輩まで、それはもう大盛り上がりの飲み会になること間違いなしです。

日本列島という縦に細長い島国の食文化の違いを明らかにし、さらにその違いこそ面白いとエンターテインメントへと昇華させた本書は、時に自分の本質に気づかされ、時に他人の存在・大切さをも感じさせる、あえて喩えるならアドラー哲学にも通じる、人生の指南書のような一冊ではないかと思うのです。

本書は、『天ぷらにソースをかけますか?』（新潮文庫、二〇〇九年一月）と、『納豆に砂糖を入れますか?』（新潮文庫、二〇一三年一〇月）の二冊を改訂の上、合本したものである。

買えない味　平松洋子

一晩寝かしたお芋の煮っころがし、土瓶で淹れた番茶、風にあてた干し豚の滋味……日常の中にこそある、おいしさを綴ったエッセイ集。（中島京子）

味覚日乗　辰巳芳子

春夏秋冬、季節ごとの恵み香り立つ料理歳時記。日々のあたりまえの食事を、自らの手で生み出す喜びと呼吸を、名文章で綴る。（藤田千恵子）

諸国空想料理店　高山なおみ

注目の料理人の第一エッセイ集。世界各地で出会った料理をもとに空想力を発揮して作ったレシピ。よしもとばなな氏も絶賛。（南椌椌）

くいしんぼう　高橋みどり

高望みはしない。ゆでた野菜を盛るくらい。でもごはんはちゃんと炊く。料理する、食べる、それを繰り返す、読んでおいしい生活の基本。（高山なおみ）

わたしの日常茶飯事　有元葉子

毎日のお弁当の工夫、気軽にできるおもてなし料理、見せる収納法やあっという間にできる掃除術など。これで暮らしがぐっと素敵に！（村上卿子）

イギリス人の知恵に学ぶ
「これだけはしてはいけない」夫婦のルール　ブランチ・エバット　井形慶子監訳

一九一三年に刊行され、イギリスで時代を超えて読み継がれてきたロングセラーの復刻版。現代の日本でも妙に納得できるところが不思議。

寄り添って老後　沢村貞子

長年連れ添った夫婦が老いと向き合い毎日を心豊かに暮らすには——。浅草生まれの女優・沢村貞子さんの晩年のエッセイ集。（森まゆみ）

小津ごのみ　中野翠

小津監督は自分の趣味・好みを映画に最大限取り入れた。インテリア、雑貨、俳優の顔かたち、仕草や口調、会話まで。斬新な小津論。（与那原恵）

言葉を育てる　米原万里対談集　米原万里

この毒舌が、もう聞けない……類い稀なる言葉の遣い手、米原万里さんの最初で最後の対談集。VS.林真理子、児玉清、田丸公美子、糸井重里ほか。

湯ぶねに落ちた猫　吉行理恵　小島千加子編

「猫を看取ってやれて良かった」。愛する猫たちを題材にした随筆、小説、詩で編む、猫と詩人の優しい空間。文庫オリジナル。（浅生ハルミン）

ちくま文庫

決定版《けっていばん》 天《てん》ぷらにソースをかけますか？
ニッポン食文化《しょくぶんか》の境界線《きょうかいせん》

二〇一八年七月十日 第一刷発行

著者 野瀬泰申（のせ・やすのぶ）
発行者 山野浩一
発行所 株式会社 筑摩書房
東京都台東区蔵前二―五―三 〒一一一―八七五五
振替〇〇一六〇―八―四一二三
装幀者 安野光雅
印刷所 株式会社精興社
製本所 加藤製本株式会社

乱丁・落丁本の場合は、左記宛にご送付下さい。
送料小社負担でお取り替えいたします。
ご注文・お問い合わせも左記へお願いします。
筑摩書房サービスセンター
埼玉県さいたま市北区櫛引町二―六〇四 〒三三一―八五〇七
電話番号 〇四八―六五一―〇〇五三

ISBN978-4-480-43528-6 C0139